学前教育专业新形态系列教材

幼儿园体育活动设计与指导

第2版 微课版

张首文 白秋红 ◎ 主编

彭博 聂海涛 张志强 胡国森 ◎ 副主编

人民邮电出版社

北 京

图书在版编目（CIP）数据

幼儿园体育活动设计与指导：微课版 / 张首文，白
秋红主编. -- 2版. -- 北京：人民邮电出版社，2023.8（2024.5重印）
学前教育专业新形态系列教材
ISBN 978-7-115-62261-7

Ⅰ. ①幼… Ⅱ. ①张… ②白… Ⅲ. ①学前教育－体
育课－教学设计－高等学校－教材 Ⅳ. ①G613.7

中国国家版本馆CIP数据核字(2023)第122909号

内 容 提 要

本书以《幼儿园教育指导纲要（试行）》《幼儿园教师专业标准（试行）》《3—6岁儿童学习与发展指南》《中国儿童发展纲要（2021—2030）》等文件为指导，在第1版的基础上吸收借鉴当前幼儿体育教育理论研究与实践的成果，结合当前幼儿体育活动的实际情况和热点问题，根据幼儿体育学科的特点和幼儿的生长发育及认知特点编写。

本书共8章，阐述了幼儿体育活动基本理论、幼儿基本动作与能力的发展、运动器械与游戏、幼儿体育游戏、幼儿体操等内容；介绍了幼儿体育活动的组织形式；重点探讨了幼儿体育活动的计划与评价，以及幼儿运动安全保护。读者可以通过扫描二维码，看到核心动作要领示范、各类游戏教学视频以及各类幼儿活动视频，以便理解和掌握相关知识点。

本书适合作为普通高等院校、职业院校及幼儿师范院校学前教育专业的教材，也可以作为幼儿园教师继续教育和进修的参考书。

♦ 主　　编　张首文　白秋红
　　副 主 编　彭　博　聂海涛　张志强　胡国森
　　责任编辑　楼雪樵
　　责任印制　王　郁　彭志环
♦ 人民邮电出版社出版发行　　北京市丰台区成寿寺路 11 号
　　邮编　100164　电子邮件　315@ptpress.com.cn
　　网址　https://www.ptpress.com.cn
　　天津千鹤文化传播有限公司印刷
♦ 开本：787×1092　1/16
　　印张：13.75　　　　　　　　　2023 年 8 月第 2 版
　　字数：374 千字　　　　　　　2024 年 5 月天津第 3 次印刷

定价：46.00 元

读者服务热线：(010)81055256　印装质量热线：(010)81055316
反盗版热线：(010)81055315
广告经营许可证：京东市监广登字 20170147 号

编委会

党和国家高度重视儿童的健康成长，2021年国务院印发的《中国儿童发展纲要（2021—2030年）》指出，要坚持促进儿童全面发展，尊重儿童的人格尊严，遵循儿童身心发展特点和规律，保障儿童身心健康，促进儿童在德智体美劳各方面全面发展。党的二十大报告指出，要"建成教育强国、科技强国、人才强国、文化强国、体育强国、健康中国，国家文化软实力显著增强"。其中提到体育强国、健康中国，儿童健康是健康中国的基石，幼儿体育是促进幼儿健康的重要手段。

党的二十大报告同时指出，"坚持以人民为中心发展教育，加快建设高质量教育体系，发展素质教育，促进教育公平"。这是对教育事业发展的基本要求。学前教育是高质量教育体系中最基础和起始的环节。学前教育高质量发展的核心标志是儿童的全面和谐发展。幼儿体育活动是幼儿园教育的重要内容，也是促进学前教育高质量发展的重要途径。

实施幼儿体育教育是民族体质改善、体能增强的重要途径，其本质与核心理念是把实施终身体育锻炼的起点设在幼儿阶段，在此阶段就逐渐培养幼儿对体育锻炼的兴趣并使幼儿形成运动的习惯，促进幼儿关键动作的发展，培养幼儿形成勇敢、坚强等良好的意志品质，实现"以体育人"，为幼儿的全面发展奠定基础。

本书第1版面市以来受到了国内学前教育界同行的肯定，被国内20多所院校学前教育专业作为教材，被近百所幼儿园作为教师培训教材。为贯彻落实《"健康中国2030"规划纲要》，满足社会对"幼儿园体育活动设计与指导"课程的新需求，编者对本书进行了修订。本书第2版根据学前教育专业的新理念及学前教育专业应用型人才培养的新要求，吸收借鉴了当前幼儿体育教育理论研究与实践的成果，紧密结合当前幼儿体育活动的实际和热点问题编写而成。全书结构清晰、实用性强，立足于培养学前教育专业学生以及幼儿园一线教师的综合能力，采用"做中学、做中教"的方式，体现"以能力发展为核心"的教学理念，重点突出案例教学法、情境教学法，以切实加强教学效果。

本书具有以下特色和创新点。

1. 融入素质教育元素，育人效果强。本书贯彻落实"立德树人"根本任务，将幼儿园体育专业知识与素质教育有机融合，并将素质目标融入每章，强化育人导向，充分发掘和运用幼儿园体育课程所蕴含的素质教育元素。

2. 内容聚焦，针对性强。本书聚焦幼儿园体育教育存在的问题，引导读者掌握实施幼儿园体育教育的基本方法，重点对幼儿园各类型体育活动的设计与实施方法进行了详细的介绍，从而有针对性地培养理论联系实际的应用型人才。

3. 板块丰富，可读性强。全书知识结构全面，架构合理，逻辑清晰，体例比较新颖，呈现形式多样。各章包含"案例导入""拓展阅读""思考与实训"等多样化内容，丰富了知识体系。本书还配有微课视频，读者扫描书中二维码即可观看。

4. 源于实践，实用性强。本书注重实践能力的培养，通过大量的优秀幼儿园体育活动案例、视频完善实践教学环节，提升读者的幼儿园体育活动设计和组织能力，以及解决问题能力，强调知识的应用和实践能力的培养，体现了幼儿园体育教育理论结合实践的学科特点。

本书第一章和第二章由首都师范大学学前教育学院张首文、北京航空航天大学幼儿园彭博和徐莎、北京市大兴区第一中学附属幼儿园王娜、北京市颐慧佳园幼儿园白桦、北京市十一晋元幼儿园田佳欣编写；第三章由和田师范专科学校江婷和王婷、北京市通州区于家务回族乡中心幼儿园聂海涛、北京市门头沟区第一幼儿园龙山分园杨波编写；第四章由北京市通州区西集镇西集中心幼儿园张志强、北京市通州区大方居幼儿园刘营、北京市朝阳区定福家园幼儿园安然编写；第五章由北京市通州区张家湾镇牛堡屯中心幼儿园袁伟、北京市幼儿体育协会门晓坤、北京市通州区花石匠幼儿园张岩和张盼编写；第六章由北京市通州区教师研修中心白秋红和闫月、北京市通州区马驹桥镇金桥幼儿园胡国森、山东飞跃童年儿童运动与健康研究院王娜娜、北京市海淀区政府机关幼儿园李酉晗、北京市朝阳区劲松第一幼儿园李东梅、中国手球协会青少年发展委员会幼儿手球工作小组刘雷和姚家文、北京市延庆区第九幼儿园吴焱宇编写；第七章由北京市通州区教师研修中心白志瑶和王艳娟、北京市通州区西集镇郎府幼儿园付豪编写；第八章由北京市通州区教师研修中心龚琪雯和焦梦雯、北京市通州区新城东里幼儿园赵东霞编写；全书由张首文负责统稿。

参与本书编写的教师均长期从事幼儿园体育教育的教学或研究工作，对"幼儿园体育活动设计与指导"课程的内容领会透彻，在教学中勇于探索和实践，摸索出了一些行之有效的教学方法和经验。这些都为本书的编写提供了丰富的素材，使本书具有很强的针对性和实用性。

本书的编写得到了首都师范大学学前教育学院、北京市通州区教师研修中心、山东飞跃童年儿童运动与健康研究院、康轩学前教育研究院、中国手球协会青少年发展委员会幼儿手球工作小组以及北京市多个幼儿园等单位的大力支持，在此一并致谢。

本书参考和引用了国内外学者的著述、幼儿园教师的实践案例，在此向这些资料的作者表示衷心的感谢！由于编者水平有限，以及与幼儿体育相关的交叉学科发展迅速，书中难免存在不足之处，恳请广大读者批评指正。

2023 年 2 月于北京

目录
CONTENTS

01

第一章
幼儿体育概述

学习目标

1. 理解幼儿体育的内涵以及幼儿体育与健康的关系。
2. 理解幼儿体育的价值与幼儿身体素质的发展。
3. 掌握幼儿体育的内容和目标。

素质目标

1. 铸魂育人，以体育人，以体育心。
2. 正确认识和理解体育对幼儿发展的重要价值，培养德智体美劳全面发展的社会主义建设者和接班人。

案例导入

　　某幼儿园组织教师学习《3—6岁儿童学习与发展指南》（以下简称《指南》）中的健康领域部分，教师们对健康领域的动作发展目标进行了激烈讨论。有的教师认为《指南》更多地强调了动作对幼儿健康发展的作用，而弱化了体育对幼儿健康发展的作用。有的教师则认为发展好了幼儿的身体素质，那么幼儿的体能就提高了。也有的教师认为幼儿学习基本动作就能很好地促进身体素质的提高。教师们各抒己见。

　　思考：教师们的争论是否有道理？是否正确地认识到体育与健康的关系？是否理解了体能与身体素质的内涵？要回答这些问题，我们就要进入本章的学习。

第一节　幼儿体育与健康

一、幼儿体育的内涵

　　"体育"有狭义和广义之分：在狭义上，一般指体育教育；在广义上，则与通常所说的"体育运动"相同，其含义是指以锻炼为基本手段，以增强体质、促进人的全面发展、丰富社会文化生活和促进精神文明为目的的一种有意识、有组织的社会活动。蔡元培先生提出的"完全人格，首在体育"，很好地诠释了体育对幼儿人格塑造的重要价值。

　　幼儿体育是符合幼儿的生长发育特点和规律，结合安全、卫生等多种保育教育措施，以身体练习为基本练习手段，以培养良好运动习惯和运动兴趣，促进幼儿身心的协调发展，从而增强体质为目标的一系列锻炼身体的活动。

二、幼儿体育与健康的关系

　　世界卫生组织认为，健康不仅是没有疾病和不虚弱，而是在身体、心理和社会适应等方面都良好的状态。一个人只有在身体、心理和社会适应方面保持良好的状态，才算得上真正的健康。

　　体育是生命的一种表现形式，其对于促进身体健康的积极作用已被普遍认识。体育是促进健康、增强体质、塑造健美体态的重要手段。

　　幼儿体育是通过身体运动的方式进行的，它要求幼儿身体直接参与活动，这是体育最本质的特点之一，这就决定了体育有促进健康的一方面功能。另一方面，体育能够调节情绪、锻炼意志，提高幼儿心理健康水平。坚持体育运动，能达到健身、健心的效果。所以体育是促进健康的重要手段，并且以健康为最终目的。两者是相互促进、相辅相成的关系：体育促进健康，同时健康的身心是幼儿参加体育运动的基础保障。

三、幼儿体育的价值

幼儿在参与体育活动的过程中，不仅能获得身体上的锻炼与发展，而且能获得心理、社会性等方面的良好发展。

1. 促进幼儿身体形态和身体机能的发展

幼儿生长发育十分迅速，身体各组织、器官与系统正处于发育的关键时期，适当的体育活动对幼儿的运动系统、心肺系统、神经系统等都具有良好的刺激和促进作用。此外，一些针对性的体育活动还能有效促进幼儿大脑两侧分化与前庭平衡能力的发展，增强前庭机能的稳定性，同时使幼儿的视觉、触觉、本体感觉等得到协调发展，避免感觉统合失调，促进学习能力发展。

2. 促进幼儿身体素质的发展

身体素质是人体各器官、各系统的功能在肌肉工作中的综合反应，表现一个人能有效活动的一种能力。幼儿参与体育活动能有效地促进身体素质的发展，是提高幼儿身体素质的过程，也是增强幼儿体质的过程。

3. 促进幼儿心理、社会性等方面的发展

运动医学与脑科学的研究表明，幼儿早期参与体育活动有助于增强脑组织的功能和促进感觉统合，这些都将为幼儿认知能力的发展提供良好的生理基础。同时，幼儿在体育活动中还伴随着大量的认知活动。例如，幼儿需要认识并记忆身体部位和运动器械的名称；要理解游戏的方法、运动的规则；要注意观察和记忆教师的动作示范和动作要求；要模仿和表现各种身体姿态和动作；要判断物体或他人运动的速度、方向及位置，并适时地调整自己的空间方位和速度等。在体育活动中，幼儿会遇到一些困难和挫折，这时幼儿需要勇敢地面对，树立起克服困难的信心，大胆地尝试和探索。因此，幼儿参与体育活动有助于培养积极乐观的态度与坚强、勇敢、不怕困难等良好的意志品质。

⚙ 拓展阅读

《体育强国建设纲要》推进幼儿体育发展

为进一步明确体育强国建设的目标、任务及措施，充分发挥体育在全面建设社会主义现代化国家新征程中的重要作用，国务院办公厅印发了《体育强国建设纲要》（以下简称《纲要》）。《纲要》针对体育强国建设提出了多个方面的战略任务，如完善全民健身公共服务体系、推进全民健身智慧化发展等，以落实全民健身国家战略，助力健康中国建设。《纲要》还提出了多个重大工程，如青少年体育发展促进工程要求推进幼儿体育发展，完善政策和保障体系；推进幼儿体育项目和幼儿体育器材标准体系建设，引导建立幼儿体育课程体系和师资培养体系。

（资料来源：国务院网站）

四、幼儿身体素质的发展

身体素质包括以下几个方面：速度素质、力量素质、耐力素质、灵敏素质、平衡素质等。幼儿身体素质通常指的是幼儿在体育活动中表现出来的速度、力量、耐力、平衡性及柔韧性等方面的能力，是幼儿各系统的功能在肌肉工作中的综合反映。

（一）速度素质

速度素质是人在单位时间内移动的距离或对外界刺激反应快慢的一种能力。根据人体在运动中的表现，速度可以分为反应速度、动作速度、位移速度3种形式。

幼儿反应速度可以通过听口令或听信号起跑、听口令或听信号变向跑、听口令做相应的动作等游戏来提高。

幼儿动作速度可以通过按击掌或击鼓的节奏快速跑、按音乐的节奏跑、按节拍器的节奏跑等游戏来提高。

幼儿位移速度可以通过四散跑、接力跑、追逐跑、折返跑等游戏来提高。

但是目前幼儿园更多侧重于发展幼儿位移速度，而忽略了幼儿反应速度和动作速度的发展。因此教师需要在幼儿园体育活动中通过体育游戏来适当加强幼儿反应速度和动作速度的发展，同时需要注意控制幼儿跑步时的速度和距离。重复多次的快跑容易导致幼儿疲劳及受伤，造成幼儿关节和肌肉的损伤，因此教师需要合理把握练习次数和强度，做到动静结合，注意间隔休息，合理安排。

（二）力量素质

力量素质，是身体某些肌肉收缩时产生的力量，可以分为动力性力量和静力性力量。教师要根据幼儿的身体状况和年龄特点合理安排提升力量素质的运动的量，运动时间不能过长，运动内容应多样化。教师可将跑、跳、投掷等基本动作与游戏相结合。

幼儿园的力量练习应该以动力性力量和克服自身重量的练习为主，如滚轮胎、推小车、攀爬绳索、跳跃、跑步、钻爬等游戏，尽量不安排拔河、掰手腕、仰卧起坐等会对心脏、肌肉和关节产生剧烈刺激的运动。教师应注意控制单次静力性力量练习的时间和器械的重量，避免对幼儿造成身体上的损伤。如教师应该避免幼儿长时间做支撑平衡、倒立、扎马步等动作。

⚙ 拓展阅读

幼儿不宜过早参与的体育运动

不宜一：拔河

拔河可能让幼儿"伤心""伤筋"。从生理学角度来讲，幼儿心脏正在发育中，植物神经对心脏的调节功能尚不完善，当肢体负荷量增加时，人体主要依靠提高心率来增加供血量。拔河时需屏气用力，如果一次憋气长达十几秒钟，由憋气突然变成开口呼气时，静脉血会突然涌向心房，损伤幼儿柔薄的心房壁。除了会对心脏造成影响外，拔河还可能伤到幼儿的"筋骨"。幼儿身体的肌肉主要是纵向生长的，固定关节的力量很弱，骨骼弹性大而硬度小，拔河时极易引起关节脱臼和软组织损伤，抑制骨骼的生长，严重的还会引起肢体变形，影响幼儿体型。另外，拔河是一项对抗性较强的运动，幼儿争强好胜，集体荣誉感强，在比赛中往往难以控制、保护自己，极易发生损伤。

不宜二：掰手腕

幼儿四肢各关节的关节囊比较松弛，坚固性较差，掰手腕容易发生扭伤。另外，如同拔河一样，屏气是掰手腕时的必然现象，这样会使胸腔内压力急剧上升，静脉血向心脏回流受阻，而后，静脉内滞留的大量血液会猛烈地冲入心房，对心房壁产生过强的刺激。如果长时间用一臂练习掰手腕，可能造成两侧肢体发育不均衡。

幼儿发育时都是先长身高，后长体重，而且他们的肌肉力量弱，肌肉极易疲劳。也就是说，幼儿身体发育以骨骼生长为主，还没有进入肌肉生长的高峰期。如果这个时候让幼儿过早进行力量锻炼，一是会让幼儿局部肌肉过分强壮，影响身体各部分匀称发育；二是会使肌肉过早受刺激变发达，给心脏等器官造成较重的负担；三是可能使局部肌肉僵硬，失去正常弹性。所以，父母不要让幼儿进行大人常做的引体向上、俯卧撑、仰卧起坐等力量练习。

（资料来源：亲亲宝贝网，有修改）

（三）耐力素质

耐力素质，是指人体长时间进行肌肉活动和抵抗疲劳的能力。

幼儿的耐力素质与心肺功能有关，幼儿主要通过逐步提高有氧代谢水平来发展有氧耐力。一定距离的走跑交替活动，一定距离的慢跑、远足活动等都可以有效地发展幼儿的有氧耐力。

但是幼儿不适宜进行长跑（如800米跑、1000米跑等）、负重跑（如挑箩筐跑、背沙袋跑、抬轮胎跑等）等耐力性力量练习，因为长跑和负重跑对幼儿身体各关节的冲击力很大，对幼儿关节的发育不利。经常进行此类练习会导致幼儿关节的骨骺提前骨化，影响幼儿的生长发育，不利于幼儿长个。在发展幼儿有氧耐力的同时教师需要注意运动量的把握，运动量不能过大，以幼儿能正常地呼吸为宜；如果幼儿呼吸急促，上气不接下气，就需要及时降低运动量。

（四）灵敏素质

灵敏素质是指迅速改变体位、转换动作和随机应变的能力。其是在中枢神经系统的指挥下各种身体素质的综合表现，神经反应的速度决定了反应速度的快慢、预判是否正确、应答动作是否及时。灵敏素质在游戏中体现为控制身体加速或减速，控制身体移动、躲闪、变化方向的快慢等情况。

神经系统是人体发育最早、最快的系统，因此需要注重幼儿灵敏素质的发展。

（五）平衡素质

平衡素质是人体在运动或失去平衡时能通过视觉、本体感觉调节肌肉而恢复和保持平衡的能力。

幼儿的前庭平衡能力较差，在进行各种活动时不易控制好身体，因此需要通过各种游戏来提高身体重心控制能力，从而提高幼儿的前庭平衡能力。例如幼儿园常见的窄道行走类游戏（走平衡木、闭目踮脚尖、走圆木、走梅花桩等），旋转类游戏（自转、旋转木马等），跳跃类游戏（蹦床等），使速度、位置、距离发生变化的游戏（滑滑梯、滑板、脚踏车等）。

平衡练习对幼儿的心理负荷较大，因此需要根据幼儿的个体差异安排层次不同、难度不同的游戏；注意平衡练习中器械的高度、旋转速度等，保证幼儿安全。

第二节 幼儿体育的内容和目标

一、幼儿体育的内容

幼儿体育的内容，是指幼儿在幼儿园开展的各类体育活动中所获得的知识和体育经验的总和，一般包括运动器械活动、幼儿体操、基本动作发展、体育游戏等。

（一）运动器械活动

运动器械活动包括固定性运动器械活动和移动性运动器械活动。

固定性运动器械活动主要包括摆动类器械活动，如荡秋千、荡船；旋转类器械活动，如坐转椅、旋转木马；滑行类器械活动，如滑滑梯；颠簸类器械活动，如坐跷跷板；攀登类器械活动，如爬攀登架、绳网等；弹跳类器械活动，如玩蹦床、充气城堡等。

移动性运动器械活动即利用中小型器械进行的活动，主要包括走平衡木、爬梯子、骑脚踏车等。

（二）幼儿体操

根据幼儿的特点及体操的特征，幼儿体操可以分为队形和队列、幼儿操，其中幼儿操分为徒手操和器械操。

（三）基本动作发展

基本动作发展是幼儿体育的主要内容之一，基本动作主要包括走、跑、跳跃、投掷、钻、爬、翻滚、攀登及平衡等。

（四）体育游戏

体育游戏主要包括集体游戏、自主游戏等多种形式。

二、幼儿体育的目标

（一）幼儿体育总目标

在理解幼儿体育活动对幼儿发展的重要价值的基础上，本书依据《幼儿园教育指导纲要（试行）》中幼儿体育的目标与《指南》中健康领域的动作发展目标（如表 1-1 所示），归纳幼儿体育的总目标。

表 1-1　相关文件中幼儿体育的目标

《幼儿园教育指导纲要（试行）》	《指南》
目标：喜欢参加体育活动，动作协调、灵活	目标：动作发展
具体要求： 1. 开展丰富多彩的户外游戏和体育活动，培养幼儿参加体育活动的兴趣和习惯，增强幼儿体质，提高幼儿对环境的适应能力； 2. 用幼儿感兴趣的方式发展幼儿基本动作，提高幼儿动作的协调性、灵活性； 3. 在体育活动中，培养幼儿坚强、勇敢、不怕困难的意志品质和主动、乐观、合作的态度	具体要求： 1. 具有一定的平衡能力，动作协调、灵敏； 2. 具有一定的力量和耐力； 3. 手的动作灵活协调

1. 增强幼儿体质，提高幼儿的运动能力

幼儿体育的重要任务是促进幼儿身体的生长发育与发展，增强幼儿的体质。因此，幼儿体育的主要目标如下。

（1）促进幼儿健康体态的形成，如使幼儿形成正确的站姿、行走姿势等。

（2）发展幼儿的平衡能力、协调性、灵敏性、力量、耐力等基本的身体素质。

（3）发展幼儿走、跑、跳跃、投掷、钻、爬、翻滚、攀登等基本动作。

（4）锻炼幼儿身体对摆动、颠簸、旋转等刺激的适应能力，促进幼儿平衡能力的发展。

（5）提高幼儿身体对外界气候及其变化的适应能力以及抵抗疾病的能力。

2. 培养幼儿良好的运动习惯

幼儿体育中，培养幼儿良好的运动习惯与安全运动的能力也是重要的目标。

（1）激发幼儿对体育活动的兴趣，培养幼儿参与体育活动的主动性。

（2）逐步培养幼儿养成体育锻炼的习惯。

（3）增强幼儿运动时的安全意识和自我保护能力。

3. 促进幼儿其他方面良好发展

体育活动是促进幼儿身心全面、和谐发展的重要手段。体育活动可以有效地促进幼儿认知能力、情绪、社会性、个性和审美能力等方面的发展。

（1）促进幼儿认知能力的发展

体育活动可以培养幼儿倾听的习惯以及对语言的理解和表达能力，丰富幼儿的各类知识和经验，发展幼儿的空间知觉、时间知觉、运动记忆能力、模仿能力、想象力和创造力，发展幼儿的判断能力、计划与行动能力等。

（2）促进幼儿情绪的发展

体育活动可以给幼儿带来快乐、愉悦，帮助幼儿舒缓压力，转移不良的情绪。

（3）促进幼儿社会性、个性的发展

体育活动可以培养幼儿遵守活动要求与规则的意识和习惯，培养幼儿的团队精神、竞争与公平意识、协作能力等，培养幼儿为集体服务的意识、习惯和一定的责任感，培养幼儿的自信心、独立性、主动性以及勇敢、不怕困难等良好的品质。

（4）促进幼儿审美能力的发展

体育活动可以培养幼儿对体态美、动作美的感受能力，培养幼儿的节奏感。

⚙ 拓展阅读

树立"健康第一"的教育理念，"以体育人"

身体是一切奋斗的本钱，幼儿要注意加强体育锻炼，家庭、学校、社会都要为幼儿增强体质创造条件。教育发展站在新的历史起点上，在实现教育现代化的进程中，学校体育的战略地位更加突出。体育不仅能够锻炼身体、磨炼意志、塑造人格、开发智力、培养情商，还能教会幼儿遵守规则，体会集体主义、团队精神和平等公正等价值观的内涵。因此，必须"跳出体育看体育"，深刻认识学校体育在立德树人、促进幼儿全面发展中不可或缺的基础性作用，寓教于体，体教相长，为素质教育打开新的空间。要实现"树立'健康第一'的教育理念，开齐开足体育课，帮助幼儿在体育锻炼中享受乐趣、增强体质、健全人格、锤炼意志"的目标，就要转变教育观念，"把育人为本作为教育工作的根本要求，把促进幼儿健康成长作为学校一切工作的出发点和落脚点"，动员家庭、学校、社会各方力量，形成全社会都关注幼儿健康成长的良好局面。

（资料来源：中国教育报）

（二）幼儿体育年龄阶段目标

幼儿体育年龄阶段目标主要按照年龄班划分为小班、中班、大班目标，其中幼儿园小班体育活动目标详见二维码拓展资料。

拓展阅读

[二维码]

幼儿园小班体育活动目标

第三节　幼儿运动核心经验

一、幼儿运动核心经验的内容

幼儿运动核心经验主要聚焦于幼儿的基本运动能力。基本运动能力从内容上可以分成身体控制和平衡能力、身体移动能力和器械操控能力。其依据之一是多元智能理论，多元智能理论将身体运动智能分成身体控制和器械操控；另一个依据是各国（地区）幼儿运动学习标准，即各国（地区）都聚焦于发展幼儿的身体控制和平衡能力、身体移动能力、器械操控能力等基本运动能力，以此促进幼儿终身运动的发展。

（一）身体控制和平衡能力

1. 身体控制和平衡能力的概念

身体控制和平衡能力是一种综合能力，包含了力量、速度、耐力、灵敏性、柔韧性等身体素质。身体控制和平衡能力是维持身体姿势、运动的基本前提。身体控制指的是控制身体在空间中的位置以达到稳定和定向的目的。身体控制的稳定性，被称为平衡。平衡能力的概念内涵丰富，人们根据运动状态变化、重心与支撑点的关系以及平衡课程类型等，对平衡能力进行分类。

按照运动状态变化，平衡能力可分成静态平衡能力和动态平衡能力。按照重心与支撑点的关系，平衡能力可分成上支撑平衡能力和下支撑平衡能力。上支撑平衡能力是指支撑点在重心上方的平衡能力，如悬垂能力。下支撑平衡能力是指支撑点在重心下方的平衡能力，如人体在地上站立、倒立等能力。按照平衡课程类型，平衡能力可分成幼儿主导学习的平衡能力和教师主导学习的平衡能力。幼儿主导学习的平衡能力主要是通过幼儿的探索和发现来获得的，如转身、扭动、弯曲、拉伸、躲闪等能力；教师主导学习的平衡能力主要是通过高结构的运动来发展的，如转移重心、立定跳等能力。

2. 身体控制和平衡能力的内容

不同年龄阶段身体控制与平衡能力的主要内容见表1-2。

表1-2　身体控制和平衡能力的内容

3—4岁	4—5岁	5—6岁
1. 沿地面直线或宽25厘米的平行线中间走； 2. 在15～20厘米的斜坡上走上、走下； 3. 原地踏步，边踏边转； 4. 闭目行走几步； 5. 左右翻身； 6. 双手悬挂	1. 在宽10～20厘米的平行线中间走； 2. 在高20～30厘米，宽15～20厘米的平衡木上走； 3. 原地自转3圈后不跌倒； 4. 闭目向前走5～10步后不跌倒； 5. 直体滚动； 6. 双手单杠向前	1. 在斜坡、荡桥和有一定间隔的物体上较平稳地行走； 2. 在高30～40厘米，宽15～20厘米的平衡木上变换手臂动作，如叉腰、侧平举、前平举等； 3. 双臂侧平举、闭目自转5圈后不跌倒； 4. 原地转圈后，闭目向前走5～10步后不跌倒； 5. 左右连续直线翻滚； 6. 双手双杆向前移动

（二）身体移动能力

1. 身体移动能力的概念

身体移动能力是指独立和安全地将自己从一处移动到另一处的能力，是身体在空间中移动的技能。身体移动能力是一项基本的运动技能。

身体移动时幼儿需要调整步态来避开障碍物并在必要时改变速度和方向。身体移动具备3个必要特征，即行进、姿势控制和适应。行进指的是朝着期望的方向运动，需要幼儿具有起始和终止运动的能力；姿势控制指的是稳定性，即平衡，反映在移动身体时对建立与保持一个合适姿势的要求和对动态稳定性的要求；适应指的是适应环境变化的能力，如调适步态以避开障碍物或不平的地面，以及在必要时改变速度和方向的能力。

2. 身体移动能力的内容

不同年龄阶段身体移动能力的主要内容见表1-3。

表1-3 身体移动能力的内容

3—4岁	4—5岁	5—6岁
1. 直线走、圆圈走等； 2. 直线跑、圆圈跑、向指定方向跑等； 3. 纵跳、双脚向前跳、单脚跳等； 4. 手膝着地爬、毛毛虫爬	1. 大步走、蹲着走等； 2. 直线追逐跑、曲线跑、四散跑等； 3. 助跑跨跳过一定距离，或助跑跨跳过一定高度的物体、双脚连续向前跳等； 4. 手脚着地爬、坐爬等	1. 后退走、协同走、模仿走等； 2. 躲闪跑、追逐跑、接力跑等； 3. 支撑跳、转身跳等； 4. 匍匐爬、仰身朝上爬、协同爬等

（三）器械操控能力

1. 器械操控能力的概念

器械操控能力是指操纵或控制物体的能力，具体指个体用拍、投、抛、接、踢、击、顶、踩、踏等各种方式主动作用于各种物体，并有意识地使物体在位置、方向、速度、状态等方面发生改变的能力。对器械的操控有助于头、眼、躯干以及上下肢活动的协调性、灵敏性和力量的发展。

2. 器械操控能力的内容

不同年龄阶段器械操控能力的主要内容见表1-4。

表1-4 器械操控能力的内容

3—4岁	4—5岁	5—6岁
1. 能双手向上抛球； 2. 能单手将沙包向前投掷2米左右	1. 能连续自抛自接球； 2. 能单手将沙包向前投掷4米左右	1. 能连续拍球； 2. 能单手将沙包向前投掷5米左右

上述3个基本运动能力之间关系密切。所有运动都需要身体控制和平衡能力这一基本运动能力，在运动中保持合理的姿势、保持平衡是运动的必要条件之一。大多数无器械运动项目重点发展身体姿势控制能力，如拉伸、翻滚等能力。身体移动能力建立在平衡系统成熟的基础上，幼儿应先发展低重心的身体移动，再发展高重心的身体移动能力，依次做爬、走、跑、跳跃等动作。同样，器械操控能力也建立在平衡系统成熟的基础上。技巧性运动的核心内容之一就是姿势控制，幼儿只有在能够有效控制身体姿势后，才能进行更高级的身体移动，进而有效地进行器械的操控。如球类项目重点发展器械操控能力，同时要求以身体控制和平衡能力、身体移动能力作为基础。当然，并非每一项运动都发展3个基本运动能力，如行进运球发展身体控制和平衡能力、身体移动能力和器械操控能力，而折返跑只发展身体控制和平衡能力、身体移动能力。

二、幼儿运动核心经验的发展

（一）身体控制和平衡能力的发展

幼儿身体控制和平衡能力的发展具有一定特点。

（1）遵循从头到脚的顺序，依次表现为头部控制、坐立、站立和行走。

（2）非移动动作中，先发展双侧运动，后发展交替运动。

（3）学前阶段是身体控制和平衡能力的快速发展阶段，4岁前后是身体控制和平衡能力发展的关键期。

（4）幼儿身体控制和平衡能力的发展存在性别差异，男孩的动态平衡发展水平高于女孩，女孩的静态平衡发展水平高于男孩。

（5）从保持单一身体姿势控制到完成变换身体姿势控制。

幼儿在不同阶段身体控制和平衡能力的发展有所不同，具体见表1-5。

表 1-5 幼儿身体控制和平衡能力的发展阶段

项目	第一阶段	第二阶段	第三阶段
窄道移动	1. 能够在两条距离为 25 厘米的平行线中间走； 2. 能够在 15~20 厘米的斜坡上走上、走下	1. 能够在两条距离为 15~20 厘米的平行线中间走； 2. 能够在离地面 20~30 厘米、宽 15~20 厘米的平衡木上走	1. 能够在间隔物体（砖、木板、硬纸等）上走； 2. 能在离地面 30~40 厘米，宽 15~20 厘米的平衡木上变换手臂动作，如叉腰、侧平举、前平举、上举等，并向前走
旋转	1. 双脚踏地旋转，原地踏步，边踏边转，上体直立，以双脚为轴旋转； 2. 右（左）脚向左（右）脚左（右）侧踏，着地后以双脚前脚掌为轴转动 180 度，上体直，转动快，双臂自然摆动	1. 能原地自转 2 圈不跌倒； 2. 双脚踏步旋转，原地踏步，边踏边转，上体直，双脚依次为轴旋转，右（左）脚向左（右）脚左（右）侧踏，着地后以双脚前脚掌为轴转动 180 度，然后左（右）脚从右（左）脚后向右（左）脚右（左）侧踏，着地后以双脚前脚掌为轴转动 180 度，上体直，转动快，双臂自然摆动	能双臂侧平举、闭目，自转 5 圈后不跌倒
闭目行走	对准目标后闭目，身正、颈直、脚正、步小，向目标走去	能闭目向前走 5~10 步，不跌倒	原地转圈后，闭目向前走 5~10 步，不跌倒
滚动	身体挺直，双臂胸前交叉或放于体侧，靠腰和腿的转动使身体滚动	直体滚动，身体挺直，双臂胸前交叉或放于体侧，靠腰和腿的转动使身体滚动	直体滚动，身体挺直，双臂胸前交叉或放于体侧，靠腰和腿的转动使身体滚动
悬垂	双手悬挂	双手握单杠横向移动	双手分别握杠向前移动

（二）身体移动能力的发展

幼儿身体移动能力的发展具有一定特点。

（1）幼儿在发展身体移动能力之前，需要经历初级移动和前移动两个阶段。

（2）幼儿身体移动能力的发展水平通常分为前控制水平、控制水平、运用水平和熟练水平，具体如表 1-6 所示。

表 1-6 幼儿身体移动能力发展的不同水平

不同水平	特点
前控制水平	幼儿不能有意识地控制或者重复一项动作，会因肌肉过分紧张而使动作不协调、不准确，有多余动作，做动作时费心。在这一水平，幼儿主要通过视觉控制动作，并需要许多机会来探索和发展动作
控制水平	幼儿动作的偶然性减弱，身体开始受意识控制，幼儿主要通过视觉控制动作，但动作不够熟练。探索和发展动作仍然是此阶段的重心
运用水平	幼儿动作开始自动化，肌肉感觉有了一定发展，在类似游戏的情境中，幼儿能够将一种运动技能与另一种运动技能结合起来。在复杂条件下动作容易变形，幼儿若不常复习会忘记动作
熟练水平	幼儿的动作更加自动化，似乎不需要努力就可以进行，幼儿已建立动力定型，在表现动作上比较轻松，动作协调和准确，多余动作消失，动作主要依靠肌肉感觉来调节。幼儿达到此水平后可以参与正规的比赛

（3）从建立平衡控制逐渐发展为协调控制，移动速度更快、动作更流畅。

（4）适应环境的策略从反应性策略逐渐发展为主动性策略。

（5）步态控制能力逐渐增强，从把握自己身体运动节奏进行运动发展到适应外部运动节奏进行移动。

（6）从单一身体移动动作发展到组合身体移动动作，协调能力逐渐增强。

（三）器械操控能力的发展

幼儿器械操控能力的发展水平具有一定的特点，具体如表1-7所示。

（1）以上肢功能为主的器械操控能力的发展在前，以下肢功能为主的器械操控能力的发展在后。

（2）参与操控动作的身体各部位逐渐能有效协调配合。

（3）直接操控能力发展在前，间接操控能力发展在后。

（4）同侧操控动作发展在前，异侧操控动作发展在后。

（5）投掷、击、踢固定靶能力发展在前，投掷、击、踢移动靶能力发展在后。

（6）从延迟反应发展为积极主动的操控动作。

（7）单一任务的操控动作发展在前，多任务的操控动作发展在后。

（8）幼儿器械操控能力在发展中会出现停滞不前的平台期。

表1-7 幼儿器械操控能力的发展水平

项目	水平1	水平2	水平3	水平4
滚（球）	经常接触不到球，手指常常把球挑起，双臂用力不均匀，球滚动距离短	每次都能接触到球，双臂用力均匀，双臂有力地操控球，球滚动距离增加	可以进行两个以上的滚动	能将球从小门或小洞中滚过，能滚球击物
抛（球）	以掌心向上、手臂伸直作为准备动作；手臂僵直，活动范围小，抛球动作牵动全身，依靠全身向上的力量抛球；双手用力不均，不能控制抛球方向及抛球的高度	能通过摆动双臂将球抛起；抛球时双手均匀用力，但在力量、方向的控制上还存在问题	能通过有效摆臂、双手均匀用力将球抛起，可以将球抛起至一定的高度	能全身协调配合用力，通过摆臂、抖腕将球向上抛起；能自主调节抛球高度和方向；尝试屈臂胸前抛球
接（球）	以掌心向上、手臂伸直作为准备动作，并依靠手臂接球；把头转到侧面，闭上眼睛，害怕飞来的球；反应延迟、原地不动，球经常弹开或穿过双臂与身体间的空隙而掉落，有的幼儿甚至会因球的惯性冲击而摔倒	掌心向上、手臂伸直并依靠手臂接球；当球碰到手臂后，会屈肘抱球，能够接住抛到胸前和手臂附近的球	掌心向上；当球接触手臂时主动屈肘抱球；接球时能够主动移动一小步，但还是略显笨拙	能自然张开手指，双手接球，在接球瞬间有屈肘抱球动作出现；会在一定范围内调整身体和手臂的位置接球
拍（球）	球离手后，手仅能模仿示范动作无节奏地拍动，但手难以再次触及球面	球离手后，手能再次触及球面若干次，但用整个手臂拍球的动作较为费力，手的拍动节奏与球的弹跳节奏不是很吻合，手用力不均衡，球往往越拍越低，拍球持续性较差，球很快便不可弹起	球离手后，手能根据球的弹跳节奏适当调整拍动节奏，实现手与球的节奏匹配，拍球的持续性增强，但还不能控制球的落点，往往追着球拍	球离手后，手臂、手腕和手能高度协调，并能持续定点拍球，能自如控制球的运行方向

续表

项目	水平 1	水平 2	水平 3	水平 4
踢（球）	原地站立，用脚踢静止的球，出脚前没有收腿、摆动动作；球往往被轻触，滚动范围小；踢球后会站立不稳	原地腿摆动，准备姿势为原地站立；出脚前主力腿先摆动，踢静止的球；踢球动作比较有力，球滚动距离加大；踢球后能站稳	脚以较低的弧度迈出，踢球前有收腿、摆动动作，踢球动作有力，踢球时胳膊反向运动	身体快速移动（奔跑、大跨步）接近球；踢球前主力腿的摆动幅度大，同时身体前倾，在触球的同时身体后倾，有力地将球踢出
投掷	下肢静态支撑，面向前方，无腿部动作，躯干无扭转，从最初的站立姿势开始抛球；手臂没有后引动作，球直接从最初持球位置投出；挥臂前没有转体动作，髋部会相应地前屈以配合上肢的发力动作；投掷动作主要靠手臂完成；手臂动作呈现为砍切动作	同侧上步（迈出的脚与投球手臂同侧）；手臂有意识地上举，做投掷动作，后续手臂跨越身体；上体"组块"转体，以右手投掷为例：躯干和髋部如一个整体一样先向右转，再向左转，有时髋部正对投掷方向保持僵直状态	异侧上步，短步伐（迈出的脚与投球手臂异侧）；手臂向后上引，球从头后侧投出，手做出投掷动作，投掷距离明显增加；上体"组块"转体；后续动作表现为手臂跨越身体	异侧上步，躯干小幅度扭转，手臂后引高挥并能与躯干联动，当上臂前挥至水平时将球投出；后续动作表现为手臂跨越身体

本章小结

　　本章阐述了关于幼儿体育活动的基本理论知识。幼儿体育是遵循幼儿的生长发育特点和规律，以增强幼儿体质，提高幼儿健康水平，促进幼儿全面、和谐发展为目的所进行的一系列教育活动。了解幼儿体育活动的价值，掌握幼儿体育活动的目标是开展幼儿体育活动的根本依据；同时了解幼儿身体素质和运动核心经验的发展，有利于正确理解幼儿体育与健康的关系，形成正确的健康观和体育观，从而有效指导幼儿体育活动的科学开展。

思考与实训

　　一、思考题

　　（一）名称解释

　　1. 幼儿体育

　　2. 健康

　　3. 体能

　　4. 身体素质

　　（二）简答题

　　1. 简述幼儿体育的目标。

　　2. 简述发展幼儿力量素质应注意的问题。

　　（三）论述题

　　1. 说明幼儿体育的价值。

　　2. 阐述幼儿身体素质的内容以及有效发展方法。

3. 阐述幼儿运动核心经验的内容和发展。

二、案例分析

某幼儿园举行亲子运动会，为了让更多的幼儿参与项目，大班老师设计了一个拔河的游戏，每个大班出 10 多名幼儿参加。尽管活动非常热闹，也非常激动人心，但是不少幼儿在第二天出现了腰酸背痛、手拿不动筷子的情况。请分析幼儿为什么会出现这种情况。你觉得这个游戏活动是否适合幼儿？为什么？

三、章节实训

到幼儿园观察一个幼儿户外体育活动，分析不同的户外体育活动分别发展幼儿哪些方面的身体素质，同时分析这些户外体育活动涉及哪些基本动作。

02

第二章
幼儿基本动作与能力的发展

学习目标

1. 理解各基本动作的特点、发展特征及要领。
2. 掌握各基本动作练习的内容及游戏。
3. 掌握各基本动作的动作形式及其发展的能力。

素质目标

1. 遵循幼儿身体生长发育的规律，运用科学的方法发展幼儿的基本动作，避免专项化、小学化训练。
2. 训练要符合幼儿教育的规律，以游戏的方式开展，培养幼儿对体育活动的兴趣，为幼儿的全面发展提供良好的基础。

案例导入

　　某幼儿园教师小李组织了一堂关于投掷练习的观摩课。小李为让幼儿掌握侧面单手投掷，进行了动作示范，并进行了细致讲解，然后让幼儿进行练习，并以游戏的形式帮助幼儿巩固动作。在进行教研的时候，其他教师对小李组织的观摩课提出了不同的意见。有的教师认为小李的动作示范不规范，有错误；有的教师认为没有必要进行动作示范，让幼儿自我尝试就可以，动作正确与否无关紧要；有的教师认为动作要领小李没有讲清楚，讲得过于专业；等等。

　　思考：其他教师提出的意见是否有道理？基本动作的特点和要领是什么？各基本动作的内容是什么？还有什么样的游戏来发展基本动作？要回答这些问题，我们就要进入本章的学习。

　　基本动作是人体最基本的活动能力，是人们在日常生活和生产劳动中的实用技能，发展基本动作是锻炼身体的重要手段之一。幼儿基本动作的发展是在体育游戏中进行的。体育游戏以各项基本动作和身体练习为主要内容。幼儿基本动作的发展，既受遗传因素制约，又受环境教育影响。遗传因素是基本动作发展的前提和基础，环境教育则对幼儿基本动作的发展有积极的促进作用。在游戏中发展基本动作，更能收到最佳效果。

　　开展基本动作与游戏练习的意义是调动幼儿参加体育活动的积极性、主动性，逐步提高幼儿动作的灵敏性、协调性，发展幼儿的力量、耐力、速度等身体素质；促进幼儿不断改进走、跑、跳、投等基本动作的质量；促进幼儿生长发育，培养正确的身体姿势；使幼儿学习与体育活动有关的基础知识，调节情绪，塑造幼儿活泼开朗的性格；培养幼儿勇敢、顽强、不怕困难的精神及团结友爱、遵守纪律等优良品德；促进幼儿独立生活和运动能力的发展。

拓展阅读

基本动作技能发展
模型

第一节　走步动作的发展

　　走步是人们生活中所必需的动作，是人体最基本、最自然的移动方式之一，也是人类最基本的生活技能和运动技能之一。一般情况下，幼儿在一岁左右时就开始学习走步，幼儿园阶段是幼儿形成自身走路特征的关键时期，教师需要引起重视。教师可以在体育活动中开展适宜的走步游戏，以发展幼儿的走步能力，培养幼儿正确的走路姿势，避免幼儿养成走路时低头含胸等不良习惯。

一、走步动作的特点及发展特征

（一）特点

幼儿开始学习走步时，动作不稳定、不协调、不自如，具体表现为：全身肌肉紧张；腿部肌肉力量较弱，落地支撑时，双腿伸不直；双脚间距较宽，脚掌缺乏弹性，双脚落地轻重不同；步幅较小，步频较快，有时像小碎步跑；双臂不能前后自然摆动，常用手臂保持身体平衡。总之，幼儿早期学习走步时动作比较笨拙僵硬，多余动作较多。随着幼儿年龄的增长，下肢力量的增强，其走步动作会有较大程度的发展。

（二）发展特征

幼儿在不同年龄阶段，由于受到肌肉控制能力的发展、视动整合能力的发展、神经系统的成熟度等各种因素影响，其走步动作呈现不同的发展特征，如表2-1所示。

表2-1　幼儿走步动作的发展特征

年龄阶段	发展特征
3—4岁	能初步控制走步方向，平稳熟练地走步，但步幅小、身体不稳定，摆臂幅度小，膝关节灵活性较差，上下肢配合还不够协调，腰部转动不灵活，注意力易分散，调节节奏、步幅能力较差
4—5岁	步幅较稳定，上下肢配合协调，个人走步特点已初步形成，但调节节奏能力稍差，注意力易分散
5—6岁	走步自然放松，平稳协调，排队时能较好保持队形并能掌握多种变换队形的方法，步幅已增至50厘米左右，能掌握多种走步技能

（三）动作要领

走步时要求动作自然放松，上体挺直，头正，脚尖正，自然挺胸，双眼平视，双臂放松，以肩为轴前后自然摆动，向正前方抬腿，落地轻柔。节奏合理、稳定，步频、步幅适宜。重心稳定，不上下或左右移动。精神饱满，节奏感强。集体排队走时，学会与他人保持适宜的距离。

走步动作的重点是腿的动作和躯干姿势。要求小班幼儿上体挺直自然走；中班幼儿上挺直，上下肢协调地走；大班幼儿步伐均匀，有精神地走。

（四）典型问题及纠正方法

1. 脚尖朝内或朝外

纠正方法：提醒有此缺点的幼儿走步时脚尖朝前，同时采用脚内侧踢毽子、双脚内扣站立、沿一条直线走等方法进行纠正。

2. 抬腿过高

纠正方法：及时提醒幼儿走步时向前迈步，大腿向前移动，排队走时前后保持一定距离，避免间距过窄，无法向前迈步。

3. 低头含胸，上体摇晃

纠正方法：首先要讲清楚正确姿势，并进行正确示范，其次提醒幼儿抬头、挺胸。

除了以上常见的典型问题，幼儿还存在落地重、摆臂幅度过大、身体左右摆动、抬小腿、迈不开步等错误。教师要针对不同情况采取相应措施，让幼儿养成正确的走步姿势。

二、走步动作练习的目标和内容

（一）走步动作练习的目标

幼儿进行走步动作练习的主要目标有：改进走步动作，掌握多种走步方式，发展走步能力，使自己走步时自然放松，有合理而稳定的节奏；培养良好的走步姿势和习惯，发展方位知觉、节奏知觉、速度知觉和调节步幅、步频的能力；培养排队走步的能力，做到自行的行走节奏，与集体行走节奏一致；培养注意力、模仿能力和创新能力，发展集体意识与观念。

（二）走步动作练习的内容

幼儿园开展走步动作练习的主要内容有：听信号向指定方向走、在指定范围内四散走、一个跟着一个走、跨越小障碍、听信号有节奏地走、听信号变换速度走、听信号变换方向走、持物走等。幼儿进行走步动作练习的内容及游戏如表2-2所示。

表2-2　幼儿进行走步动作练习的内容及游戏

年龄阶段	内容	游戏
3—4岁	听信号向指定方向走、在指定范围内四散走、一个跟着一个走、跨越小障碍	开火车、跟着小旗走、开飞机、跟着老师走、找玩具等
4—5岁	听信号有节奏地走、听信号变换速度走、持物走、平衡板上走、远足	捡豆豆、各种模仿走、持物竞赛走、听鼓声走、老猫睡觉醒不了等
5—6岁	整齐地走、高人走、矮人走、听信号变换方向走、倒退走、上下坡走、脚跟或脚尖走、推着小车走	找朋友、穿大鞋、花样走路、两人三足、熊和木头人等

三、走步动作的发展途径

（一）走步动作的发展方法

幼儿园主要运用配乐走步、儿歌走步、变换队形走步等多种方法发展幼儿腿部力量，提高幼儿走步能力。小班多做些排队走步游戏。自然走步中，教师应重点注意幼儿双腿的动作和上体姿势；排队走步时，注意培养幼儿的协同意识，调节步幅、步频的能力和注意力。在各种地形中开展的远足活动是发展幼儿走步能力较好的活动。

（二）走步动作的形式

幼儿走步动作的形式主要有自然走、螃蟹走（侧身走）、侧向滑步走、前滑步走、前脚掌走、后脚跟走、高抬腿走、后踢腿走等多种形式，具体内容如表2-3所示。

表2-3　走步动作的形式

动作形式	发展的能力	动作要点
自然走	能改善身体形态，全面锻炼身体	步幅均匀，摆腿方向正，落地轻，双脚跟内侧在一条直线上，脚尖向前，头正、颈直，向前看，躯干直，自然挺胸，肩、臂放松，双臂以肩为轴前后自然摆动，与下肢配合协调，注意力集中
螃蟹走（侧身走）	发展动作的协调性、灵敏性，以及快速反应能力	侧身行走，一只脚跟着一只脚一步一步地向侧面移动
侧向滑步走	发展动作的协调性、灵敏性，以及快速反应能力	侧身滑步，一只脚紧跟着另一只脚连续向侧面移动
前滑步走	发展动作的协调性、灵敏性等	向前方滑步，一只脚紧跟着另一只脚连续快速移动
前脚掌走	发展小腿及脚掌力量、平衡能力	脚跟尽量提起，直腰、挺胸、步幅小
后脚跟走	发展平衡能力	步幅要小，落地要轻，支撑腿稍屈，双脚跟间距稍宽

续表

动作形式	发展的能力	动作要点
高抬腿走	发展大腿屈肌力量、髋关节柔韧性和灵活性	抬腿时髋关节放松，快举轻放，上体挺直
后踢腿走	发展膝关节灵活性、柔韧性和屈小腿肌肉的力量	后踢腿膝关节放松，动作要快，上体挺直
蹲着走	锻炼膝关节及其周围韧带，发展下肢肌肉力量与肌肉耐力	双腿全蹲，步幅要小，重心前移时不要站起。走的距离不要太长
弹簧走	发展下肢力量、踝关节灵活性，培养动作的韵律感	腿前摆，绷脚面，支撑脚提踵，上体挺直，脚尖先着地，然后柔和地过渡至全掌，膝关节随之弹性屈伸，同时，支撑腿前摆伸出，上体保持挺直，向前看，双臂自然摆动
后退走	锻炼腰背和大腿后侧肌肉，发展肌肉感觉和控制身体运动方向的能力	步幅小，上体挺直，注意依靠肌肉感觉和控制身体运动方向的能力
持物走	发展控制身体的能力和动作的协调性	推、拉、背物走时上体前倾，单手提物和单肩扛物时上体应向一侧倾斜
协同走	发展集体走步能力，培养协同和集中注意力的习惯	集中注意力，与他人协同一致，注意调节个人的步幅、步频
模仿动物走	发展走步能力，发展模仿、创新等能力	要在观察和熟悉模仿对象的基础上进行模仿，通过动作模仿形象，如"企鹅走"

（三）走步动作的深度发展

　　幼儿走步动作的深度发展可以围绕动作形式、方位、路线、节奏、空间、辅助材料、参与人数等维度展开。对于走步动作的形式，表 2-3 已做了详细介绍；方位主要包括前、后、左、右等，如后退走、向右横向走等；路线主要包括直线、曲线、圆圈、Z 字形等，如圆圈走、曲线走等；节奏主要包括快速、慢速、匀速、变速等，如快速走、匀速走等；空间主要包括平面、斜面、深度空间等，如平面走、斜坡走、跨纸箱走等；辅助材料主要包括障碍物、手持物等，如跨过障碍物、踏石过河、抱球走；参与人数主要包括单人、双人、多人等，如两人三足等。

视频

走步动作

四、走步游戏案例

游戏：小动物找家（小班）

游戏目标：

练习蹲步走、"矮人走"，发展幼儿的灵敏性及判断能力。

游戏准备：

1. 在活动场地上画一个大圆圈，在大圆圈中画 5 幢小房子。

2. 两份大小不同的印有数字 1—5 的卡片，每份卡片有 5 种不同的形状、颜色。两份卡片的形状、颜色一一对应。

3. 给每个幼儿发一块"金牌"（在一根丝带上穿一个夹子，夹子可用来夹小卡片）。

4. 幼儿熟悉"小鸟飞""小矮人"的音乐。

5. 大卡片放在小房子里，小卡片挂在幼儿脖子上。

视频

小动物找家

游戏玩法与规则：

【初级版】幼儿随着"小鸟飞"的音乐在大圆圈上踮步走，教师突然停止音乐，幼儿迅速走到跟自己所挂"金牌"颜色相同的小房子中，例如幼儿所挂"金牌"为红色，就迅速走到放有红色大卡片的小房子中。玩过一遍后，教师可让幼儿交换"金牌"，用"矮人走"的音乐继续游戏。

【升级版1】幼儿随着"小鸟飞"的音乐在大圆圈上踮步走，教师突然停止音乐，幼儿迅速走到跟自己所挂"金牌"上数字相同的小房子中，例如幼儿所挂"金牌"上的数字是4，就迅速走到放有4号大卡片的小房子中。玩过一遍后，教师可让幼儿交换"金牌"，换成"矮人走"的音乐继续游戏。

【升级版2】幼儿随着"小鸟飞"的音乐在大圆圈上踮步走，教师突然停止音乐，幼儿迅速走到跟自己所挂"金牌"形状相同的小房子中，例如幼儿所挂"金牌"是圆形的，就迅速走到放有圆形大卡片的小房子中。玩过一遍后，教师可让幼儿交换"金牌"，用"矮人走"的音乐继续游戏。

指导建议：

1. 可根据教学进度，决定房子的多少。

2. 可根据教学目标，决定选择哪一种音乐。

场地示意图如图2-1所示。

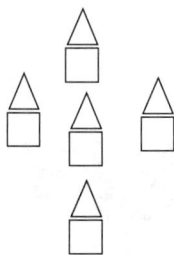

图2-1 小动物找家场地示意图

（北京市通州区张家湾镇张家湾中心幼儿园 杨娇）

游戏：小兔搬家（中班）

游戏目标：

1. 练习在两条距离为30～35厘米的相互平行的直线中间走。

2. 发展幼儿控制动作的能力和协调能力。

游戏准备：

头饰若干，小推车4辆，小筐4个，障碍物4个，玩具数量与幼儿人数相等。

视频

小兔搬家

游戏玩法与规则：

幼儿分成人数相等的4队，分别站在起始线后。

【初级版】小白兔新建了4间房子，我们要帮助小白兔把东西搬到新家去，注意走的时候不要踩线。教师发出信号后，各队第一名幼儿开始拿玩具在小路上走，到小筐处把玩具放下，走原路回来，其余幼儿依次进行游戏，搬家最快的队获胜。

【升级版1】小白兔新建了4间房子，我们要帮助小白兔把东西搬到新家去，注意走的时候不要踩线。教师发出信号后，各队第一名幼儿开始推车在小路上走，到小筐处把玩具放下，原路推车回来，其余幼儿依次进行游戏，搬家最快的队获胜。

【升级版2】小白兔新建了4间房子，我们要帮助小白兔把东西搬到新家去，注意走的时候不要踩线。教师发出信号后，各队第一名幼儿开始推车在小路上绕障碍物走，到小筐处把玩具放下，原路推车回来，其余幼儿依次进行游戏，搬家最快的队获胜。

指导建议：

1. 走路时不要踩线。

2. 前一个幼儿回来，下一个幼儿才可以走。

场地示意图如图2-2所示。

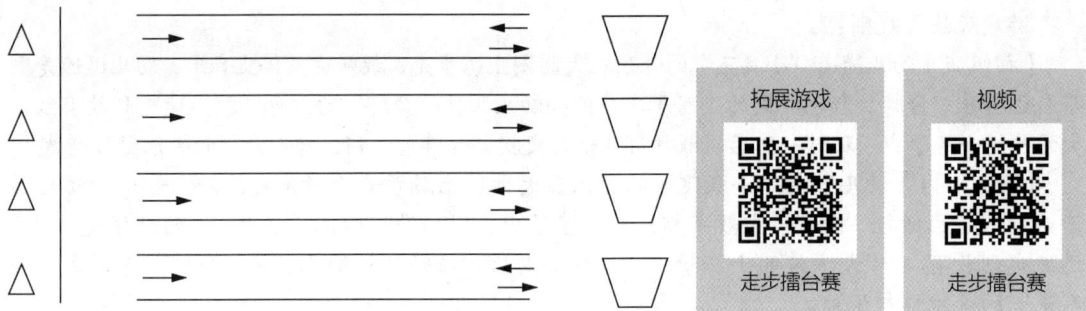

图 2-2　小兔搬家场地示意图

（北京市通州区张家湾镇张家湾中心幼儿园　杨娇）

第二节　跑步动作的发展

跑步是人体移动位置最快速、最自然的一种运动方式，属于连续性、周期性动作。跑步与走步的区别在于跑步有双脚短暂腾空阶段。幼儿跑步宜以有氧运动和小强度为主，锻炼强度大于走步。适宜的、多样化的跑步游戏活动，可以有效地提高幼儿的跑步能力，培养幼儿正确的跑步姿势，满足幼儿的运动需要。

一、跑步动作的特点及发展特征

（一）特点

早期幼儿由于身体形态特征及腿部肌肉力量弱，平衡能力、自我调节能力和控制能力差，因此跑步时有头重脚轻的感觉，表现为摇摇晃晃，容易摔倒。这个时期的幼儿跑步的动作特点主要是小、慢、直、不稳，即蹬摆力量差、步幅小，腾空时间与支撑时间的比值小；速度慢，反应慢；上体较直，直臂摆动；步幅、方向、速度不稳定，容易摔倒。3 岁以上幼儿在跑步时已有明显的双脚短暂腾空阶段，但仍以小碎步跑为主，步幅较小且不均匀。随着幼儿年龄的增长，其跑步动作和能力不断发展和提高，跑步姿势基本正确，蹬的动作比较明显、有力，摆臂动作也比较自然、轻松、协调，节奏感较好，控制跑的速度、方向等的能力也有了明显的发展和提高。

（二）发展特征

幼儿在不同年龄阶段，由于受到身体控制能力的发展、空间知觉能力的发展、视动整合能力的发展、神经系统的成熟度等多种因素影响，其跑步动作呈现不同的发展特征，具体如表 2-4 所示。

表 2-4　幼儿跑步动作的发展特征

年龄阶段	发展特征
3—4 岁	1. 步幅小而不均匀，幼儿控制跑动方向的能力较差，难以跑直线，跑动中改变方向时费力而迟缓； 2. 启动和制动较慢；跑步时的稳定性有了明显提高，但稍有碰撞或地面不平就容易摔倒； 3. 耐力差；缺乏速度意识和竞赛意识，调节跑速的意识也弱

续表

年龄阶段	发展特征
4—5 岁	1. 在跑步时能力发展迅速，在跑步的技能、速度和耐力以及心理素质等方面都有明显的进步； 2. 跑速、步幅都快速发展，对胜负开始关注
5—6 岁	1. 速度意识和竞赛意识很强，对胜负的反应较强； 2. 跑步中能够有意识地克服疲劳，表现出较强的意志力，跑步的目的性比较明确

（三）动作要领

跑步动作的要领是上体稍前倾，向前看，双手轻握拳，双臂屈肘于腰侧前后自然摆动。腿向后用力蹬地，向前摆腿方向正，幅度大，膝放松。用前脚掌先着地，脚尖朝前，落地要轻，呼吸自然而有节奏。

跑步动作的重点是腿的动作。要求小班幼儿双臂屈肘在体侧自然跑；中班幼儿上下肢协调轻松地跑；大班幼儿上体稍前倾，用前脚掌着地跑。小班、大班幼儿跑步如图 2-3、图 2-4 所示。

图 2-3　小班幼儿跑步　　　　　图 2-4　大班幼儿跑步

（图片来源：北京市延庆区第五幼儿园、北京市延庆区第二幼儿园）

（四）典型问题及纠正方法

1. 上体过分前倾或后仰

纠正方法：做原地摆臂或弓步下振练习，注意躯干的姿势要正确；跑步时注意提醒幼儿看前方。

2. 跑的路线不直

纠正方法：可以采取一个跟着一个跑、窄道跑或朝指定方向跑、踩直线跑和踏着脚印跑等方法进行纠正。

3. 耸肩、摆臂僵硬

纠正方法：采取自然放松的大步跑进行纠正；及时提醒幼儿动作要放松；纠错时少用接力赛或者其他形式的赛跑。

除了以上典型问题外，幼儿在跑步时还存在"坐着跑""内外八字脚""蹲着跑"等动作，教师需要针对不同情况采取不同的策略来纠正幼儿的错误动作。

二、跑步动作练习的目标和内容

（一）跑步动作练习的目标

幼儿进行跑步动作练习的主要目标有：发展跑步动作，掌握多种跑步方式，提高跑步能力，做到动作协调，自然放松，有较稳定的节奏；发展方向感、速度感和节奏感，提高注意力、模仿力和创新能力；发展合作意识，培养抗挫折、勇敢、坚持等品质。

（二）跑步动作练习的内容

　　幼儿园开展跑步动作练习的主要内容有：快速跑、慢速跑、听信号向指定方向跑、在指定范围内四散跑、绕障碍物跑、追逐跑、躲闪跑等。幼儿进行跑步动作练习的内容及游戏如表 2-5 所示。

表 2-5　幼儿进行跑步动作练习的内容及游戏

年龄阶段	内容	游戏
3—4 岁	听信号向指定方向跑、在指定范围内四散跑、100 米慢速跑或走跑交替、沿场地跑、圆圈跑	小孩小孩真爱玩、找找小动物、看看谁能追上我等
4—5 岁	跑动中听信号做规定动作、在指定范围内四散跑、100～200 米慢速跑或走跑交替、20 米快速跑、曲线跑、绕障碍物跑	捉星星、我是小小运动员、踩影子、捕小鱼、插小旗、捉尾巴等
5—6 岁	听信号变速跑或改变方向跑、四散追逐跑或躲闪跑、200～2300 米慢速跑或走跑交替、20～30 米快速跑、上下坡跑、持物跑	狡猾的狐狸在哪里、往返接力、迎面接力赛、绕障碍物接力赛、贴人等

三、跑步动作的发展途径

（一）跑步动作的发展方法

　　幼儿园主要运用游戏法、比赛法、讲解示范法、练习法等多种方法发展幼儿的跑步动作，提高幼儿的跑步能力。幼儿在跑步前应充分做好准备活动，以防受伤；快速跑后要及时做放松和整理活动。幼儿园要创设良好的跑步环境，注意培养幼儿正确的身体姿势。在跑步过程中，教师要做好医务监督；指导幼儿在跑步中学会正确的呼吸方式，呼吸自然而有节奏；要根据幼儿体力、年龄和气候合理安排运动负荷，注意游戏的休息间隔要适宜；圆圈跑时可以根据需要让幼儿变换跑动方向。

（二）跑步动作的形式

　　幼儿跑步动作的形式主要有短距离直线跑、侧身跑、跑跳步、圆圈跑、往返跑、追逐跑、躲闪跑、接力跑、持物跑等多种形式，具体内容如表 2-6 所示。

表 2-6　跑步动作的形式

动作形式	发展的能力	动作要点
短距离直线跑	发展速度、灵敏性	向后蹬地要有力，向前摆腿方向正、幅度大，髋膝放松；落地轻；双臂屈肘前后自然摆动，躯干稍前倾；抬头，向前看；呼吸自然
侧身跑	发展速度、身体控制能力	在跑动时，头部和上体转向侧面，脚尖朝着跑动方向。跑动时，既要保持奔跑速度，又要保持身体平衡
跑跳步	发展肌肉力量、瞬间爆发力及动作的协调性	一只脚踏跳，一只脚抬跑，双臂随着脚的动作规律地摆动
圆圈跑	发展速度、调节跑动方向的能力与平衡能力	整个身体向内稍倾斜，不要斜着上身跑。脚要贴近圆圈里线
往返跑	发展速度、灵敏性	到达转弯处前放慢速度，上身直或稍后仰，后腿蹬力稍小，然后转体 180 度，重心移至转身的前脚，继续跑动

续表

动作形式	发展的能力	动作要点
追逐跑、躲闪跑	发展速度、灵敏性、快速反应能力、耐力	身体需快速启动，快速急停。注意观察周围环境，并迅速做出反应，躲避来人或物体
接力跑	发展奔跑能力、耐力	传接棒时两人要错开身体，避免碰撞。传接棒均用右手
持物跑	能加大运动负荷，发展持物移动的能力	持物方法要便于用力，全身承受负荷，注意保持平衡。单手提物或单肩扛物时，上体应向异侧倾斜；背物时上体应向前倾斜。持物跑时步幅要小，步频要高，重心起伏要小
后踢腿跑	发展腿后侧屈肌力量和膝关节灵活性	跑时有意后踢小腿，前摆幅度小，膝关节放松，步幅小，步频高，前脚掌先着地
后退跑	发展大腿后侧和背部肌群以及本体感觉	腿后摆方向要正，脚尖先着地，上体直，靠本体感觉和看前方固定目标，控制后退方向
模仿跑	发展奔跑、模仿、审美、创新等能力	模仿要在观察和熟悉模仿对象的基础上进行，通过动作模仿形象，如"螃蟹跑"

（三）跑步动作的深度发展

幼儿跑步动作的深度发展可以围绕动作形式、方位、路线、节奏、空间、辅助材料、参与人数等维度展开。对于动作形式，表2-6已做了详细介绍；方位主要包括前、后、左、右等，如后退跑、侧身跑等；路线主要包括直线、曲线、圆圈、Z字形等，如圆圈跑、曲线跑等；节奏主要包括快速、慢速、匀速、变速等，如快速跑、有节奏地跑等；空间主要包括平面、斜面、深度空间等，如平面跑、跑上斜坡、跑上跑下等；辅助材料主要包括障碍物、手持物等，如绕障碍物跑、速度绳梯跑、抱球跑；参与人数主要包括单人、双人、多人等，如两人牵手跑、多人持杆跑、一路纵队搭肩跑等。

视频

跑步动作

四、跑步游戏案例

游戏：可爱的小鸡（小班）

游戏目标：

练习听信号往指定方向跑，发展幼儿跑的能力和动作的协调性。

游戏准备：

用皱纹纸制作若干小虫、萝卜、青菜、蘑菇、卡片、小鸡头饰，绿筐3个，红筐、黄筐各1个，泡沫垫，音乐。

游戏玩法与规则：

【初级版】鸡宝宝们，前面就是青菜娃娃家，可是有许多虫子在欺负青菜娃娃，我们赶快跑去救青菜娃娃吧。每次只能捉一条虫子，捉好后送到绿筐里。

【升级版1】小鸡真能干，帮助青菜娃娃把所有的害虫全提完了，我们一起去做游戏吧，鸡妈妈（教师）带领鸡宝宝去游玩。音乐起，"狐狸"出现后，鸡宝宝全部跑回家。

【升级版2】听说青菜、萝卜、蘑菇家出现了红、黄、绿3种不同颜色的虫子。增加红筐、

拓展阅读

幼儿跑步动作的整体发展序列

视频

可爱的小鸡

黄筐各 1 个，引导幼儿每捉一次虫子，都要把它送到相同颜色的筐里，红虫子送到红筐，黄虫子送到黄筐。

指导建议：

1. 在场地和材料的布置上做好充分的准备。

2. 活动前教师做好引导动作，以确保幼儿活动时的安全。

场地示意图如图 2-5 所示。

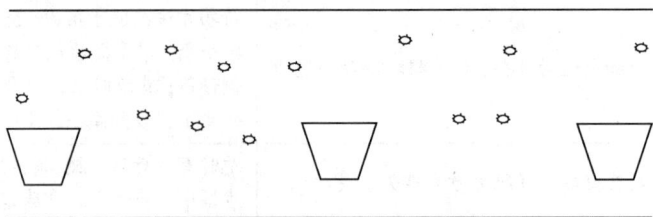

图 2-5　可爱的小鸡场地示意图

（北京市通州区张家湾镇张家湾中心幼儿园　杨娇）

游戏：踩气球（中班）

游戏目标：

1. 练习四散追逐跑，发展幼儿动作的灵敏性。

2. 培养幼儿动作的节奏感及参与活动的兴趣。

游戏准备：

气球每人两个，皮筋，线绳，将气球吹起后用皮筋扎紧，再用线绳拴在幼儿脚踝处。

游戏玩法与规则：

【初级版】教师当踩气球的人。教师喊开始后，幼儿四散跑，等幼儿跑了一定的时间后，教师开始踩体力较弱的幼儿的气球，可先踩一只，保留一只下次踩。

【升级版 1】请 1～2 名幼儿当踩气球的人，教师提示幼儿注意躲闪，保护自己的气球不被踩中。提醒被踩中气球幼儿不要踩到别人的气球。

【升级版 2】幼儿之间相互踩，教师提醒幼儿不要相互碰撞。

指导建议：

1. 幼儿追逐踩气球时，教师要控制好运动量。

2. 提醒幼儿游戏时不要相互碰撞。

场地示意图如图 2-6 所示。

图 2-6　踩气球场地示意图

（北京市通州区张家湾镇张家湾中心幼儿园　杨娇）

视频
踩气球

游戏：捕鱼（大班）

游戏目标：

1. 练习 3 人（多人）组合四散追逐跑，使幼儿能与同伴配合控制自己的动作。

2. 使幼儿能够在活动中安全快乐地游戏。

视频
捕鱼

游戏准备：

1. 幼儿有一定的两三人协同跑的经验。

2. 开始、结束的音乐，障碍物。

游戏玩法与规则：

【初级版】一半幼儿当"渔网"，手拉手站在指定位置，另一半幼儿当小鱼在"渔网"中穿来穿去。当听到捕鱼的口令时，"渔网"快速往圈里走去捕"小鱼"，圈越缩越小，被捕到的"小鱼"罚出。

【升级版】3人手拉手当渔网，其余幼儿当小鱼，当听到捕鱼的口令时，3人利用协同跑的方法去捕"小鱼"，被捕到的"小鱼"罚出。

指导建议：

1. 3人协同跑要注意方向一致，速度一致。

2. 提醒幼儿3人手拉手时手不能松开。

（北京市通州区张家湾镇张家湾中心幼儿园　杨娇）

第三节　跳跃动作的发展

跳跃动作也是幼儿较早掌握的一项基本动作技能，是幼儿最喜欢的体育活动之一。跳跃是双腿用力蹬地，使身体腾起一定的高度和远度，然后轻轻落地的一种非周期型动作。幼儿学会双腿跳技能及进入熟练阶段的年龄区别不大，都在两岁左右；而在单腿跳各阶段动作的发展方面，女孩早于男孩。幼儿时期是跳跃技能发展的重要时期。跳跃动作可以发展幼儿的腿部力量、弹跳能力以及身体的灵活性、稳定性、协调性和平衡能力，对幼儿的视觉能力发展也有益处。

一、跳跃动作的特点及发展特征

（一）特点

幼儿早期跳跃的特点是：蹬地力量小，跳得低；弹跳能力差；动作紧张，摆臂和蹬腿配合不好，协调性较差；落地较重，不会缓冲，缺乏落地意识，容易失去平衡并摔倒。随着年龄的增长、身体的发展和体能的增强，幼儿的跳跃能力提高较快，他们不仅能逐渐掌握一些跳跃的基本动作，还能学会一些较复杂的跳跃动作，如助跑快跳、跳绳、跳皮筋等，但与学龄幼儿相比，他们的跳跃能力仍然较差。

（二）发展特征

幼儿在不同年龄阶段，由于受到下肢肌肉爆发力的发展、空间知觉能力的发展、平衡能力的发展以及神经系统的成熟度等多种因素影响，其跳跃动作呈现不同的发展特征，具体内容如表2-7所示。

表2-7　幼儿跳跃动作的发展特征

年龄阶段	发展特征
3—4 岁	1. 起跳时的蹬伸意识较差，蹬地力量弱，摆臂与蹬地动作脱节； 2. 落地时的缓冲意识差，往往出现落地不稳的情况； 3. 跳跃距离短，在该年龄段主要是进行双脚连续跳跃练习

年龄阶段	发展特征
4—5 岁	1. 跳跃距离增长较快； 2. 能较熟练地掌握徒手或者持轻器械的单双脚跳，而且跳跃动作基本合理和协调
5—6 岁	1. 跳跃动作合理、协调，起跳时摆臂和蹬腿动作配合协调，而且在跳跃时节奏稳定、落地时能屈膝缓冲，保持好身体的平衡； 2. 掌握多种跳跃的方法，掌握跳圈、跳皮筋、跳绳、助跑跨跳等复杂的跳跃技能

（三）动作要领

跳跃分为跳高和跳远。两者的动作稍有不同，但是大体上都分为预备、起跳、腾空、落地 4 个阶段。预备：双脚自然开立，屈膝半蹲，上体前倾，双臂后摆。起跳：当双臂由后向前上方摆动时，两前脚掌用力蹬地，双腿充分蹬直向前跳起，身体尽量前送。腾空：身体保持平衡，可能伴有腾越过程。落地：脚跟着地，屈膝半蹲，上体前倾，双臂自然放下，保持平衡。

跳跃动作的重点是起跳和落地动作。要求起跳时双腿要充分蹬直，落地时屈膝缓冲。立定跳跃预备动作如图 2-7、图 2-8 所示。

图 2-7　立定跳跃预备动作 1　　　图 2-8　立定跳跃预备动作 2

（图片来源：北京市昌平区工业幼儿园）

（四）典型问题及纠正方法

1. 向上屈大腿或后屈小腿跳，落地时不屈膝缓冲

纠正方法：教师要示范正确的跳跃动作，幼儿练习时，教师用语言提醒幼儿"双腿蹬直""向上跳"，落地时可提醒幼儿看谁的膝盖没弯曲；从高处往下跳跃后双手摸地；从原地向前跳后双手摸地。

2. 起跳时腿蹬伸不充分，双腿蹬伸用力不同，不会摆臂助跳

纠正方法：练习纵跳摸高，向前跳时用手触摸在身前的绳子或教师的手；在一定高台跳起摸悬在空中的物体（小球或小玩具）。

3. 起跳的高度不够

纠正方法：原地纵跳触物，原地双脚跳过一定高度的障碍物，原地双脚连续跳过一定高度的障碍物，原地向上跳一定高度的台阶，助跑纵跳触物。

4. 起跳时双脚蹬地的力量不均匀和双脚没有同时落地

纠正方法：可使幼儿练习双脚向前和向上跳的动作，或者练习双脚夹沙包跳跃的动作。

5. 起跳后的角度不够

纠正方法：在一定高度向远处跳跃，如沙坑；原地跳过有一定宽度和高度的两根绳子；原地跳过有一定宽度和高度的平衡木；原地跳过圆木；原地跳过趴着的同伴。

6. 腾空时低头弓腰

纠正方法：要求幼儿跳起后直起腰往前看或看固定的标志物，起跳时要放松。

7. 助跑跨跳时双脚起跳

纠正方法：可增加练习次数，很快就能纠正过来；教师要多做示范，并向幼儿强调要单脚起跳。

8. 落地重，落地后停顿

纠正方法：要求幼儿轻松地跳，不要很用力，落地后不能马上停下来，要继续向前跑几步。

9. 兔跳时双腿蹬伸较差

纠正方法：鼓励幼儿向上跳起，双腿蹬直，比比"谁跳得高"。

10. 蛙跳时双腿蹬伸不充分或双腿没有蹬离地面

纠正方法：让幼儿看正确的示范，幼儿练习时，教师可以帮助幼儿托大腿做蹬离地面的动作。

11. 在直线两侧行进跳中双脚不同时落地

纠正方法：让幼儿看正确的示范，要求幼儿要双脚同时着地，并屈膝缓冲。

除了以上常见的错误外，幼儿在跳绳时还存在双脚或单脚向上跳的高度不够，使绳无法从脚下轮转过去。教师可使幼儿多练习原地向上跳的动作，并针对幼儿不同的情况采取不同的策略。

二、跳跃动作练习的目标和内容

（一）跳跃动作练习的目标

幼儿进行跳跃动作练习的主要目标有：发展跳跃动作，掌握多种跳跃方式，提高跳跃能力，做到动作协调，自然放松；发展方位知觉、空间知觉和身体平衡稳定能力。

（二）跳跃动作练习的内容

幼儿园开展跳跃动作练习的主要内容有：原地纵跳、助跑跨跳、高处向下跳、立定跳、台阶跳、双脚连续向前跳、夹沙包跳、跳绳、跳皮筋、跳箱等。幼儿进行跳跃动作练习的内容及游戏如表2-8所示。

表2-8 幼儿进行跳跃动作练习的内容及游戏

年龄阶段	内容	游戏
3—4岁	原地纵跳、助跑跨跳、高处向下跳（从15～25厘米高的地方跳下）、双脚连续向前跳	大皮球、小兔送萝卜、小小跳水运动员等
4—5岁	原地纵跳触物（物体距手臂向上伸直时的指尖15～20厘米）、双脚连续向前跳、高处向下跳（从25～30厘米高的地方跳下）、立定跳（跳跃距离不少于75厘米）、双脚在直线两侧行进跳、夹沙包跳、单脚直线连续跳（跳跃距离不少于10米）、助跑跨跳（跳过两条距离大于40厘米的相互平行的直线）	夹沙包跳比赛、跳房子、小猴摘桃、小青蛙捉虫子等
5—6岁	原地纵跳触物（物体距手臂向上伸直时的指尖20～25厘米）、单脚折线连续跳、高处向下跳（从30～35厘米高的地方跳下）、立定跳（跳跃距离不少于95厘米）、变换方向跳、转身跳跃、夹沙包跳、单脚直线连续跳（跳跃距离不少于20米）、助跑跨跳（跳过两条距离大于50厘米的平行线）、跳绳、跳皮筋、跳蹦床、跳箱	小青蛙跳荷叶、跳圈比赛、跨步比赛、跳绳比赛、跳房子、跳皮筋比赛等

三、跳跃动作的发展途径

（一）跳跃动作的发展方法

幼儿园主要运用游戏法、比赛法、模仿法、练习法等多种方法发展幼儿的跳跃动作。跳跃活动要内容丰富、形式多样，根据幼儿的能力和水平，教师要按动作从简到繁，距离从近到远、高度从低到高的顺序开展跳跃动作练习，要培养幼儿起跳时摆臂和蹬腿的协调配合，告诉幼儿落地时要轻而稳。幼儿园要创设卫生的游戏环境，重视在活动中用模仿法（袋鼠跳、小兔子、小青蛙等模仿游戏）来发展幼儿的跳跃动作。

（二）跳跃动作的形式

幼儿跳跃动作的形式主要有原地纵跳、原地纵跳触物、立定跳、双脚连续向前跳、双脚左右（在直线两侧）行进向前跳等多种形式，具体内容如表 2-9 所示。

表2-9　跳跃动作的形式

动作形式	发展的能力	动作要领
原地纵跳	发展腿部肌肉力量、弹跳能力	预备：腿稍屈，臂后摆，上体稍前倾； 起跳：臂上摆，腿蹬直； 落地：前脚掌先着地，屈膝，上体稍前倾
原地纵跳触物	发展协调能力、视觉运动能力、弹跳能力	下肢动作同原地纵跳，跳起的同时，注意观察物体位置，单手伸直触碰物体
立定跳	发展弹跳能力、下肢爆发力、协调能力	预备：腿稍屈，臂后摆，上体稍前倾，可弹动一次； 起跳：腿蹬直，臂向前上摆，展体，使身体向前上方跳出； 落地：屈膝全蹲
双脚连续向前跳	发展弹跳能力和下肢力量、耐力与协调能力，培养动作节奏感	预备：腿稍屈，臂垂于腿前； 起跳：蹬腿，臂向前上方摆，使身体向前跳出； 落地：前脚掌先着地，稍屈膝；动作轻，臂自然下放，动作不停顿继续向前跳；注意身体协调和动作节奏
双脚左右（在直线两侧）行进向前跳	发展弹跳能力、身体控制能力以及力量和耐力	起跳时身体稍转向右，落地时在原位右前方，然后起跳至左前方，双脚同时起跳、同时落地
双脚向上跳（小台阶）	发展弹跳能力和下肢爆发力	动作同原地纵跳，注意落地要稳
双脚向下跳	发展平衡能力和力量	直接向下跳时，腿要蹬伸或直接下落；落地时腿弯曲度稍大，注意保持平衡
（连续）侧跳	发展弹跳能力和灵敏性	起跳时蹬腿、摆臂、展体的动作均同双脚向下跳，但向侧面用力。如原地左右侧跳时，则在起跳后，向侧面摆髋和腿，使双脚向两侧连续移动
跨跳	发展深度知觉、力度知觉、弹跳能力和步幅调节能力	助跑：距离起始线 4~5 步，中等速度跑，不减速、不倒步； 起跳：蹬腿要快速、有力、充分，摆腿方向正，幅度大； 落地：落地轻柔并继续前跑几步，不要有停顿
单双脚轮换跳，单双脚交替跳，双脚开合跳	发展灵敏性和协调性	轻轻跳起来，双脚往外的同时双手往上拍（做出动作即可，无须完成拍手）；归位时，双脚合并，双手回到两侧

续表

动作形式	发展的能力	动作要领
转身跳	发展身体控制能力和平衡能力	双脚跳起向左或右转身 180 度后落地
蹲跳	发展弹跳能力、平衡能力	双脚稍分开成半蹲状，上体稍前倾，双臂屈肘于肩侧。接着双腿用力蹬伸，同时双臂迅速上举，身体向前上方跳起，用全脚掌着地，屈膝缓冲
跳山羊	发展弹跳能力、灵敏性和平衡能力	助跑同跨跳，上板（起跳点）步子要小，离地脚要低，速度要快； 起跳：双腿同时用力蹬地，摆臂展体；腾空跳起后双手撑跳箱面，同时双腿左右分开，上体前倾； 落地：将要落地时，双腿并拢，双脚同时落地，屈膝，上体稍前倾，双臂上举或前举，帮助保持平衡
跳绳	发展弹跳能力和灵敏性	握绳要松，摇动时手腕要灵活，摇绳与跳起动作要协调。跳跃时要多用脚掌和脚腕力量，腰要直，肩要放松，要向前看
夹沙包跳	发展腿部爆发力、灵敏性和平衡能力	要用脚趾内侧夹沙包的一角，用蹬腿、摆臂、提腰，然后跳起；快速屈膝，甩脚腕将沙包甩出；落地时要屈膝
协同跳	发展跳跃能力、协同意识、注意能力，以及调节动作节奏、速度、幅度的能力	注意力集中，动作节奏、速度和幅度要一致
蹲撑跳	发展弹跳能力、屈膝力量和臂的支撑力量	蹬腿、收腹、屈膝，使双脚落于双手之间，呈蹲撑姿势，然后双手前移，呈俯撑姿势，继续跳进

（三）跳跃动作的深度发展

幼儿跳跃动作的深度发展可以围绕动作形式、方位、路线、节奏、空间、辅助材料、参与人数等维度展开。对于动作形式，表 2-9 已做了详细介绍；方位主要包括前、后、左、右等，如前跳、侧跳、后跳等；路线主要包括直线、曲线、Z 字形等，如直线跳、Z 字形跳等；节奏主要包括快、慢、匀速、变速等，如快速跳、有节奏地跳等；空间主要包括平面、斜面、深度空间等，如平面跳、跳上斜坡、跳进纸箱等；辅助材料主要包括障碍物、手持物等，如跳过障碍物、抱球跳；参与人数主要包括单人、双人、多人等，如单人跳、双人跳、多人跳等。

拓展阅读

幼儿跳跃动作的整体序列法

四、跳跃游戏案例

游戏：过小河（小班）

游戏目标：

1. 练习双脚立定跳和单脚跨跳的动作，发展幼儿的跳跃能力。

2. 培养幼儿与同伴友好合作的意识和勇敢、大胆的精神。

游戏准备：

绳子、积木若干。

游戏玩法与规则：

【初级版】用绳子拼摆小河的样子，引导幼儿采用双脚并拢立定跳的方法

视频

过小河

用力跳过小河。

【升级版1】幼儿4人一组，采用双脚立定跳的方法跳过小河，搬回积木，先搬完的组获胜。

【升级版2】加大小河的宽度，幼儿4人一组，采用一只脚在前，一只脚在后的单脚跨跳方法跳过小河，搬回积木，先搬完的组获胜。

指导建议：

1. 双脚立定跳时，注意身体要下蹲，双脚同时离地向前跳，并且手臂用力往上扬，落地时前脚掌着地。

2. 鼓励胆小幼儿积极大胆参与集体活动。

场地示意图如图2-9所示。

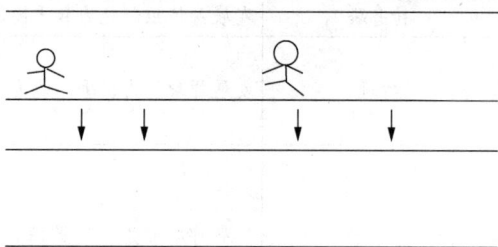

图2-9　过小河场地示意图

（北京市通州区张家湾镇张家湾中心幼儿园　杨娇）

游戏：母鸡下蛋（中班）

游戏目标：

1. 练习双脚夹球行进跳。

2. 让幼儿在游戏中体验成功的快乐。

游戏准备：

母鸡头饰，球，小筐6个，平衡木，障碍物。

游戏玩法与规则：

【初级版】幼儿将母鸡头饰戴在头上，将幼儿分成两组，每组第一名幼儿用双脚夹着一个球跳向终点，把球放进小筐里，从两边返回，第二名幼儿出发。

【升级版1】幼儿将母鸡头饰戴在头上，将幼儿分成两组，每组第一名幼儿用双脚夹着一个球绕过障碍物，跳向终点，把球放进小筐里，从两边返回，第二名幼儿出发。

【升级版2】幼儿将母鸡头饰戴在头上，将幼儿分成两组，每组第一名幼儿用双脚夹着一个球绕过障碍物，走过平衡木，跳向终点，把球放进小筐里，从两边返回，第二名幼儿出发。

指导建议：

1. 如果球掉了，夹好后继续向前跳。

2. 上平衡木前，将球拿在手里，下平衡木后再将球夹在双腿中间继续前进。

场地示意图如图2-10所示。

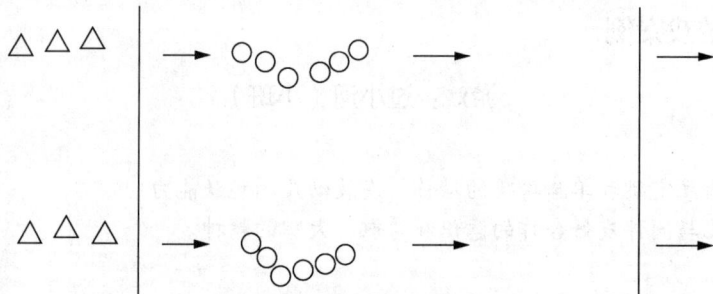

图2-10　母鸡下蛋场地示意图

（北京市通州区张家湾镇张家湾中心幼儿园　杨娇）

游戏：勇夺阵地（大班）

游戏目标：

1. 使幼儿能助跑跨跳过两条距离为 50~60 厘米的相互平行的直线。

2. 发展幼儿上下肢协调能力及腿部的力量。

游戏准备：

彩色纸条、小红旗若干。

游戏玩法与规则：

用彩色纸条分别标记出不同的宽度作为"河沟"。

【初级版】将幼儿分成几组，每组 5 名幼儿，幼儿听到冲锋的信号后，立即出发，双脚跳过"小河沟"，然后跑到阵地处举起小红旗，返回出发处。

【升级版 1】将幼儿分成几组，每组 5 名幼儿，幼儿听到冲锋的信号后，立即出发，跨跳过"大河沟"，然后跑到阵地处举起小红旗，返回出发处。

【升级版 2】将幼儿分成几组，每组 5 名幼儿，幼儿听到冲锋的信号后，立即出发，先双脚跳过"小河沟"，再跨跳过"大河沟"，然后跑到阵地处举起小红旗，返回出发处。

指导建议：

1. 举起小红旗后，表示已经夺取了阵地，后将红旗放回原地，留给下一组幼儿用。

2. 根据幼儿情况，选择不同宽度的"河沟"，鼓励能力强的幼儿尝试跨跳过稍宽的"大河沟"。

场地示意图如图 2-11 所示。

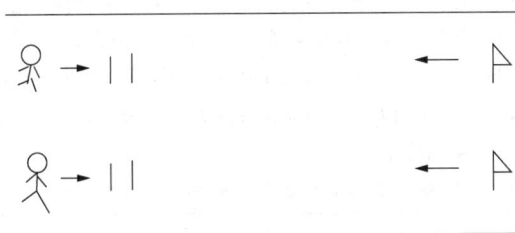

图 2-11 勇夺阵地场地示意图

（北京市通州区张家湾镇张家湾中心幼儿园 杨娇）

第四节 投掷动作的发展

投掷是将物体投出去的动作，是典型的非周期型动作。投掷能有效地发展幼儿的大肌肉群，而且能发展腕、指等处的小肌肉群，还可以发展幼儿身体的灵活性和协调性，在投远和投准环节还可以发展幼儿的判断能力和目测能力。投掷教学一般是先引导幼儿初步掌握一些简单的抛、接、滚、拨等动作，在此基础上再教肩上投掷动作。

一、投掷动作的特点及发展特征

（一）特点

幼儿早期投掷动作的特点是肌肉力量弱，投掷力量小，投掷能力较差，身体各部位协调性差，不太会挥臂，投掷物出手角度及投掷方向掌握不好。通过在游戏中的练习及被指导，四五岁以后，

幼儿在投掷能力方面有了较好的发展，可以通过传球、接球、拍球、肩上投掷等动作，逐步学会挥臂、甩腕等动作，动作比较协调、有力，投掷方向掌握较好，投掷距离也较远，肩上投掷出手角度普遍偏小。五至六岁时，男孩和女孩的投掷能力有了明显的差异，男孩的投掷能力比女孩要强一些。由于幼儿的目测能力和动作的准确性较差，所以幼儿投准的稳定性较差，投准能力发展相对较差。

幼儿投掷一般包括投远、投准两大类，具体可采用双手抛投、单手抛投等方式，也可以采用正面投、侧面投等方式。

投远属于速度型力量动作，其目的是将投掷物尽可能投得远一些。这不仅需要身体各部位肌肉力量的协调配合，还需要幼儿掌握好投掷物出手的角度和时机，这样才能将投掷物投远。

投准的目的是要使投掷物击中指定目标。这不仅需要具有一定的肌肉力量，更需要具有良好的目测能力及准确的动作，因此，幼儿掌握投准动作比掌握投远动作更难一些。

（二）发展特征

幼儿在不同年龄阶段，由于受到上肢肌肉力量的发展、上下肢协调配合度、空间知觉能力的发展、视动整合能力的发展、神经系统的成熟度等多种因素影响，其投掷动作呈现不同的发展特征，具体内容如表 2-10 所示。

表 2-10　幼儿投掷动作的发展特征

年龄阶段	发展特征
3—4 岁	1. 投掷动作不协调，投掷时主要采用的是上肢的力量，下肢和躯干动作不协调，多余动作较多，但幼儿能掌握双手头上投掷、双手腹前投掷、原地肩上投掷等动作； 2. 投掷的距离近且对出手角度和方向的掌握不好
4—5 岁	1. 在教师的引导、教育下，投掷能力相对发展较快，全身能够比较协调地用力，幼儿可以掌握单手肩上正面投掷，双手头上、胸前、腹前投掷等动作； 2. 投掷的出手角度和方向明显改善，但还是表现出不稳定性
5—6 岁	1. 投掷动作协调有力，投掷的距离和准确度明显改善，部分能力强的幼儿可以掌握侧向肩上投掷动作； 2. 男孩和女孩在投掷能力上出现差异

（三）动作要领

1. 正面单手肩上投掷

（右手投掷）身体正对投掷方向，双脚前后开立约与肩同宽，左脚在前右脚在后，手持投掷物，屈肘于头右侧后方，投时挥臂甩腕，快速将投掷物向前上方投出（见图 2-12）。

图 2-12　正面单手肩上投掷

（图片来源：北京市昌平区工业幼儿园）

2. 侧面单手肩上投掷

（右手投掷）身体侧对投掷方向，双脚左右开立，重心在右脚上，手持投掷物，臂高举过头，肘关节微屈，往前看，用蹬地、转体、挥臂、甩腕的力量将投掷物投出（见图2-13）。动作的重点在于挥臂要快速，全身用力要协调。

图2-13 侧面单手肩上投掷

（图片来源：北京市延庆区第二幼儿园）

3. 滚球

双手持球侧后方，掌心向下，双臂向前摆，前臂和手稍外旋将球向前投掷滚出。重点：双臂前摆。

4. 传球

双手抛球：双手掌心向上托球于腹前，用摆臂抖腕的力量将球向前或向上抛出。重点：摆臂、抖腕动作。要求：用力均匀，方向准确。

双手传递：两人面对面站立，用抛出的方法，将球传递到对面的人手中。

5. 接球

双手伸出，手指自然分开，两个拇指靠内成八字，掌心对来球，接球后收回胸腹前。重点：接球的动作。要点：一是向来球方向迎球，二是接球后屈臂缓冲。

6. 拍球

（1）原地拍球：双脚自然分开，上体稍前倾，拍球手的肘自然微屈，五指自然分开，掌心向下，用前臂、手腕和手指的力量向下拍球；当球反弹回手里时，手要随球上升缓冲，接着向下拍球。

（2）行进间拍球：预备时双脚前后分开，上体稍前倾，拍球时肘自然微屈，五指自然分开，掌心向下，用前臂、手腕和手指的力量拍球的后上方，使球前进；当球反弹回手里时，手要随球上升缓冲，接着向后上方拍球。

重点：前臂、手腕和手指的力量的使用，拍球时机的掌握。要求：手臂、手腕要放松。

（四）典型问题及纠正方法

1. 单手投掷时肘外展

纠正方法：教师从正面和侧面做正确示范，幼儿可做击吊球等专门练习。

2. 肘关节下拖，投掷角度过小

纠正方法：伸直手臂做甩前臂的练习，将投掷物投掷过一定高度的横线（横线离投掷处较近）；将投掷物投掷过一定高度的两条横线（投掷物从两条横线中间穿过）；将投掷物投掷过悬挂在一定高度的呼啦圈或其他物体（物体离投掷处较近）。

3. 投掷时上体向左倾斜或过早前倾，左腿弯曲幅度过大

纠正方法：教师做正确示范；幼儿在练习时，教师站在幼儿的左侧，用手挡住幼儿左肩，防止幼儿侧倒，投掷时教师提醒幼儿右腿蹬直。

4. 滚球时双手用力不均匀

纠正方法：做徒手模仿练习或多次练习。

5. 传球时传球不到位

纠正方法：先进行近距离传球，再逐渐增加传球距离，不断纠正错误动作。

6. 接球时不会伸手迎球

纠正方法：通过多次练习来纠正，开始练习时，教师与幼儿互抛互传，待幼儿熟悉后由幼儿互相传接。

7. 拍球时手指和手臂僵硬紧张

纠正方法：做徒手练习，练习时教师多提示动作要领；多做原地拍球练习，比较熟练后就不紧张了。

8. 双手胸前投篮时肘关节外张或投不准

纠正方法：教师做正确示范，要求幼儿肘关节自然下垂；要求幼儿双手用力要平均，幼儿刚练习时投篮距离要近，让幼儿投得进去，使幼儿建立信心，喜欢上这个运动。

二、投掷动作练习的目标和内容

（一）投掷动作练习的目标

幼儿进行投掷动作练习的主要目标有：发展投掷动作，掌握多种投掷方式，提高投掷能力；做到动作协调，自然放松；发展空间知觉、手眼协调、预判能力。

（二）投掷动作练习的内容

幼儿园开展投掷动作练习的主要内容有：抛接球、投掷沙包、打雪仗、各种材料投远、拍球、各种材料投准、投篮等内容。幼儿进行投掷动作练习的内容及游戏如表2-11所示。

表2-11　幼儿进行投掷动作练习的内容及游戏

年龄阶段	内容	游戏
3—4 岁	互相滚接皮球，自然往前上方或远处投掷沙包、抛纸球等，拍球	赶小猪、抛接皮球、拍球、自抛自接、滚球过门等
4—5 岁	互相滚接皮球、自抛自接高低球、肩上挥臂投远、左右手拍球、打雪仗、滚球击物、投准	打鸭子、运西瓜、投过小河、接力拍球等
5—6 岁	两人相距2～4米抛接大皮球、肩上挥臂投远、投准、原地变换形式拍球、边走或边跑边拍球、套圈、投篮、侧面投远	看谁投得远、投球进筐、投篮比赛、传球比赛、套圈比赛、拍球比多、行进间拍球等

三、投掷动作的发展途径

（一）投掷动作的发展方法

幼儿园主要运用游戏法、比赛法、讲解示范法、练习法等多种方法发展幼儿的投掷动作，提高幼儿的投掷能力。投掷动作练习的开展形式要丰富多样，注意要与跑、跳等动作相结合，以激发幼儿的练习兴趣，促进幼儿身体的全面发展。教师应经常变换投掷物，而且在投掷物的选择上要由轻到重，投掷的距离选择要由近到远，靶子的选择要由大到小，注意增强幼儿的参与兴趣。充分利用自然的环境和条件；要让幼儿的双手都得到锻炼，注意均衡发展。注意发展幼儿手腕小肌肉群的力量和腕、指关节的柔韧性和灵活性。注意安全：向幼儿强调投掷前多做准备活动以防止拉伤肌肉和韧带；投远时尽量不要面对面投；做对投游戏时严守规则，不要投向对方头部；制作沙包时不要用坚硬的材料做填充物。

（二）投掷动作的形式

幼儿投掷动作的形式主要有单手肩上投掷、单手低手投掷、双手腹前投掷、双手头上投掷、双手胸前投掷等多种形式，具体内容如表 2-12 所示。

表 2-12　投掷动作的形式

动作形式	发展的能力	动作要点
单手肩上投掷	发展上肢动作的爆发力、动作的协调能力	双腿前后站立，上体侧转，投掷臂后引，看前方；蹬腿、转体，从肩上快速挥臂，在头前上方将物体投出。投掷时注意力集中在做好动作上
单手低手投掷	发展上肢肌肉力量与目测能力	双脚前后站立，后腿稍屈，投掷臂后引，快速向前挥臂，在膝前将物体投出
双手腹前投掷	发展蹬腿和挥臂力量与协调能力	双手持于腹前，双腿稍屈，蹬腿展体，快速挥臂，将物体向前上方投出
双手头上投掷	发展蹬腿和挥臂力量与协调能力	双手持于头上，双腿稍屈，蹬腿，收腹挥臂，将物体向前上方投出
双手胸前投掷	发展蹬腿和挥臂力量与协调能力	双手持物体于胸前，双肘下垂，五指自然分开稍屈，手腕后仰；蹬腿、展体，快速伸臂，将物体向前方（或前上方）推出，注意手腕、手指用力。注意力应集中在全身协调用力上

（三）投掷动作的深度发展

幼儿投掷动作的深度发展可以围绕动作形式、方位、空间、状态、人数等维度展开。对于动作形式，表 2-12 已做了详细介绍；方位主要包括前、后、左、右、上、下等，如前投、上投、后投等；空间主要包括水平面、斜面、深度空间等，如水平面投、斜面投、投进纸箱等；状态主要包括静态、动态等，如投掷静止的靶标物、投掷半动态的靶标物、投掷匀速或变速移动的靶标物等；人数主要包括单人、双人、多人等，如单人投、双人互投、多人轮流投。

四、投掷游戏案例

游戏：喜羊羊大战灰太狼（小班）

游戏目标：

1. 使幼儿在游戏中发展手臂灵活性。

2. 使幼儿愿意与同伴一起参加投掷游戏。

游戏准备：

幼儿听过《喜羊羊与灰太狼》的故事、有玩沙包的经验，灰太狼头饰、流星球（沙包）、"狼堡"、音乐。

游戏玩法与规则：

一名幼儿将灰太狼头饰戴在头上，教师带领其余幼儿用流星球攻打"狼堡"。游戏过程中

视频

投掷形式

分3次投掷流星球。当"灰太狼"第四次回来时，教师带领其余幼儿一起赶跑"灰太狼"。

指导建议：

选择空旷平整的场地进行游戏，游戏过程中适当引导幼儿进行休息。

（北京市通州区张家湾镇张家湾中心幼儿园　胡欣育）

游戏：攻打恐龙城堡（中班）

游戏目标：

1. 运用沙包进行投掷游戏，增强上肢力量。

2. 锻炼幼儿投掷的准确性。

游戏准备：

沙包、露露瓶。

游戏玩法与规则：

在教师的带领下，幼儿随机站于场地内，人手一个沙包。每组游戏3人进行，游戏开始，3人分别站在起始线进行投掷，投倒"城堡"最多者为胜（"城堡"为露露瓶，堆成三角形）。幼儿一定要在起始线位置投掷，只有用沙包击落"城堡"才有效，幼儿不得越线击落他人的"城堡"。

指导建议：

选择空旷场地进行投掷游戏，待所有投掷游戏完成后再捡拾沙包，以免相互冲撞。

场地示意图如图2-14、图2-15所示。

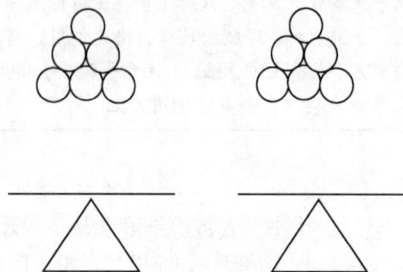

图2-14　攻打恐龙城堡场地示意图1

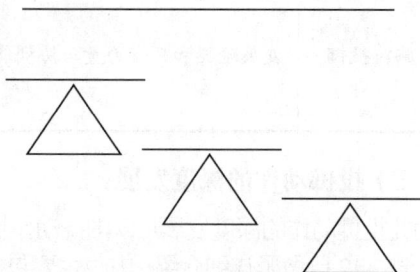

图2-15　攻打恐龙城堡场地示意图2

（北京市通州区张家湾镇张家湾中心幼儿园　胡欣育）

游戏：勇敢的小战士（大班）

游戏目标：

1. 使幼儿掌握肩上挥臂投掷的基本动作，发展目测能力和投掷准确度。

2. 使幼儿积极主动地参与投掷游戏，乐意学习战士的勇敢品质和合作精神。

游戏准备：

沙包若干、纸箱筑成的"碉堡"、足够大的场地、铃铛、线和音乐。

游戏玩法与规则：

【初级版】幼儿站在线后，听口令用力将沙包投出去，看看谁的沙包投得远，场地示意图如图2-16所示。

【升级版1】设置不同远近的"碉堡"，幼儿自由进行投掷，"攻打"下所有"碉堡"才算胜利。活动过程中，不允许越线"攻打"。

【升级版2】幼儿穿越低矮的封锁线，站在指定的线后进行投掷。先完成投掷任务的一队就为胜利队。游戏过程中铃铛响起，不允许再次参加任务（组织分组游戏），场地示意图如图2-17所示。

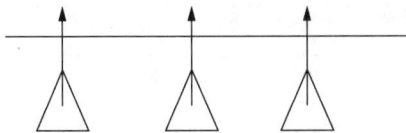

图2-16 勇敢的小战士场地示意图1

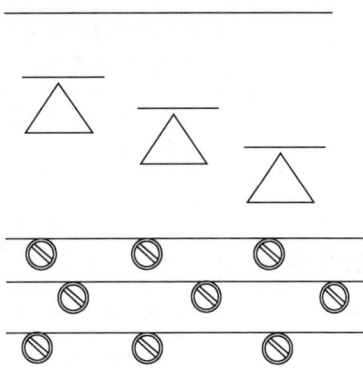

图2-17 勇敢的小战士场地示意图2

指导建议：

选择宽阔平整的场地进行游戏，以免幼儿在投掷时绊倒。教师在游戏过程中引导幼儿注意投掷的目标物，以免幼儿相互撞到，游戏过程中引导幼儿适当地调整休息。

（北京市通州区张家湾镇张家湾中心幼儿园 胡欣育）

第五节 钻爬动作的发展

在日常生活中钻和爬是很实用的动作，也是锻炼幼儿身体的良好手段。幼儿正处于好奇心和探索欲望较强的阶段，为此我们在体育活动中可以借助丰富的运动器材以及动作形式来满足幼儿对钻和爬的好奇心和运动欲望。

一、钻爬动作的特点及发展特征

（一）特点

钻是紧缩身体从障碍物下通过的一种动作。但是，幼儿由于空间知觉能力和判断能力较差，有时不能较好地运用屈膝、弯腰和紧缩身体的动作，所以往往不能迅速、准确地通过障碍物。随着年龄的增长和经验的丰富，以及动作和能力的发展，大班幼儿已能比较灵敏、协调、正确地钻过各种障碍物。

爬是幼儿最早掌握的身体移动方式，也是幼儿非常喜爱的一种身体活动。幼儿七八个月大时，便开始用腹部着地爬，并逐渐学会了手膝着地爬。幼儿对手膝着地爬的动作一般掌握得比较好，动作也比较灵活、协调。幼儿在做手脚着地爬以及爬越的动作时显得有些笨拙，但经过多次练习后，做这类动作也能比较灵敏、协调。

（二）发展特征

幼儿在不同年龄阶段，由于受到腰背部肌肉力量的发展、上下肢协调配合度、空间知觉能力的发展、神经系统的成熟度等多种因素影响，其钻爬动作呈现不同的发展特征，具体内容如表2-13、表2-14所示。

表2-13　幼儿钻动作的发展特征

年龄阶段	发展特征
3—4 岁	已能基本掌握正面钻的要领，但在钻的过程中还不能较好地做弯腰、紧缩身体的动作
4—5 岁	正面钻的动作掌握得较好，基本上学会了侧面钻的动作，但双腿在屈与伸的交替运动方面，有时还不够灵活
5—6 岁	各种钻的基本动作基本掌握，能有意识地做弯腰、紧缩身体的动作，准确钻过各种障碍物

表2-14　幼儿爬动作的发展特征

年龄阶段	发展特征
3—4 岁	掌握了手膝着地的爬行动作，爬越以及手脚着地爬时显得有些笨拙
4—5 岁	掌握了手膝着地的爬行动作，爬越以及手脚着地爬时较熟练，能够以手脚并用的方式安全地爬蹬架、网等
5—6 岁	能够以匍匐、膝盖悬空等多种方式爬

（三）动作要领

1. 正面钻

正对障碍物，屈膝、弯腰、下蹲，一只脚支撑，另一只脚和头先钻，然后躯干和支撑脚钻过障碍物（见图 2-18）。

2. 侧面钻

侧对障碍物，下蹲，一只脚伸出穿过障碍物，低头弯腰，然后前移重心、转体钻过障碍物（见图 2-19）。

重点：低头、重心前移。要求：低头、屈膝、重心前移时动作要连贯。

图2-18　正面钻

图2-19　侧面钻

（图片来源：红星幼儿园）

3. 手膝爬

手膝着地、头稍抬起，向前看，左（右）手和右（左）膝协调配合用力向前爬行。

4. 手脚爬

双手撑地、双腿稍屈膝、头稍抬起，向前看，左（右）手和右（左）脚协调配合用力向前爬行。

5. 匍匐爬

预备时俯卧，右手臂弯曲约90度放在胸前的垫子上，同时左腿外张并屈膝贴在垫上，右腿伸直，身体贴在垫子上，然后右手和左腿同时用力向前爬行，接着左臂屈肘，右腿屈膝，动作同上。

6. 侧身爬

以右侧为例，身体的右侧面着垫，右臂屈肘，前臂支撑在垫子上，左手放在左侧腿上或者左手撑在胸前的垫子上，双腿屈膝，以右手臂和左腿、脚同时发力前进。

重点：手脚配合。要求：四肢配合协调。

（四）典型错误及纠正方式

1. 手扶障碍物

纠正方法：教师做正确示范，也可以请做得比较准确的幼儿示范。

2. 钻时背弓得太高，不会低头，上体过早抬起

纠正方法：教师可轻扶幼儿头后或背部，帮助其体会动作要领。

3. 出现顾头不顾身、弯腰不弯腿等不协调的现象

纠正方法：教师可站在障碍物旁提醒和帮助幼儿，也可以采用钻的游戏，例如"火车钻山洞""猫捉老鼠"等，帮助幼儿进行练习。

4. 爬行时双腿没屈膝

纠正方法：教师做正确的示范，可在旁用语言提示幼儿做动作，放慢速度帮助幼儿做动作。

5. 手脚配合不协调

纠正方法：让幼儿看正确示范，强调要求不同侧的手和脚协调配合向前爬。

二、钻爬动作练习的目标和内容

（一）钻爬动作练习的目标

幼儿钻爬动作的主要目标有：发展钻爬动作，掌握多种钻爬的方式，提高钻爬能力，做到动作灵活、协调；发展空间知觉能力、模仿能力，提高注意力。

（二）钻爬动作练习的内容

幼儿园开展钻爬动作练习的主要内容有：正面钻、钻纸洞、侧面钻、手膝着地爬、手脚着地爬、匍匐爬、蜘蛛爬、坐爬等。幼儿进行钻爬动作练习的内容及游戏如表2-15、表2-16所示。

表2-15　幼儿进行钻动作练习的内容及游戏

年龄阶段	内容	游戏
3—4岁	正面钻、钻纸洞	钻山洞、小刺猬运果子、蚂蚁搬豆等
4—5岁	侧面钻、钻不同形状的"洞"	捞鱼、小猴子钻山洞、钻过长纸筒等
5—6岁	快速灵活钻各种"洞"	钻圈比赛、倒着钻圈、侧身钻等

表2-16　幼儿进行爬行动作练习的内容及游戏

年龄阶段	内容	游戏
3—4岁	自由地爬、手膝着地爬、爬过障碍物	爬向指定物品、爬行取物、爬上坡等
4—5岁	爬过各种障碍物、手脚着地爬、横着爬	爬下坡、手脚着地横着爬比赛、钻爬过各种"洞"等
5—6岁	协调爬过各种障碍物、倒着爬、转圈爬、匍匐爬	倒着爬比赛、匍匐爬比赛、双脚夹球爬比赛等

三、钻爬动作的发展途径

（一）钻爬动作的发展方法

幼儿园主要运用游戏法、比赛法、讲解示范法、练习法等多种方法发展幼儿的钻爬动作，提高幼儿的钻爬能力。教师要注意幼儿身体的全面锻炼，因为幼儿在钻爬时四肢和躯干肌肉负荷较大，对于发展力量和灵活性很有利，建议将钻爬与跑、跳等运动方式结合起来以促进幼儿身体的全面发展。在开展借助器械进行的钻爬活动时，教师要考虑器材的投放数量与幼儿人数的合理比例，以避免出现拥挤、碰撞等行为，让幼儿在愉快的环境中进行活动，并且障碍物要经常更换，障碍物的深度和高度也要经常变换，以激发幼儿参加活动的积极性。

（二）钻爬动作的形式

钻爬动作的形式主要有正面钻、侧面钻、手膝爬、手脚爬、坐爬、曲身爬、匍匐爬等，具体内容如表 2-17、表 2-18 所示。

表 2-17　钻的形式

动作形式	发展的能力	动作要点
正面钻	发展平衡能力、柔韧性和腿部的肌肉力量	面对障碍物，屈膝下蹲，低头弯腰，紧缩身体，慢慢移动双脚
侧面钻	发展动作的灵敏性和协调性	侧对障碍物，离障碍物远的腿蹲，离障碍物近的腿向障碍物下伸出，低头弯腰，然后蹬后腿、屈前腿、前移重心，同时转体钻过障碍物

表 2-18　爬行的形式

动作形式	发展的能力	动作要点
手膝爬	发展四肢肌肉力量和躯干肌肉力量，以及动作的协调性	手膝着地，头稍抬起，向前看，左（右）手和右（左）膝协调配合用力向前爬行
手脚爬	发展四肢肌肉力量、动作的灵活性和平衡性	主要依靠蹬伸腿和异侧臂后推的力量推动身体前进，爬时仰头向前看
坐爬	发展四肢肌肉力量和躯干肌肉力量，以及动作的协调性	先呈坐姿，爬时双臂撑地，臀部提起前移至脚跟。然后双脚和双手前移，连续向前爬行。向后爬行动作的方向相反
曲身爬	发展四肢肌肉力量和躯干肌肉力量，以及动作的协调性	手脚依次前移使身体屈伸前进。屈时手脚应尽量靠近，伸时腿、臂伸直
匍匐爬	发展全身肌肉的力量，提高四肢的协调性	预备时俯卧，右臂弯曲约 90 度放在胸前的垫子上，同时左腿外张并屈膝贴在垫子上，右腿伸直，然后右手和左腿同时用力向前爬行，身体贴在垫子上前进，接着左手屈肘，右腿屈膝，动作同上

（三）钻爬动作的深度发展

幼儿钻爬动作的深度发展可以围绕动作形式、方位、路线、节奏、空间、辅助材料、参与人数等维度展开。对于动作形式，表 2-17、表 2-18 已做了详细介绍；方位主要包括前、后、左、右等，如后退钻爬、侧身钻爬等；路线主要包括直线、曲线、圆圈、Z 字形等，如直线钻爬、曲线钻爬等；节奏主要包括快速、慢速、匀速、变速等，如快速钻爬等；空间主要包括平面、斜面、深度空间等，

视频

钻爬动作

如爬上斜坡、爬上爬下等；辅助材料主要包括障碍物、手持物等，如爬过障碍物、持物钻洞等；参与人数主要包括单人、双人、多人等，如双人协调爬等。

四、钻爬游戏案例

游戏：好玩的毛毛虫（小班）

游戏目标：

使幼儿尝试手脚爬，发展幼儿的钻爬动作及手脚协调能力。

游戏准备：

拱形门4个、平衡木2个、箱子2个、幼儿人手一个毛毛虫（自制玩具）、轮胎4个、音乐《健康歌》。

游戏玩法与规则：

请幼儿分两队站好，引导幼儿一个接着一个，间隔一定距离，依次钻过拱形门，走过平衡木，走过轮胎，到终点的箱子里取一个粮食（玩具）返回起点。

指导建议：

在游戏过程中，教师分散站位，重点照看走平衡木的路段，以免幼儿不小心磕伤或是碰到。材料的摆放相对分散，以免幼儿因摆放拥挤而撞到。

场地示意图如图2-20所示。

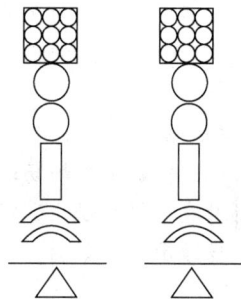

图2-20 好玩的毛毛虫场地示意图

（北京市通州区张家湾镇张家湾中心幼儿园 胡欣育）

游戏：好玩的钻网（中班）

游戏目标：

1. 发展幼儿的钻爬能力和身体协调能力。

2. 激发幼儿对户外游戏的兴趣。

游戏准备：

等长的彩带若干条。

游戏玩法与规则：

将幼儿分为两组，其中一组幼儿每人拉住彩带的一端，自然形成一个纵横交错的网；另一组钻爬，如手脚着地爬、蹲着身子缩着头走等，要求身体尽量不要碰到彩带。也可以让幼儿选择自己喜欢的形式，变换方位钻爬。游戏过程中提醒幼儿在钻爬时身体不能碰到彩带，拉彩带的幼儿必须相互协调，拉好彩带。

指导建议：

选择空旷和平整的场地进行游戏，以免因拥挤伤害到幼儿，在游戏过程中提醒幼儿身体不要碰到彩带，轮流进行游戏，游戏过程中给予幼儿适当的休息和调整的时间。

场地示意图如图2-21所示。

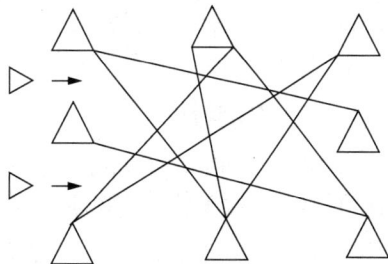

图2-21 好玩的钻网场地示意图

（北京市通州区张家湾镇张家湾中心幼儿园 胡欣育）

游戏：蚂蚁钻洞（大班）

游戏目标：

1. 让幼儿学习匍匐爬的动作。

2. 让幼儿尝试选用不同的钻爬方法进行钻爬，发展其身体的协调性。

3. 让幼儿体验与同伴游戏的乐趣，培养其运动兴趣与运动习惯。

游戏准备：

平整宽阔的场地、蚂蚁头饰、3 种不同高度的拱形门各 1 个。

游戏玩法与规则：

每位幼儿佩戴一个蚂蚁头饰，幼儿分为两组进行游戏，一组幼儿分别搭 3 种不同高度的拱形门，一组幼儿进行钻爬。过程中轮流进行游戏，其中钻爬分为 3 关，第一关为钻高的拱形门（手脚着地爬），第二关为钻低一点的拱形门（手膝爬），第三关为钻矮的拱形门（匍匐爬）。

指导建议：

选择空旷平整的场地进行游戏，游戏过程中注意让两组幼儿交换进行游戏，引导幼儿进行适当的休息。

场地示意图如图 2-22 所示。

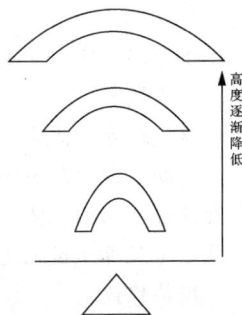

图 2-22　蚂蚁钻洞场地示意图

（北京市通州区张家湾镇张家湾中心幼儿园　胡欣育）

第六节　翻滚动作的发展

做翻滚动作有助于幼儿前庭机能的发展，还能提高上下肢的协调配合能力，增强腰腹部肌肉的力量。翻滚动作根据幼儿身体参与的程度分为主动翻滚和被动翻滚，一般以主动翻滚为主。主动翻滚是幼儿自己翻滚身体，而被动翻滚主要是指在滚筒中翻滚身体。

一、翻滚动作的特点及发展特征

（一）特点

翻身是幼儿最早学会的翻滚动作，6 个多月的幼儿已逐步学会翻身打滚，即翻滚。随着年龄的增长和动作的发展，幼儿会逐步掌握向一侧连续翻滚，并能学会仰卧抱腿、团身前后翻滚。幼儿非常喜欢在床上、地毯上、席子上或草地上翻滚，这类翻滚大多是自发性练习，但是幼儿往往动作不灵活、翻滚不熟练、方向不正。

（二）发展特征

幼儿在不同年龄阶段，由于受到肌肉力量的发展、上下肢协调配合度、前庭机能的发展、神经系统的成熟度等多种因素影响，其翻滚动作呈现不同的发展特征，具体内容如表 2-19 所示。

表 2-19　幼儿翻滚动作的发展特征

年龄阶段	发展特征
3—4 岁	能初步掌握简单的翻滚动作，但是一侧连续翻滚不太熟练，翻滚速度慢
4—5 岁	能进行两侧来回连续翻滚，但是容易滚偏
5—6 岁	逐步掌握各种翻滚动作，如团身翻、侧身连续翻，开始尝试前滚翻动作

（三）动作要领

翻滚的动作要领是幼儿身体平直地卧在垫子上，双臂交叉放于胸前或双臂伸直放于体侧。侧滚翻是向左或向右做直体翻滚。幼儿园常以左右翻滚和侧滚翻为主开展翻滚动作练习，幼儿在熟练掌握翻滚动作后，在教师保护的前提下，可以尝试在有一定坡度的斜面做向下的前滚翻动作。

（四）典型问题及纠正方法

1. 身体翻滚不起来或翻滚速度慢

纠正方法：教师可以在旁边推动幼儿肩部、髋部来帮助其翻滚，也可以提供坡度较小的斜坡让幼儿感受翻滚。

2. 侧身翻滚偏

纠正方法：教师在旁边给予帮助，同时防止幼儿滚到垫子外。

3. 前滚翻的方向不正

纠正方法：幼儿可用翻滚方向一侧的手臂用力撑垫，并在教师的保护下慢慢做动作，体会要领，也可以做前滚翻直腿坐动作。

4. 前滚翻的翻滚速度慢，团身不紧

纠正方法：在垫子正上方绑一根高 35～40 厘米或高度更低的橡皮筋，要求幼儿在练习过程中不能触碰橡皮筋，体会团身动作要领。

5. 前滚翻时头顶垫子

纠正方法：让幼儿练习低头，提配幼儿下颌紧贴前胸，在向前翻滚时用手掌托住幼儿颈部和臀部。

二、翻滚动作练习的目标和内容

（一）翻滚动作练习的目标

幼儿进行翻滚动作练习的主要目标有：发展翻滚动作，掌握多种翻滚方式，提高翻滚能力，做到动作协调，自然放松；发展速度和空间知觉能力，提高身体控制能力。

（二）翻滚动作练习的内容

幼儿园开展翻滚动作练习的主要内容有：前后翻滚、侧滚翻等。幼儿进行翻滚动作练习的内容及游戏如表 2-20 所示。

表 2-20 幼儿进行翻滚动作练习的内容及游戏

年龄阶段	内容	游戏
3—4 岁	各种自然翻滚	毛毛虫变蝴蝶、滑稽的大熊猫等
4—5 岁	团身前后翻滚、侧滚翻	不倒翁等
5—6 岁	侧滚翻、团身左右翻滚、前滚翻	翻跟头等

三、翻滚动作的发展途径

（一）翻滚动作的发展方法

幼儿园主要运用游戏法、比赛法、讲解示范法、练习法等多种方法发展幼儿的翻滚动作，提高幼儿的翻滚能力。幼儿园要为幼儿创设良好的翻滚环境，注意做好安全防护。教师在幼儿进行前滚翻时要做好充足的保护，避免幼儿颈部受伤；指导幼儿翻滚时注意引导幼儿尝试不同的翻滚方向以及感受身体的方位变化。

（二）翻滚动作的形式

翻滚动作的形式主要有侧滚翻、团身前后翻滚、团身左右翻滚、前滚翻等，具体内容如表2-21所示。

表2-21 翻滚动作的形式

动作形式	发展的能力	动作要点
侧滚翻	发展平衡、协调能力	平卧于垫子上，双臂交叉放于胸前或双臂伸直放于体侧，向左或向右做直体翻滚
团身前后翻滚	发展腰腹部肌肉力量、平衡能力	背对翻滚方向蹲撑，低头，膝靠胸部，提踵，双手双脚用力推、蹬垫，向后翻滚，同时双手抱小腿，尽量团身，用臀、腰、肩、颈部依次着垫，当头的后部触垫时，立刻双手压小腿往回滚，恢复成预备姿势
团身左右翻滚	发展肌肉力量、平衡能力	以肩、腰、髋部翻转的力量带动身体向左右翻滚
前滚翻	发展灵敏性、柔韧性、协调性，以及平衡能力和空间知觉能力	面对垫子，呈蹲撑姿势，双手团抱小腿，低头含胸，身体向前倒时腿用力蹬，使头、颈、背、腰、臀依次着垫，当背着垫时，迅速屈小腿，当臀着垫时，使上体与膝部靠紧，团身屈膝盘腿，双手抱小腿，向前翻滚成蹲立姿势

（三）翻滚动作的深度发展

幼儿翻滚动作的深度发展可以围绕动作形式、方位、路线、节奏、空间、辅助材料、参与人数等维度展开。对于动作形式，表2-21已做了详细介绍；方位主要包括前后、侧向等，如前后滚翻、侧滚翻等；路线主要包括直线、圆圈等，如直线翻滚、圆圈翻滚等；节奏主要包括快速、慢速、匀速、变速等，如快速翻、慢速翻等；空间主要包括平面、斜面、深度空间等，如滚上斜坡、滚下斜坡等；辅助材料主要包括障碍物、手持物等，如翻滚绕过障碍物、持球翻滚；参与人数主要包括单人、双人等，如双人手拉手滚翻等。

视频

翻滚动作

四、翻滚游戏案例

游戏：轱辘轱辘转（小班）

游戏目标：

1. 发展幼儿的臂力和身体协调能力。
2. 激发幼儿对参与户外活动的兴趣。

游戏准备：

用报纸连接成的"坦克履带"2个、塑料滚筒、口哨。

视频

轱辘轱辘转

游戏玩法与规则：

幼儿分成两队，听到哨声后开始，先集体在"坦克履带"上行走至指定翻滚位置，然后轮流钻进塑料滚筒进行翻滚。前面的幼儿完成翻滚游戏后与下一个幼儿击掌，下一个幼儿才可进行翻滚。最先完成的队伍获胜。

指导建议：

选择宽阔的场地进行游戏，在幼儿翻滚过程中注意引导幼儿保持正确的翻滚方向，以免幼儿互相碰撞，偏离重点线路。选材时尽量选用塑料滚筒，以免幼儿被硌到。

场地示意图如图 2-23 所示。

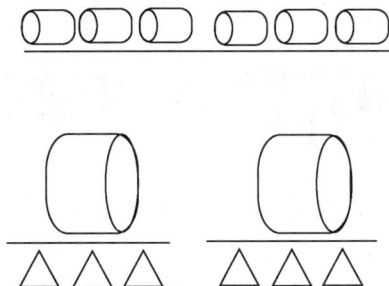

图 2-23　轱辘轱辘转场地示意图

（北京市通州区张家湾镇张家湾中心幼儿园　胡欣育）

游戏：翻滚乐（中班）

视频

翻滚乐

游戏目标：

1. 能积极探索垫子的不同玩法，发展创造性运动思维。
2. 初步掌握侧身翻滚的要领。
3. 培养团体合作精神，体验游戏的快乐。

游戏准备：

垫子、胡萝卜若干、滚筒。

游戏玩法与规则：

将幼儿分为两组，一组幼儿扮演大灰狼，一组幼儿扮演小白兔。"小白兔"躺在垫子上进行侧滚翻，"大灰狼"在后面追逐。若"小白兔"被"大灰狼"捉住，则"大灰狼"组获胜，若"小白兔"先拿到胡萝卜，则"小白兔"组获胜。

指导建议：

选择宽阔平整的场地进行游戏，"小白兔"出发后"大灰狼"再进行追赶，"小白兔"到达指定位置后"大灰狼"停止追逐，以免相互撞倒。

场地示意图如图 2-24 所示。

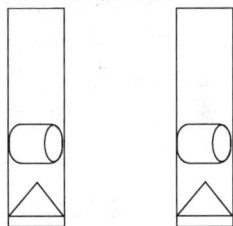

图 2-24　翻滚乐场地示意图

（北京市通州区张家湾镇张家湾中心幼儿园　胡欣育）

游戏：我是快乐的小滚筒（大班）

视频

我是快乐的小滚筒

游戏目标：

1. 发展身体各部位的协调性，尝试在地面做侧向连续翻转。
2. 培养合作互助的精神。

游戏准备：

垫子、口哨、滚筒。

游戏玩法与规则：

幼儿分成两队，听到哨声开始，先钻过滚筒，在垫子上翻滚到终点，然后原路返回。前面的幼儿完成游戏后与下一个幼儿击掌，下一个幼儿才能出发。最先完成的队伍获胜。

指导建议：

选择宽阔的场地进行游戏，在幼儿翻滚过程中注意引导幼儿保持正确的翻滚方向，以免幼儿脱离垫子。

场地示意图如图 2-25 所示。

（北京市通州区张家湾镇张家湾中心幼儿园　胡欣育）

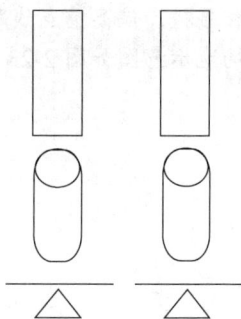

图 2-25　我是快乐的小滚筒场地示意图

第七节　悬垂动作的发展

悬垂动作是日常生活中实用性较强的一种身体活动技能，深受幼儿喜爱。幼儿做悬垂动作的熟练程度和速度都会随着年龄和运动经验的增长而发展。幼儿做悬垂动作既可以增强上下肢、腰腹部、背部肌肉力量，发展空间知觉、体位知觉、平衡能力和灵敏性，也可以培养勇敢、顽强的良好品质，提高身体素质的良好手段。

一、悬垂动作的特点及发展特征

（一）特点

悬垂过去常常被人们视为不可行的，但实践证明，有计划地、科学地进行悬垂练习，不仅可行，而且有利于增强幼儿上肢及肩部肌肉、韧带的柔韧性，防止由于猛力牵拉而造成肩关节脱臼现象的发生，更有利于促进幼儿的生长发育。

悬垂是人体肩轴低于器械轴并对握点产生拉力的一种动作。幼儿做的悬垂动作，一般由混合悬垂开始。例如幼儿在攀登架上玩时，常常双手握横木、双脚蹬横木，身体成蹲悬垂状，或双手握横木，双腿穿过横木，身体成仰卧悬垂状。由于幼儿的空间知觉能力、判断能力和协调性较差，肌肉力量较弱，所以悬垂持续时间短，身体容易疲劳。随着年龄的增长和动作的发展，幼儿在攀登架上，常常只用双手握横木，全身悬空于器械轴下方，形成单纯悬垂状态。

幼儿虽然比较喜欢做悬垂动作，但该类动作的练习时间要短，且幼儿应尽量在自然状态下以游戏的形式进行练习。幼儿练习时，教师既要避免幼儿肌肉疲劳，又要加强保护与帮助，避免伤害事故的发生。

（二）发展特征

幼儿在不同年龄阶段，由于受到上肢肌肉力量的发展、体位知觉能力的发展、神经系统的成熟度等多种因素影响，其悬垂动作呈现不同的发展特征，具体内容如表 2-22 所示。

表 2-22　幼儿悬垂动作的发展特征

年龄阶段	动作的发展
3—4 岁	可以初步进行双手短暂悬挂
4—5 岁	能进行双手单杠或双杠摆荡
5—6 岁	能初步做双手双杠向前移动或杠上翻转

（三）动作要领

悬垂动作要领，是双手同时正握单杠或平梯的横杠，双手虎口相对握杠，距离稍宽于肩，身体自然下垂，处于悬吊状态，并保持一段时间；放手下来时，要轻轻落地，最好有屈膝缓冲动作（见图 2-26、图 2-27）。

图2-26　悬垂活动1

图2-27　悬垂活动2

（图片来源：红星幼儿园）

（四）典型问题及纠正方法

1. 抓握不稳，没有五指握住杠

纠正方法：一方面引导幼儿加强手指力量的练习，另一方面在旁边给予帮助，双手扶住幼儿的腰，稍微用力上提。

2. 落地时身体失去重心，屁股着地

纠正方法：教师示范正确动作，同时幼儿做落地动作时教师在旁边给予纠正，让幼儿双腿下垂且以脚落地，并屈膝缓冲。

3. 摆荡时掉下

纠正方法：摆荡幅度不能太大，教师在旁边适当控制幼儿的摆荡幅度，并做好安全保护。

二、悬垂动作练习的目标和内容

（一）悬垂动作练习的目标

幼儿进行悬垂动作练习的主要目标有：发展悬垂动作，掌握多种悬垂的方式，提高悬垂能力，做到动作协调，自然放松；发展上肢肌肉力量和上下肢协调配合能力、空间知觉能力、体位感知能力；发展勇敢、顽强、坚持等品质。

（二）悬垂动作练习的内容

幼儿园开展悬垂动作练习的主要内容有各种攀登架上的悬垂、悬垂摆动等，幼儿进行悬垂动作练习的内容及游戏如表2-23所示。

表2-23　幼儿进行悬垂动作练习的内容及游戏

年龄阶段	内容	游戏
3—4岁	在攀登架上做各种简单悬垂动作	看谁不掉下
4—5岁	在攀登架上或单杠上做短时间的悬垂动作	小钟表摆动、吊小猴
5—6岁	在云梯（平梯）上或单杠上做悬垂、直体悬垂小摆动	小猴移动、小猴过河

《指南》指出：幼儿阶段是儿童身体发育和机能发展极为迅速的时期，不同年龄段的幼儿应具备相应的平衡能力、协调能力、灵敏性、力量和耐力。根据表2-24所示的内容，教师可以在体育活动中采用慢节奏的悬垂、支撑自身体重的各种练习，发展幼儿上肢肌肉力量、耐力、灵敏性和反应能力。

表 2-24　《指南》中关于悬垂动作练习的内容

年龄	练习内容
3—4 岁	双手抓杠悬空吊起 10 秒左右
4—5 岁	双手抓杠悬空吊起 15 秒左右
5—6 岁	双手抓杠悬空吊起 20 秒左右

三、悬垂动作的发展途径

（一）悬垂动作的发展方法

幼儿园主要运用游戏法、比赛法、示范法、练习法等多种方法发展幼儿的悬垂动作，增强幼儿的上肢力量以及悬垂能力。悬垂活动应该在幼儿精力充沛、注意力集中、体力好的情况下开展。教师在悬垂活动中既要教会幼儿正确的动作姿势，还要注意提高幼儿动作的协调性和灵活性。此外，教师还可以结合大型玩教具，设定游戏情节来培养幼儿勇敢、自信、克服困难的精神。教师要注意对幼儿的安全保护，增强幼儿自我保护的意识和能力。

（二）悬垂动作的形式

悬垂动作的形式有：直体悬垂、屈膝悬垂、悬垂摆动、悬垂移动、混合悬垂等，具体内容如表 2-25 所示。

表 2-25　悬垂动作的形式

动作形式	发展的能力	动作要点
直体悬垂	发展上肢肌肉力量及手腕肌肉力量	双手紧握单杠，身体下摆垂直放松
屈膝悬垂	发展上肢肌肉力量、腰腹部肌肉力量和身体控制能力	双手紧握单杠，身体放松，屈膝上抬保持几秒
悬垂摆动	发展手指和手腕的抓力、腰腹部肌肉力量和平衡能力	双手紧握单杠，身体前后摆荡
悬垂移动	发展上肢肌肉力量、耐力和平衡能力	双手紧握单杠，单手交替向前移动，同时身体紧随手移动
混合悬垂	发展上肢肌肉力量和颈部肌肉力量	双手紧握单杠或绳索，双脚搭在单杠或绳索上，身体朝上

（三）悬垂动作的深度发展

幼儿悬垂动作的深度发展可以围绕动作形式、方位、路线、节奏、空间等维度展开。对于动作形式，表 2-25 已做了详细介绍；方位主要包括前、后、侧向等，如向前悬垂移动、侧向悬垂移动等；路线主要包括直线、曲线等，如直线悬垂移动、曲线悬垂移动等；节奏主要包括快速、慢速等，如快速悬垂移动、慢速悬垂移动等；空间主要包括平面、斜面、深度空间等，如平面悬垂移动、移动悬垂上坡等。

视频

悬垂动作

四、悬垂游戏案例

游戏：转陀螺（小班）

游戏目标：
幼儿能够双手抓住绳子，保持身体平衡，使自己不掉落。
游戏准备：
绳子、三脚架、垫子。

视频

转陀螺

游戏玩法与规则：

【初级版】一名幼儿脚踩绳结，双手握住一端固定在高处、一端自然下垂的绳子扮演陀螺，教师旋转绳子，开始"转陀螺"。

【升级版】一名幼儿脚踩绳结，双手握住一端固定在高处、一端自然下垂的绳子，教师轻轻推动幼儿，使其玩荡秋千。

指导建议：

1. 选择较小的绳结更利于锻炼幼儿的悬垂、平衡能力。
2. 绳子与三脚架之间需相隔一定的距离，以免幼儿荡秋千时撞到三脚架。
3. 活动适宜在垫子等柔软的场地上进行，不宜在水泥地等较硬的场地上开展。

（北京市通州区张家湾镇张家湾中心幼儿园　郑欣欣）

游戏：空降伞兵（中班）

游戏目标：

幼儿安全飞越"沼泽"到达对面的跳箱，并保持身体平衡。

游戏准备：

绳子、三脚架、垫子、跳箱、带分数的泡沫垫。

视频

空降伞兵

游戏玩法与规则：

【初级版】幼儿站于一侧的跳箱上，双手握住一端固定在高处、一端自然下垂的绳子，通过悬垂摆动的方法飞越"沼泽"到达对面的跳箱。

【升级版】幼儿站于跳箱上双手握住绳子，通过悬垂摆动的方法，降落到带不同的分数的泡沫垫上，以降落到所带分数最高的泡沫垫上为最佳。

指导建议：

1. 可根据幼儿的情况适当后移跳箱，使幼儿有更大的摆动幅度。
2. 幼儿飞越"沼泽"时，必须要求幼儿屈膝，飞越到对面跳箱时要有预判的能力。
3. 起跳前的摆动次数可以以幼儿自我调节为主。
4. 飞越"沼泽"到达对面的跳箱后，要求幼儿双手张开，以更好地保持身体平衡。
5. 可以提示幼儿根据自己选择的泡沫垫调整方向和起跳位置。
6. 起跳后要对泡沫垫进行预判，以准确降落到所选泡沫垫上。

（北京市通州区张家湾镇张家湾中心幼儿园　郑欣欣）

游戏：我是特种兵（大班）

游戏目标：

1. 培养幼儿勇敢、不怕困难的良好品质。
2. 使幼儿能平稳地走绳索、攀爬上架并能悬垂一定时间，发展幼儿的平衡能力和上肢肌肉力量。

游戏准备：

攀爬架、垫子、绳索。

视频

我是特种兵

游戏玩法与规则：

幼儿从起点出发，双手抓住头顶的绳子，走绳索，到达攀爬架处。从下往上爬，到达最高处，悬垂片刻后跳落。

指导建议：

1. 垫子要厚达30厘米以上，面积要大，注意侧面也要放垫子保护，以免幼儿头部撞到攀爬架。
2. 幼儿悬垂时，不宜硬性规定时间，可让幼儿根据自己的能力进行自我调节、自我挑战。

（北京市通州区张家湾镇张家湾中心幼儿园　郑欣欣）

第八节　支撑动作的发展

支撑是幼儿动作发展的基础，支撑动作有助于发展幼儿的上肢肌肉力量和腰腹部肌肉力量，发展幼儿的力量、平衡能力、柔韧性和协调性等身体素质。支撑时间、动作需要根据幼儿的体重和上肢肌肉力量分别进行设置。

一、支撑动作的特点及发展特征

（一）特点

随着身体动作的发展，在自发的身体运动中，幼儿常常会很自然地运用支撑这种身体动作。从运用膝部及手臂支撑身体爬行，到运用双腿支撑身体进行站立及行走，再到运用手臂或双腿支撑身体进行更加复杂的运动，这些都离不开支撑动作。例如，当幼儿想攀上桌子、床铺等高处时，其往往是先把身体撑起来，再迈腿蹬上，从而形成了初步的支撑动作；当幼儿在床上想拿到与自己有一定距离的玩具时，其会爬到该玩具处，然后以一只手支撑身体，用另外一只手取玩具。此动作有利于增强幼儿上肢及肩部肌肉、韧带的力量，促进幼儿双臂肌肉力量均衡发展。

（二）发展特征

幼儿在不同年龄阶段，由于受到上肢和腰背部肌肉力量的发展、体位知觉能力的发展、神经系统的成熟度等多种因素影响，其支撑动作呈现不同的发展特征。有些支撑动作是幼儿随着自身的成长而习得的，如颈部支撑头部形成的抬头动作，双膝、手臂支撑身体形成的爬行动作，双腿支撑身体形成的站立、行走动作等。还有一些动作需要在自然的游戏、生活情境中进行练习才能更有效地发展幼儿各部位的能力，使各部位肌肉、韧带均得到发展。例如，单腿站立动作除了要求幼儿具有平衡能力外，单腿的支撑能力也很重要。

（三）动作要领

支撑动作要领是：双手支撑在地面或有一定高度的支架上，双手间距比肩稍宽，双臂伸直，支撑起整个身体，双腿并拢，以脚着地支撑，保持挺胸收腹。

（四）典型问题及纠正方法

1. 手臂支撑不起身体

纠正方法：通过攀爬、悬垂等类型的游戏，加强上肢肌肉力量。

2. 双手间距过宽或者双手支撑位置过于向前

纠正方法：利用地贴等引导幼儿将双手支撑的位置确定在双肩的垂直线上。

二、支撑动作练习的目标和内容

（一）支撑动作练习的目标

幼儿进行支撑动作练习的主要目标有：发展支撑动作，掌握多种支撑方式，提高支撑能力，做到动作稳定，自然放松；发展上肢肌肉力量、上下肢协调性以及体位感知能力等，提高模仿能力和创新能力；发展勇敢、顽强、坚持等品质。

（二）支撑动作练习的内容

幼儿园开展支撑动作练习的内容主要有：双手撑地或者墙、俯卧支撑身体、推小车、跳箱等。幼儿进行支撑动作练习的内容及游戏如表 2-26 所示。

表 2-26　幼儿进行支撑动作练习的内容及游戏

年龄阶段	内容	游戏
3—4 岁	1. 膝部手臂支撑爬行； 2. 双手撑墙； 3. 身体俯卧，用前臂支撑起身体； 4. 在一定距离间用双臂及双腿撑起身体	小山洞等
4—5 岁	1. 脚尖支撑身体； 2. 身体俯卧，用前臂支撑起身体； 3. 在一定距离间用双臂及双腿撑起身体； 4. 在长凳子或垫子上做支撑向前移动动作	丹顶鹤、芭蕾舞等
5—6 岁	1. 杠上支撑； 2. 用双臂支撑身体爬行； 3. 在长凳子或垫子上做支撑向前移动动作； 4. 支撑跳跃	变小桥、推小车、跳山羊、跳箱、侧手翻等

三、支撑动作的发展途径

（一）支撑动作的发展方法

幼儿园主要运用游戏法、比赛法、示范法、练习法等多种方法发展的幼儿支撑动作，增强幼儿的上肢肌肉力量以及支撑能力。支撑活动以动态支撑为主，静态支撑为辅；注意把握支撑活动的时间，不能过长，避免对手腕等部位造成伤害；支撑活动可以与跑步、跳跃等动作结合开展。

（二）支撑动作的形式

支撑动作的形式主要有：高支撑、高支撑移动，低支撑、低支撑移动，跳上成支撑，支撑摆动等，具体内容如表 2-27 所示。

表 2-27　支撑动作的形式

动作形式	发展的能力	动作要点
高支撑、高支撑移动	发展上肢肌肉力量及腰腹部肌肉力量	双手扶住墙面或桌面，双手支撑点高于双脚支撑点
低支撑、低支撑移动	锻炼手臂、肩部肌肉及韧带，发展上肢肌肉力量及腰腹部肌肉力量	双手扶住地面，双脚放于椅子上或一定高物上，双手支撑点低于双脚支撑点
跳上成支撑	发展弹跳力、手臂肌肉力量	站立于双杠之间，双手握双杠，跳起后，双手支撑身体 2 秒左右
支撑摆动	发展手臂肌肉力量、腰腹部肌肉力量、协调能力、控制能力	站立于双杠之间，双手握双杠支撑起身体后，前后轻摆动 3 次左右。前摆送髋要踢腿，后摆并腿向后甩
支撑跳跃	发展上下肢的协调配合能力、平衡能力	助跑，起跳，腾空，落地

续表

动作形式	发展的能力	动作要点
侧手翻	发展手臂肌肉力量、空间知觉能力	做到快、稳、收
倒立（教师扶手扶脚短暂倒立）	发展上肢肌肉力量、腰腹部肌肉力量、身体控制能力、空间知觉能力	双手撑地同肩宽，手臂伸直，双腿要并严，抬头向下看

（三）支撑动作的深度发展

幼儿支撑动作的深度发展可以围绕动作形式、方位、状态、节奏等维度展开。对于动作形式，表 2-27 已做了详细介绍；方位主要包括高、低等，如高支撑、低支撑等；状态主要包括静态、动态等，如原地支撑、移动支撑等；节奏主要包括快速、慢速等，如快速移动支撑、慢速移动支撑等。

视频
支撑动作

四、支撑游戏案例

游戏：小青蛙跳（小班）

游戏目标：
发展幼儿手足交替支撑跳跃的能力。
游戏准备：
呼啦圈、宽阔场地。
游戏玩法与规则：

视频
小青蛙跳

【初级版】幼儿模仿小青蛙，手脚交替支撑向前跳。
【升级版】在地上摆好距离相等的呼啦圈，幼儿双手双脚交替支撑，像小青蛙一样从一个呼啦圈跳到另一个呼啦圈。根据幼儿动作的逐渐熟练，呼啦圈与呼啦圈之间的距离可以适当地逐渐加大。

指导建议：

1. 活动适宜在草地上进行，不宜在水泥地等较硬的场地上开展。游戏过程中引导幼儿分散游戏。

2. 利用模仿小青蛙的方式，引导幼儿双手向前方支撑，双脚向前跳，掌握交替支撑跳跃的方法。

（北京市通州区张家湾镇张家湾中心幼儿园　郑欣欣）

游戏：小兔上山（中班）

游戏目标：
发展幼儿支撑跳跃的能力。
游戏准备：
楼梯。
游戏玩法与规则：

视频
小兔上山

幼儿面对楼梯站好。开始时，双手支撑在高一层台阶上，双脚借双手支撑的力量向上跳一层台阶，双手再向上移一层台阶，如此一层一层地向楼梯上跳，模仿小兔上山。

指导建议：

1. 根据楼梯的宽度调整双脚与双手之间的距离，避免因距离近导致幼儿重心不稳而磕碰到。

2. 提醒幼儿分散游戏，幼儿与幼儿之间的距离不宜过近。

（北京市通州区张家湾镇张家湾中心幼儿园　郑欣欣）

游戏：小松鼠跳树枝（大班）

游戏目标：

1. 发展幼儿支撑跳跃过障碍物的能力。

2. 提高动作的灵敏性、协调性，培养勇敢精神。

游戏准备：

长凳。

游戏玩法与规则：

幼儿双手支撑在高 20~30 厘米的长凳上，长凳作为"树枝"，幼儿提臀，双脚从凳子的一侧跳向另一侧，不碰凳子。幼儿如同小松鼠，轻轻从"树枝"的一边跳向另外一边。

指导建议：

1. 注意长凳的宽度不宜过宽或过窄，足够幼儿双手并排支撑即可。

2. 教师要充分了解幼儿的能力水平，并做好保护工作，避免幼儿因双脚跳不过去而产生的危险情况。

3. 提醒幼儿分散游戏，幼儿与幼儿之间的距离不宜过近。

（北京市通州区张家湾镇张家湾中心幼儿园　郑欣欣）

视频

小松鼠跳树枝

游戏：推小车（大班）

游戏目标：

1. 增强手部肌肉力量，提高身体的平衡能力及协调能力。

2. 培养合作意识，体验与同伴协作游戏的快乐。

游戏准备：

沙包若干、宽阔无障碍物的塑胶操场或草地。

游戏玩法与规则：

视频

推小车

【初级版】将幼儿分成 4 个小组，两两结伴游戏，其中一名幼儿身体伏地，双手撑地，双腿用力蹬直，扮演"小车"；另一名幼儿站在其后，抬起前一位幼儿的双脚，两人配合着向前行走。幼儿将"小车"从起点推到终点，比比哪组推"小车"推得又快又稳。比赛过程中，教师可适当对幼儿进行表扬与鼓励，以激发幼儿的积极性和成就感。

【升级版】全体幼儿组成 4 个"小车队"，为工人叔叔运送"砖块"（沙包），将"砖块"放在扮演"小车"的幼儿背上运送到指定地点，比比哪个"小车队"运送的"砖块"最多。

指导建议：

1. 游戏前需要进行充分热身活动，游戏距离不宜过长。

2. 指导后一位幼儿要抬起前一位幼儿靠近脚踝的部位，这样会更省力。

（北京市通州区张家湾镇张家湾中心幼儿园　郑欣欣）

第九节　平衡能力的发展

平衡能力是指在任何条件变化下，人体保持相对稳定的能力。平衡能力也是在其他运动技能的发展中随之发展的，直接影响着其他运动技能的发展。在学前期，幼儿的平衡能力是逐渐发展的，其趋势是从保持一种身体姿势到做各种动作和采取各种姿势时都能保持稳定。幼儿平衡能力的发展有赖于大脑皮层功能的完善，兴奋和抑制平衡过程的完善，以及视觉、前庭器官的协调控制能力的发展。

幼儿喜欢参与一些要求一定平衡能力的活动，如走平衡木、转圈、坐转椅等，因为这些活动可以满足幼儿表现自己运动本领的需求，可以促进幼儿平衡能力的发展。《指南》建议：利用多种活动发展身体平衡能力和协调能力，如走平衡木，沿着地面直线、田埂行走，玩跳房子、踢毽子、蒙眼走路、踩小高跷等游戏活动（见图 2-28、图 2-29）。

图 2-28　走平衡木　　　　　　　　　图 2-29　走梅花桩、树桩

（图片来源：中央军委机关事务总局红星幼儿园　丰台园）

一、平衡能力的特点及发展特征

（一）特点

婴幼儿的平衡能力较差，容易摔倒。3 岁左右的幼儿，一般在走、跑、遇到障碍物躲避时都能保持身体平衡，但在快跑、转弯、突然停止时，往往不能及时调节身体平衡，容易摔倒。

幼儿能走平衡木或窄路，但是常常低头、耸肩，走时身体摇晃、双脚不敢交替向前迈步。随着神经和运动器官的发展，五六岁幼儿的平衡能力有了显著提高，能上下肢协调地走平衡木，同时可以适当调整身体动作，如边走边做上肢上举，或者侧走、蹲走等，能根据活动的需要，保持身体的平衡和稳定。

（二）发展特征

幼儿在不同年龄阶段，由于受到肌肉力量的发展、空间知觉能力的发展、体位知觉能力的发展、神经系统的成熟度等多种因素影响，其平衡能力的发展呈现不同的发展特征，如表 2-28 所示。

表 2-28　幼儿平衡能力的发展特征

年龄阶段	发展特征
3—4 岁	已经具有一定的平衡能力，在两条直线中间或平衡木上走时，显得全身紧张，不自主地低头看脚下，身体会摇晃，有多余动作；在快跑、转弯、跳跃落地时易摔倒
4—5 岁	随着力量、灵敏性和协调性的增强，平衡能力有较大的发展，能在 10～15 厘米宽、30～45 厘米高的平衡木上走、跑、跳、跨越等，低头耸肩的现象明显减少，在快跑、转弯、从高处跳落时能保持平衡，不易摔倒
5—6 岁	经过系统的练习，能在平衡木上做出复杂的动作，如边走边运球、跳绳、翻滚等，此阶段的幼儿还能够掌握滑冰、骑小自行车等对平衡能力要求较高的运动技能

（三）动作要领

平衡一般可以分为动力性平衡和静力性平衡两种。在进行动力性平衡练习时，要求头正、立腰、身体挺直且不晃动，上下肢协调，步幅均匀，动作自然；在进行静力性平衡练习时，要求支撑腿撑直站立、身体挺直，立腰，保持身体的稳定。此外，平衡能力的发展还需要培养幼儿勇敢、大胆的心理素质。

（四）典型问题及纠正方法

1. 单腿站立的腿弯曲，上体摇晃

纠正方法：让幼儿看正确示范，强调上体挺直，站立腿的膝关节要绷直。

2. 闭目行走时容易走歪

纠正方法：要求幼儿对准目标站好后再闭目行走。

3. 原地旋转时身体重心偏离轴心脚，上体歪斜晃动

纠正方法：要求幼儿旋转前将身体重心落于轴心脚上，旋转时保持重心平稳，体正、头正；幼儿刚开始学时，可以由教师牵着手练习，将平衡能力有所提高后再独立完成练习。

二、平衡能力练习的目标和内容

（一）平衡能力练习的目标

幼儿进行平衡能力练习的主要目标有：掌握多种平衡能力发展的方式，提高平衡能力，做到身体调节稳定，自然放松；发展空间知觉能力、前庭机能，提高注意力、身体稳定能力；发展勇敢、坚持等品质。

（二）平衡能力练习的内容

幼儿园开展平衡能力练习的主要内容有：窄道行走、走平衡木、旋转、单腿站立、闭目行走、提踵等。幼儿进行平衡能力练习的内容及游戏如表 2-29 所示。

表 2-29　幼儿进行平衡能力练习的内容及游戏

年龄阶段	内容	游戏
3—4 岁	窄道行走、走斜坡、走平衡木	过小桥、走山坡、背沙包走等
4—5 岁	窄道行走、走平衡木、旋转、单腿站立	走小路、过桥、贴鼻子、迷迷转等
5—6 岁	窄道行走、走平衡木、旋转、单腿站立、闭目行走	金鸡独立、走绳索、盲人摸象等

三、平衡能力的发展途径

（一）平衡能力的发展方法

幼儿园主要运用游戏法、比赛法、示范法、练习法等多种方法发展幼儿的平衡能力。教师要注意培养正确姿势，发展幼儿的身体素质，培养孩子勇敢、沉着的意志品质。平衡能力练习以动力性平衡能力练习为主，静力性平衡能力练习的次数不宜过多，时间也不宜太长。教师坚持循序渐进的原则，并在幼儿注意力集中、体力充沛时开展平衡能力练习。不宜采用比赛的形式进行平衡能力练习，要充分利用自然环境和条件。

（二）发展平衡能力的动作形式

幼儿园常见的发展平衡能力的动作形式主要有：窄道移动、缩小支撑面积、旋转、闭目行走、

单脚站立、翻滚与翻转等，具体内容如表2-30所示。

表2-30　发展平衡能力的动作形式

动作形式	发展的能力	动作要点
窄道移动	发展腿部肌肉力量和耐力、关节的活动能力、平衡能力	走时步幅小，摆腿低，单腿支撑时间短，上体直，眼往前下看，双臂自然摆动或侧举，并步走或双脚交替向前走，精神放松，注意力集中，动作放松。跑时步幅小、频率快，支撑腿弯曲幅度较大，上体较直
缩小支撑面积	发展下肢肌肉力量、身体控制能力和平衡能力	提踵走（也称前进掌走或足尖走）：脚跟尽量提起，步幅小，膝较直，上体直，向前看，双手叉腰或自然摆动。 脚跟走：支撑腿弯曲幅度较大，上体稍前倾，步幅小、步频快、落地轻
旋转	发展前庭机能、平衡能力	双脚交替为轴旋转时，要求上体直立，双臂自然张开、叉腰或上举，尽量使重心向垂直中线靠拢
闭目行走	发展方位感知能力、视动整合能力、平衡能力	对准目标后闭目、身正、颈直、脚正、步小，向目标走去，要注意肌肉感觉，并依靠它调整自己的走步方向
单脚站立	发展平衡能力	单脚直立：一只脚提起，支撑脚向外倾，使身体重心移至支撑脚上，支撑脚脚尖外展或内扣，腿挺直，腰背直立，头正，以双臂调节身体平衡。 俯身平衡：一条腿后举，一条腿挺直支撑，上体前俯，抬头、挺胸，臂前举，可扶器械
翻滚与翻转	发展前庭机能的稳定性、方位感知能力和灵敏性	直体翻滚：身体挺直，双臂于胸前交叉或放于体侧，依靠腰和腿的转动使身体翻滚。 翻滚：全蹲，双手分开约与肩同宽，扶垫，低头，伸腿蹬地，提臀，双手推垫，团身向前翻滚（团身是滚好的关键）。 双人手拉手翻转（即"翻饼烙饼"）：两人动作同时进行，异向，手拉手，肩放松

四、平衡游戏案例

游戏：小熊过桥（小班）

游戏目标：

通过走平衡木发展幼儿的平衡能力。

游戏准备：

平衡木，洋娃娃一个，小熊头饰一个。

游戏玩法与规则：

教师先介绍游戏内容：这里有一座小桥，河对岸住着洋娃娃，小熊想到洋娃娃家去玩，就必须从桥上走过去。一个教师戴上小熊头饰边唱儿歌边走过平衡木。幼儿排队一个跟着一个过平衡木，另一个教师站在一旁观察。

指导建议：

教师在平衡木旁边适当给予幼儿帮助和保护，并鼓励幼儿走过平衡木。

（北京市通州区张家湾镇张家湾中心幼儿园　郑欣欣）

游戏：大公鸡（中班）

游戏目标：

通过单脚站立发展幼儿的静力性平衡能力。

游戏准备：

空旷平坦的场地、公鸡头饰若干。

游戏玩法与规则：

教师先教会幼儿唱一首儿歌："大公鸡，单腿立。仰起脖子练啼鸣，小朋友们快快起，来到户外做游戏……"当幼儿学会后，教师要求幼儿在唱儿歌的同时进行单腿站立，看看谁坚持得最久。

指导建议：

要注意幼儿左右腿的均衡发展。

（北京市通州区张家湾镇张家湾中心幼儿园　郑欣欣）

游戏：贴鼻子（大班）

游戏目标：

通过闭目行走来发展幼儿的平衡能力。

游戏准备：

在地面上画一条起始线，在距起始线 5~8 米处放置白板 4 块，每块白板上有贴好的大头模型（缺少鼻子），眼罩若干。

游戏玩法与规则：

教师将幼儿分为 4 组，幼儿站在起始线的后面，分别对着一块白板。教师将一个眼罩和带有磁铁的鼻子模型交给第一排的幼儿，幼儿戴好眼罩，听教师口令出发，将鼻子贴在大头模型上，比一比哪个幼儿走得直、贴得好；紧接着第二组、第三组……游戏依次进行。

指导建议：

为了增加游戏的趣味性，可以将大头模型换为幼儿喜欢的卡通人物或者动物的头像；也可以将贴鼻子改为贴嘴巴。

（北京市通州区张家湾镇张家湾中心幼儿园　郑欣欣）

本章小结

发展基本动作对于幼儿熟练掌握各类运动技能至关重要，幼儿掌握的基本动作也是他们有效完成复杂动作的基础，是他们探索环境、认知世界的重要手段和途径。可见，教师在掌握幼儿基本动作的发展特点、目标、内容以及发展途径等的基础上，设计有利于幼儿基本动作发展的游戏内容，进而制订科学合理的发展计划，对于促进幼儿的健康成长具有重要意义。

思考与实训

一、思考题

（一）名称解释

1. 基本动作

2. 侧面单手肩上投掷

3. 侧身翻滚

4. 匍匐爬

（二）简答题

1. 简述基本动作练习的意义和目标。

2. 简述走步动作的特点和要领。

3. 简述走步动作的形式和要点。

4. 简述幼儿进行走步动作练习的内容及游戏。

5. 简述跑步动作的特点和要领。

6. 简述跑步动作的形式和要点。

7. 简述幼儿进行跑步动作练习的内容及游戏。

8. 简述跳跃动作的特点和要领。

9. 简述跳跃动作的形式和要点。

10. 简述幼儿进行跳跃动作练习的内容及游戏。

11. 简述钻爬动作的特点和要领。

12. 简述钻爬动作的形式和要点。

13. 简述幼儿进行钻爬动作练习的内容和游戏。

14. 简述投掷动作的特点和要领。

15. 简述投掷动作的形式和要点。

16. 简述幼儿进行投掷动作练习的内容和游戏。

17. 简述翻滚和支撑动作的特点和要领。

18. 简述翻滚和支撑动作的形式和要点。

19. 简述幼儿进行翻滚和支撑动作的内容和游戏。

（三）论述题

1. 阐述发展平衡能力的动作形式及其发展的能力。

2. 阐述幼儿基本动作与身体素质的关系。

二、案例分析

某幼儿园进行了年度体质测试，分析数据后发现大班幼儿的上肢肌肉力量普遍较弱。某大班老师小郭为增强幼儿的上肢肌肉力量，在幼儿的体育活动中，让幼儿进行以单手投掷网球为主的练习和游戏。请分小组分析小郭老师采取此方法是否恰当并说明理由。如果是你，你将采取什么样的方法来发展幼儿的上肢力量？

三、章节实训

1. 为发展幼儿的下肢爆发力，设计一个中班的体育游戏，写出游戏玩法与规则，并试讲。

2. 为发展幼儿的快速反应能力，设计一个大班的体育游戏，写出游戏玩法与规则，并试讲。

3. 为发展幼儿的平衡能力，设计一个小班的体育游戏，写出游戏玩法与规则，并试讲。

03

第三章

运动器械与游戏

学习目标

1. 理解运动器械的价值与特点。
2. 掌握运动器械活动的组织原则。

素质目标

1. 通过引导幼儿自主探究、互相合作等方式探索运动器械的不同玩法。
2. 正确认识挑战与幼儿安全的关系。

案例导入

　　某幼儿园为了打造体育特色幼儿园，将足球作为幼儿园的特色项目。幼儿园的小、中、大班都进行足球练习，并且幼儿园请了专业的足球教练员来教授幼儿，同时将各班级的足球比赛作为家长开放日的展示项目。

　　思考：你是否认可该幼儿园的做法？你觉得幼儿园是否正确地理解了幼儿园运动器械的特点和运动器械活动的组织原则？要回答这些问题，我们就要进入本章的学习。

　　运动器械是幼儿体育游戏的载体，是幼儿进行互动的重要媒介。《幼儿园教育指导纲要（试行）》指出：户外体育活动场地、运动器械种类要丰富多样，满足不同年龄的幼儿锻炼和选择的需要。在体育游戏中充分利用运动器械，不仅有利于营造丰富的游戏情节，设定生动的游戏角色，适当增加运动负荷，提高动作难度，发展动作和体能，而且更有利于调动幼儿参加体育游戏的积极性，发展幼儿的空间知觉，培养幼儿活泼开朗、乐观的良好性格。

　　幼儿园的运动器械主要指供幼儿开展体育活动的器材，如滑梯、转马、秋千、转塔、跷跷板、攀登架、转椅、荡船、篮球、足球、毽子、小铁环、悬梯，以及其他大型设施和自制运动器械等。

第一节　运动器械概述

一、运动器械的价值与特点

　　适宜、丰富的运动器械是提高幼儿体育活动质量的必要物质条件，因此幼儿园需要丰富运动器械的种类。

　　利用运动器械开展的体育活动可以发展幼儿的各种基本动作，发展肌肉力量、耐力等身体素质，提高身体平衡能力和协调性。幼儿通过摇摆、颠簸类器械能发展动态平衡能力和前庭机能，丰富感知经验，提升自信心和独立感；通过滑行类器械能发展身体控制能力和感知统合能力，也有利于幼儿发挥想象力。同时，幼儿在选择并运用运动器械的过程中，可以加深与其他幼儿的接触与交往，使幼儿在自主探索、分享、交流、合作等方面得到发展，充分体现幼儿的主体性。

　　运动器械具有以下特点。

（一）安全性

　　《幼儿园教育指导纲要（试行）》指出，要为幼儿创设安全的生活环境，提供必要的保护措施。安全是幼儿园在幼儿进行游戏时需要考虑的第一原则和要素，幼儿园的大型运动器械会有一定的安全隐患。所以，幼儿园更要关注幼儿的安全问题。

幼儿园购买的运动器械一定要是正规厂家生产的材质安全、做工精良的器械，如玩具边角要圆滑、连接处要稳固、设计比例要符合幼儿的身材、护栏高度要考虑到不同年龄幼儿的需要等。对于自制运动器械，也要考虑到制作材料的安全性，保证幼儿在操作这些运动器械时的安全。例如，沙包内的填充物要有一定的质量，但不能颗粒太大，还要注意材质的卫生、便于清洗等。

教师要关注幼儿运动时的安全，在开展游戏前检查运动器械是否存在安全隐患，关注每一种运动器械可能存在的安全隐患，及时帮助幼儿学会正确的玩法，和幼儿一同制定游戏的规则，保障幼儿在游戏中的安全。例如，在大型运动器械上游戏时，教师应经常提醒幼儿要按顺序轮流上下，不得拥挤，要互相谦让、轮流游戏，避免互相碰撞，自觉遵守游戏规则。

（二）目标性

每一种运动器械都是依据不同的锻炼目标设计的，所以教师要根据不同的锻炼目标选择不同的运动器械。各种运动器械的主要功能如表 3-1 所示。

表 3-1　各种运动器械的主要功能

运动器械名称	主要功能
大城堡	发展钻、爬、攀登、悬垂及平衡等能力，培养团结、合作、勇敢的良好品质
攀登架、爬网、悬吊架	练习攀登、悬垂等动作，增强四肢与腰背部肌肉力量
跷跷板、转椅、滑梯、秋千、荡桥、平衡木、小梯子、高跷、梅花桩	发展幼儿的平衡能力、协调能力，培养幼儿勇敢的品质
皮球、儿童羽毛球、棒球	培养孩子手、眼的协调能力以及动作的敏捷性
拱形门、钻圈、拱龙	练习钻、爬等动作，发展身体的柔韧性和协调性
小沙包、小飞镖、投掷球、高低杠、单杠、软梯、吊环、爬绳、爬杆、高空滑索、小推车、篮球架、投掷板、拳击袋、拳击靶、磁性投靶	发展臂力，身体各部分的协调性、灵活性，以及快速反应能力
毽子	锻炼下肢的关节、肌肉、韧带
独轮车、平衡车、滑板车、摇摇车、两轮车、三轮车等	发展平衡能力、下肢肌肉力量、肺活量，培养勇敢精神
跳绳、蹦蹦床	发展幼儿的弹跳力，增强心血管、呼吸和神经系统的功能

教师要根据幼儿的年龄特点和教育目标选择不同的运动器械，组织幼儿进行游戏，达到提升幼儿不同方面的体能的目的。

（三）开放性

每一种运动器械可以有很多种不同的玩法，教师可以探索出多种运动器械的多种玩法，尤其是中小型运动器械和手持类运动器械，以及自制运动器械。

例如，圈在幼儿游戏中有多种玩法，可以达到不同的锻炼目标。圈在幼儿跑步类游戏中，可以作为方向盘；在跳跃类游戏中，可以摆在地上供幼儿进行跳跃，还可以用来做圈操、套圈、转圈的游戏等。

二、运动器械的分类与运动器械活动的组织原则

（一）运动器械的分类

1. 固定类运动器械

固定类运动器械是指固定不动的比较大型的运动器械，包括以下几类。

（1）攀爬滑行类器械：如攀登架、滑梯、爬网等。

（2）摆动平衡类器械：如秋千、荡船、荡桥、跷跷板、滚筒等。

（3）弹跳类器械：如弹簧座椅、压力板、蹦床等。

（4）旋转类器械：如大转筒、大陀螺、平衡旋转器等。

2. 移动类运动器械

移动类运动器械是指可移动的中小型的运动器械，包括以下几类。

（1）运行类器械：如独轮车、平衡车、滑板车、摇摇车、两轮车等。

（2）钻爬类器械：如钻杆、爬网、隧道、钻筒、拱形门等。

（3）投掷类器械：如篮球架、投掷板、磁性投靶等。

（4）平衡类器械：如平衡板、平衡步道、大笼球、平衡木等。

3. 手持类运动器械

手持类运动器械是指幼儿可以手持的比较小的运动器械，包括以下几类。

（1）球类器械：如乒乓球、板羽、拉力球、触摸球、篮球、足球、排球、网球（重50克）等。

（2）绳、棍类器械：如长绳、皮筋、小空竹、陀螺、体操棒、短绳等。

（3）圈、袋类器械：如呼啦圈、体操圈、铁环、跳袋等。

（4）投掷类器械：如飞镖、飞盘、沙包等。

（5）平衡爬行类器械：如高跷、大鞋、动物掌、过河石等。

（6）自制简单器械：如梅花桩、响罐等。

示例图

固定类运动器械

示例图

移动类运动器械

示例图

手持类运动器械

（二）运动器械活动的组织原则

1. 符合幼儿的年龄特点

从不同年龄幼儿的特点出发，幼儿园应根据现有条件，提供丰富多样的运动器械，满足幼儿的兴趣和发展需要，发挥幼儿自主选择的主动性。在活动中，不仅不同年龄段幼儿的动作发展水平有差异，而且在同年龄段不同班级中，幼儿的动作发展水平也不同。因此，教师可以考虑用同一种运动器械，为不同层次的幼儿设计难度适当的活动，在运动器械的一物多用中发展幼儿"适宜"的经验和能力。

2. 考虑幼儿的能力水平差异

教师应根据幼儿的年龄特点和体质、能力、个性的差异，把握层次性设置和投放原则，设计多层次的运动器械活动，使其适合不同年龄的幼儿。

3. 注重运动器械活动的安全性

运动器械的安全是选择该种运动器械的首要条件。对于大型和固定的运动器械、组合式的活动材料，必须定期检查，发现问题后及时解决。对于中小型、可移动的运动器械，要确保其既方便使用又安全。同时教师要在一些具有一定危险性的运动器械旁边保护、帮助幼儿，确保其安全。

4. 注重运动器械的合理搭配

合理搭配运动器械，不仅能增强幼儿参与活动的兴趣，还可以达到多种锻炼目的。例如幼儿在玩推车时，只是单纯地推空车会让幼儿感到很枯燥，如果把球装扮成西瓜放进去，让幼儿体验搬运"西瓜"的感觉，他们就会乐此不疲。在这种活动中，孩子们不仅得到了身体上的锻炼，还体会到了劳动的艰辛与快乐。

5. 引导幼儿探索运动器械的多种玩法

在活动中，引导幼儿探索同种运动器械的多种玩法。例如在探索"好玩的轮胎"活动中，有的幼儿坐在轮胎中心，由另一位幼儿拉着走；有的幼儿把轮胎推成小高山，爬"轮胎山"；有的幼儿把轮胎摆成一定的图形进行跳跃练习；有的幼儿把轮胎竖起，让伙伴们钻洞。在一系列的综合活动中，幼儿的语言表达能力、创造力、想象力及交往能力会有较大的提高。

第二节　运动器械游戏案例

一、一物多玩类器械游戏

教师可以根据运动器械的特性，运用不同的做法让同一种器械有不同玩法。例如，可以改变运动器械的摆放角度，如正、侧、横、竖、倒等角度；还可以改变规则，如数量的变化、时间的变化、方位的变化等。总之，教师要结合幼儿的游戏经验，创造出丰富的玩法。

游戏：好玩的体操垫

游戏目标：

1. 通过体操垫游戏，练习单脚跳、双脚跳、跨跳、爬、翻滚等动作，发展幼儿的协调性和灵敏性。

2. 让幼儿体验体操垫游戏的快乐。

游戏准备：

体操垫若干。

游戏玩法与规则：

根据幼儿人数以及场地、器材，将幼儿分成若干组。

【初级版】把体操垫平放在地面上，请幼儿用单脚、双脚跳过去。

【升级版1】将幼儿分成几组，每组体操垫的个数比每组人数多1个。游戏时每位幼儿都要站在体操垫上，每组的第一位幼儿把每组多的1个体操垫放在自己面前，幼儿依次向前移动，最后一位的幼儿把后面的体操垫向前传，游戏依次进行。

【升级版2】3人一组，将体操垫摆成"小山"，幼儿尝试跨跳过"小山"。幼儿也可以将"小山"当成障碍物，进行曲线跑练习。

【升级版3】幼儿自愿组队，将体操垫连接起来，平铺在地面上，练习手脚爬或手膝爬。

【升级版4】给幼儿一块体操垫，让幼儿像玩飞盘一样将体操垫向自己前上方抛出。

指导建议：

1. 教师要注意提醒幼儿注意安全，不做危险动作。

2. 引导幼儿积极分享与尝试。

拓展游戏
好玩的圈

拓展游戏
巧玩软棒

二、一般性器械游戏

一般性器械主要是幼儿园的常规运动器械，教师需要把握一般性器械的特点，引发幼儿积极探究，发展幼儿的走步、跑步、跳跃、投掷、钻爬等基本动作，激发幼儿参与运动的兴趣。

游戏：看谁投得远（小班）

游戏目标：

1. 学习双手头上投掷的动作。

2. 体验投掷活动带来的乐趣。

游戏准备：

空旷的场地、球、筐、起始线、大垫子、拱形门、小方垫。

游戏玩法与规则：

【初级版】幼儿双手持球站在起始线处准备，教师发出指令后，幼儿用双手头上投掷的动作向远处投球。

【升级版1】地上除起始线外有3条不同颜色的线——绿线、黄线和红线（分别离起始线1.5米、2.5米和3.5米）。幼儿站在起始线后，用双手头上投掷的动作向地上的线投球，看谁投得远。

【升级版2】幼儿在起点站好，听到信号后，先爬过大垫子，接着钻过拱形门，然后到筐里拿一个球，最后站在小方垫上，用双手头上投掷的动作向远处不同距离的标志线投球。

指导建议：

在幼儿投掷的过程中，教师要关注幼儿采用的投掷方法。在进行游戏时，教师可以采取循环游戏的方式，给幼儿多次练习的机会。

（北京市通州区新城东里幼儿园　李新波）

游戏：踩高跷（中班）

游戏目标：

1. 学习踩高度为5厘米左右的高跷向前走，并保持身体平衡，发展幼儿的协调性和灵活性。
2. 让幼儿体验踩高跷的乐趣。

游戏准备：

空旷的场地、起始线、终点线、高跷、绳子。

游戏玩法与规则：

【初级版】幼儿踩着高跷从起始线出发，自由四散地走。

【升级版1】教师创设花园情境，幼儿踩着高跷从起始线出发，走到花园（终点线）即为完成任务。

【升级版2】幼儿踩着高跷从起始线出发，看见绳子后跨过去，最终到达花园（终点线）即为完成任务。

指导建议：

幼儿踩高跷行走时，教师提示幼儿注意与同伴保持一定距离，避免相互碰撞出现危险。在幼儿熟练掌握踩高跷行走的技能后，可适当增加障碍物，以增强游戏的挑战性。

（北京市通州区新城东里幼儿园　薛红梅）

游戏：好玩的羊角球（大班）

游戏目标：

1. 尝试骑羊角球跳过障碍物，发展弹跳能力、平衡能力和协调性。
2. 初步掌握骑羊角球跳过障碍物并不碰触障碍物的方法。
3. 勇于挑战自己，体验成功的快乐。

游戏准备：

羊角球人手一个、积木若干、酸奶盒若干、空旷场地、萝卜图片、空筐4个。

游戏玩法与规则：

【初级版】幼儿在起始线处准备，自由骑羊角球跳过平放的积木后到达终点线即为获胜。

【升级版1】将平放的积木变为竖放，幼儿自由分成4组，站在起始线处，听到指令后每组排在第一位的幼儿骑羊角球跳过积木后到达终点线，再返回起点线与下一位幼儿击掌，然后下一位幼儿出发，依次进行，最快跳完的组获胜。

【升级版2】将酸奶盒摆放在场地中央，在终点线处放上萝卜图片。幼儿分成4组，站在起始线处，听到指令后，每组排在第一的幼儿骑羊角球跳过酸奶盒到"萝卜地"（终点线处）拔一个"萝卜"（拿一张萝卜图片），跳回起始线将"萝卜"送到筐中，并与下一位幼儿击掌，然后下一位幼儿出发，依次进行，最快跳完的组获胜。

指导建议：

在幼儿尝试骑羊角球跳过障碍物的时候，教师要注意提示幼儿跳跃的方法，并组织幼儿及时总结经验，让幼儿获得成功。

（北京市通州区新城东里幼儿园 李国苹）

三、挑战性器械游戏

幼儿园的挑战性器械主要有绳索、单杠、双杠、悬垂架、跳箱、滑道、木桩、桌子等，教师可利用这些挑战性器械开展有一定挑战性的体育活动。教师应有效理解挑战性的含义并正确认识体育活动的挑战性涵盖的两个方面的内容：其一，教师要通过激励手段使幼儿在运动项目中挑战自我，提高动作技能水平；其二，除了提高动作技能水平，教师还要设置隐性挑战内容，目的在于培养幼儿勇敢、坚持、合作等优秀品质，在保证体育活动顺利开展的同时促进幼儿实现社会性发展。

游戏：杂技小演员（小班）

游戏目标：

1. 练习平稳地在绳子上走，发展身体协调能力。
2. 培养挑战意识。

游戏准备：

粗细不同的绳子多条。

游戏玩法与规则：

【初级版】根据幼儿人数分组，每组5人左右。绳子（细）直线摆放，教师带领幼儿排队在绳子上行走。幼儿保持身体平衡，踩在绳子上走。

【升级版1】根据幼儿人数分组，每组5人左右。绳子（细）曲线摆放，教师带领幼儿排队在绳子上行走。幼儿保持身体平衡，不要走下绳子。

【升级版2】根据幼儿人数分组，每组5人左右。绳子（粗）曲线摆放，教师带领幼儿排队在绳子上行走。幼儿保持身体平衡，不要走下绳子。

指导建议：

1. 教师注意指导幼儿利用双臂保持平衡。
2. 在升级版游戏中，教师要提醒幼儿双脚踩在绳子上。

场地示意图如图3-1所示。

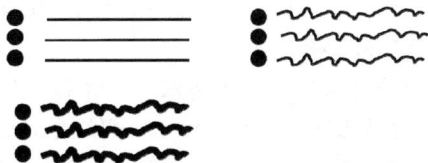

图3-1 杂技小演员场地示意图

（北京市通州区新城东里幼儿园 王玉菊）

游戏：梅花桩（中班）

游戏目标：

1. 发展平衡能力及协调能力。

2. 培养挑战意识。

游戏准备：

高低不同的梅花桩。

游戏玩法与规则：

【初级版】教师将梅花桩直线摆放在地上，并要高低错落地摆放。幼儿分组挑战，最快通过梅花桩的组获胜。

【升级版1】教师将梅花桩曲线摆放在地上，并要高低错落地摆放，以增加挑战性。幼儿分组挑战，最快完成任务的组获胜。

【升级版2】教师将梅花桩曲线摆放在地上，并要高低错落地摆放，梅花桩之间保持10～20厘米的距离。幼儿分组挑战，最快通过的组获胜。

指导建议：

1. 教师指导幼儿利用双臂保持身体平衡。

2. 鼓励幼儿勇敢参与挑战。

3. 根据幼儿的实际水平和能力，教师及时调整梅花桩之间的距离。

场地示意图如图3-2所示。

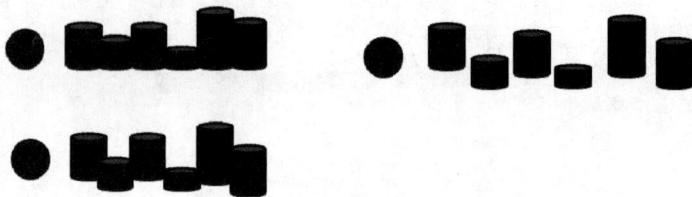

图3-2　梅花桩场地示意图

（北京市通州区新城东里幼儿园　赵东霞）

拓展游戏

过"小山"（中班）

游戏：我们都是小猴子（大班）

游戏目标：

1. 练习双臂悬垂与交替前行，发展上肢肌肉力量。

2. 培养挑战意识。

游戏准备：

单杠。

游戏玩法与规则：

【初级版】幼儿像小猴子一样双手抓紧单杠，第一次坚持10秒，第二次坚持15秒，第三次坚持至少20秒。教师在单杠下放垫子进行保护。

【升级版1】幼儿像小猴子一样从单杠的一边双手交替移动到另一边。教师在单杠下放垫子。根据器材数量及教师数量对幼儿进行分组，比一比哪组先完成。

【升级版2】幼儿模仿小猴子，单手抓杠悬垂，第一次坚持5秒，第二次坚持10秒，第三次坚持15秒。能力强的幼儿可以继续挑战。幼儿分组游戏，每组中坚持不到规定时间的幼儿淘汰，3次后剩余人数多的组胜利。

指导建议：

1. 教师在游戏中应采取循序渐进的方式，注意让幼儿热身。

2. 在升级版1游戏中，教师要提醒幼儿双手交替行进。

3. 教师根据幼儿的实际水平和能力，鼓励幼儿勇敢挑战。

4. 教师要注意保护幼儿。

场地示意图如图3-3所示。

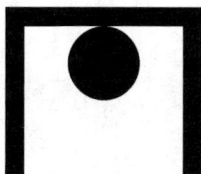

图3-3 我们都是小猴子场地示意图

（北京市通州区新城东里幼儿园 王玉菊）

本章小结

　　运动器械是幼儿体育游戏的载体，是幼儿进行互动的重要媒介。因此运动器械活动是幼儿园体育活动的重要内容，并以游戏的形式展开。幼儿园需要理解运动器械活动的意义以及特点，同时从幼儿园的实际和幼儿动作发展的需求出发，选用适合幼儿的运动器械，以满足幼儿的兴趣和发展需要，促进幼儿的身心发展。

思考与实训

一、思考题

（一）简答题

1. 简述运动器械的价值。

2. 简述运动器械的特点。

（二）论述题

阐述运动器械活动的组织原则。

二、案例分析

　　某幼儿园教师组织小班幼儿进行户外体育活动，为了让幼儿自由探索并发展幼儿的上肢肌肉力量，在轮胎区提供了很多轮胎。很少幼儿能利用轮胎进行游戏，比如走轮胎、滚轮胎等。能利用轮胎进行游戏的幼儿玩了一会儿就对轮胎不感兴趣，去其他区域玩其他运动器械了。请分析为什么会出现这种情况。你觉得该教师提供的轮胎是否适合所有的小班幼儿？为什么？如果是你，你该如何提供运动器械？

三、章节实训

　　按照游戏格式要求，分小组设计幼儿园大班幼儿的足球游戏，最终展示并试讲。

04

第四章

幼儿体育游戏

学习目标

1. 理解幼儿体育游戏的价值与特点。
2. 掌握幼儿体育游戏的组织方法。
3. 掌握幼儿体育游戏的设计方法，并能灵活运用。

素质目标

1. 掌握幼儿体育游戏的本质特征，深刻理解幼儿体育游戏的教育价值，树立"以游戏为基本活动"的学前教育理念。
2. 树立正确的儿童观、游戏观，发挥幼儿体育游戏的育人价值。
3. 挖掘适合幼儿的传统民间体育游戏，展示中华传统文化的魅力，体现文化自信。

案例导入

某幼儿园的中班幼儿特别喜欢足球，尤其在户外活动时，大家追着足球玩得不亦乐乎。带班教师为了丰富幼儿游戏内容，抓住幼儿的这个兴趣，改编并设计了不少足球类体育游戏，但是发现很多孩子不喜欢这些游戏。带班教师非常苦恼，不知道问题出在哪里。

思考： 你觉得该教师感到困惑的原因可能有哪些？你觉得该教师是否理解了幼儿体育游戏的概念？掌握了改编、创编幼儿体育游戏的方法？要回答这些问题，我们就要进入本章的学习。

第一节　幼儿体育游戏概述

幼儿体育游戏是深受幼儿喜欢的一项体育活动，它融体能发展、智力发展、身心发展等功能于一体。开展各种体育游戏，可以有效促进幼儿的全面发展。

一、幼儿体育游戏的价值与特点

（一）幼儿体育游戏的价值

幼儿体育游戏是根据一定的体育任务设计的，由身体动作、情节、角色和规则组成，以身体练习、发展基本动作和增强体能为目的的游戏方式，是一种有意识的，具有创造性和主动性的体育练习活动。幼儿体育游戏不同于表演游戏、结构游戏和角色游戏，它由各种基本的动作组成，有明确的规则和结果，是发展幼儿身心的一种锻炼活动。

1. 激发幼儿参与体育活动的兴趣

幼儿体育游戏是深受幼儿喜爱的体育活动，幼儿体育游戏的趣味性主要体现在情节性和竞赛性两方面。大多数幼儿体育游戏都带有一定的情节和各种不同的角色，这非常契合幼儿爱模仿、好扮演的特点。竞赛这种幼儿体育游戏中常见的游戏形式能充分满足幼儿争强好胜的心理。

2. 发展幼儿基本动作和体能的重要形式

幼儿体育游戏将基本动作和体能的发展寓于趣味性很强的活动之中，幼儿需要在游戏中完成各种基本动作。幼儿体育游戏发展幼儿的基本动作和体能具有独特的作用。幼儿体育游戏中富含改变运动和动作信号的特征，能锻炼幼儿的神经系统，同时完善和平衡幼儿的兴奋和抑制过程。

3. 幼儿体育活动的重要内容

幼儿园体育工作的任务主要通过发展体育运动和体育游戏两种途径来完成，相对来说体育运动只有锻炼的属性，而体育游戏除了具有锻炼的属性之外，还具有趣味和竞技的属性。

（二）幼儿体育游戏的特点

幼儿体育游戏是一种具有一定动作、情节和竞赛等因素的独特的体育活动，其内容丰富多彩，形式生动活泼，深受幼儿喜欢。不同年龄段幼儿的身心特点不同，因此不同年龄段的幼儿体育游戏也各有其特点，如表 4-1 所示。

表 4-1　不同年龄段的幼儿体育游戏的特点

项目	小班	中班	大班
内容、动作	简单	内容开始变得复杂，幼儿喜欢有情节的游戏和追逐性游戏	幼儿喜欢竞赛性游戏和内容丰富、需要体力与智力相结合的游戏，游戏的动作增多，难度增大
情节	简单	复杂性增强	更复杂
角色	少，多为幼儿熟悉的角色	增多	角色更多、更复杂
规则和要求	简单、不带限制性	较复杂，带有一定的限制性	较复杂，限制性较强
结果	幼儿不太注意	幼儿有所注意	幼儿喜欢有胜负的结果
活动方式	集体同做一种动作，共同完成一项任务	出现两人、三人合作的游戏	合作性游戏增多，增强了组与组的合作

1. 小班幼儿体育游戏的特点

小班幼儿处于身体生长发育的初期阶段，体力较差，对动作的控制能力较差；对走步、跑步、跳跃、投掷等基本动作的学习处于初级阶段，很多生活中需要做出的动作还没有正确掌握；动作缺乏准确性和协调性，集体观念、规则意识和相互配合的能力还很弱；模仿性强，但注意力不易集中。

因此，小班幼儿体育游戏涉及的动作少，每个游戏一般就 1～2 个动作，且动作比较简单。如跳跃游戏主要是双脚向前跳。在活动方式上，主要是幼儿同时做相同的动作，这既便于模仿，也便于组织。小班幼儿体育游戏的情节简单、易理解，角色少，通常为 1～2 种，角色关系一致，大家共同完成一个任务。规则少而简单，不带限制性。例如，"钻横幅"游戏的动作、情节、角色、规则都比较适合小班幼儿，如图 4-1、图 4-2 所示。

图 4-1　幼儿钻横幅 1

图 4-2　幼儿钻横幅 2

（图片来源：北京市昌平区工业幼儿园）

2. 中班幼儿体育游戏的特点

中班幼儿体力有所增强，动作也有了明显的进步，协调、平衡能力提高，有信心完成有一定难度的动作；智力进一步发展，空间能力和独立活动能力也有了明显提高，能辨别方向，注意力集中，能控制自己，能比较自觉地遵守游戏规则。

因此中班幼儿体育游戏可带有各种动作，游戏内容多样化。如在跳跃游戏中，除了双脚向下跳跃，还有双脚向不同方向跳跃、双脚连续跳跃等。练习方法有同时练习、循环练习、依次练习等。情节游戏的题材内容明显增多，角色种类增多，角色关系变得复杂，游戏的规则增多、限制性加强，有了惩罚性规则，同时出现竞赛和分组游戏。攀爬游戏和攀爬跳跃游戏分别如图4-3、图4-4所示。

图4-3 攀爬游戏

图4-4 攀爬跳跃游戏

（图片来源：北京市昌平区工业幼儿园）

3. 大班体育游戏的特点

大班幼儿动作更加熟练，也能自如地运用已掌握的动作，控制自己行为的能力不断加强，知识经验也更加丰富，观察、分析和理解能力有了明显提高，喜欢有胜负的游戏。

因此大班幼儿体育游戏的动作难度进一步提高，游戏内容更加多样化，除了让幼儿做基本动作外，教师还可以借助一定的障碍物、运动器械开展游戏；游戏情节与角色之间的关系更复杂或角色变化不稳定，如在"贴人"游戏中，追者和被追者是不断变化的；活动方式更丰富；游戏的规则更复杂，限制性更强；竞赛、合作性和自由分组游戏增多。合作抬轮胎的游戏就具有这些特点，如图4-5、图4-6所示。

图4-5 合作抬轮胎1

图4-6 合作抬轮胎2

（图片来源：北京市昌平区工业幼儿园）

二、幼儿体育游戏的分类与组织

（一）幼儿体育游戏的分类

由于幼儿体育游戏的内容、形式、作用以及参与游戏人数等因素不同，其类型多种多样。了解幼儿体育游戏的分类方法，教师可以更好地选择、运用游戏，从而实现幼儿体育游戏的目标。幼儿体育游戏的分类方法主要有以下几种。

1. 按发展的基本动作划分

按发展的基本动作划分，幼儿体育游戏可分为走步游戏、跑步游戏、跳跃游戏、投掷游戏、钻爬游戏、攀登游戏、悬垂游戏等。

（1）走步游戏

幼儿常玩的走步游戏有："找朋友""模仿走""吹泡泡""老猫睡觉醒不了""捡豆豆"等。

（2）跑步游戏

幼儿常玩的跑步游戏有："小孩小孩真爱玩""叫号赛跑""老狼老狼几点啦""狡猾的狐狸在哪里""捉尾巴""捉星星""插红旗比赛""人枪虎"等。

（3）跳跃游戏

幼儿常玩的跳跃游戏有："山沟里的狼""小青蛙捉害虫""小青蛙跳荷叶""跳房子"等。

（4）投掷游戏

幼儿常玩的投掷游戏有："打鸭子""赶小猪""投弹打靶""降落伞""投球进筐""投篮比赛"等。

（5）钻爬游戏

幼儿常玩的钻爬游戏有："小猴子钻山洞""蚂蚁搬豆""蜗牛爬""猴子爬"等。

（6）攀登游戏

幼儿常玩的攀登游戏有：上下小山坡、上下台阶、攀登肋木、攀登攀登架、攀登较矮的滑梯的斜坡、攀登网绳、爬树、登山等。

（7）悬垂游戏

幼儿常玩的悬垂游戏有："猴子挂""蝙蝠挂""双手抓杠交替走"等。

2. 按发展的身体素质划分

按发展的身体素质划分，幼儿体育游戏可分为速度类游戏、力量类游戏、耐力类游戏、灵敏协调类游戏等。

（1）速度类游戏

常见的速度类游戏有："贴人""狡猾的狐狸在哪里""叫号赛跑"等。

（2）力量类游戏

常见的力量类游戏有："小青蛙跳荷叶""悬垂小勇士""推小车"等。

（3）耐力类游戏

常见的耐力类游戏有：跳绳、"袋鼠跳"等。

（4）灵敏协调类游戏

常见的灵敏协调类游戏有：做相反动作、"放爆竹"等。

3. 按运动项目划分

按运动项目划分，幼儿体育游戏可分为田径类游戏、体操类游戏、球类游戏等。

（1）田径类游戏

田径类游戏可以细分为跑步类游戏、跳跃类游戏、投掷类游戏等。

（2）体操类游戏

体操类游戏有："跳山羊"、跳箱、单杠悬挂、双杠支撑等。

示例图

力量类游戏

（3）球类游戏

球类游戏可以细分为篮球类游戏、足球类游戏、排球类游戏、网球类游戏等。

4. 按组织形式划分

按组织形式划分，幼儿体育游戏可分为集体游戏和个人游戏。集体游戏分为分组游戏和不分组游戏。分组游戏有"夺红旗"、运球跑等。不分组游戏有"老狼老狼几点啦""吹泡泡""找朋友"等。个人游戏有踢毽子、滑滑梯、荡秋千等。

5. 按活动形式划分

按活动形式划分，幼儿体育游戏可分为接力游戏、追拍游戏、争夺游戏、角力游戏、猜摸游戏等。

（1）接力游戏

接力游戏是以接力的形式进行的分组对抗游戏，如往返接力、迎面接力、十字接力等。

（2）追拍游戏

追拍游戏是游戏者追拍其他游戏者或球，锻炼幼儿奔跑及反应能力的对抗性游戏，如"捕鱼""人枪虎""老狼老狼几点啦""狡猾的狐狸在哪里"等。

（3）争夺游戏

争夺游戏是为争夺一定的物品或位置而进行的一种斗智比快的游戏，如"占圈""夺红旗"等。

（4）角力游戏

角力游戏是游戏者相互比较力量、斗智斗勇的对抗性游戏，如"顶牛""推人"等。

（5）猜摸游戏

猜摸游戏是游戏者被蒙住眼睛，利用听觉、触觉和平衡感来进行运动和猜物的游戏。如"盲人摸象""盲人贴鼻子"等。

6. 按是否有情节划分

按游戏是否有情节划分，幼儿体育游戏可分为有情节类游戏和无情节类游戏。

为符合幼儿的年龄特点，激发幼儿的兴趣，教师可以给游戏赋予一定的情节，这就是有情节类游戏，如"小马过河"，通过设置"宽度不一的河流"以及"河"中的"鳄鱼"，幼儿就需要通过助跑跨跳过"河"，躲避"鳄鱼"，这增加了游戏的趣味性。无情节类游戏有拍球比多、投远、投篮等。

7. 按是否有对抗性划分

按照游戏是否有对抗性划分，幼儿体育游戏可分为对抗性游戏和非对抗性游戏。对抗性游戏一般可以分组进行，结果有胜负之分，如接力游戏、角力游戏、追拍游戏等。非对抗性游戏如"一网不捞鱼"，两名幼儿扮演"渔网"，其余幼儿扮演"鱼"，"鱼"边唱儿歌，边钻"渔网"，看"渔网"是否能捕到"鱼"。非对抗性游戏以发展幼儿的躲闪能力和灵敏性为主，没有太多对抗性。

（二）幼儿体育游戏的组织方法

1. 注重激发幼儿的兴趣

（1）故事引导

生动有趣的故事容易引起幼儿的注意，使幼儿置身于故事化的情境中，从而赋予游戏内容以"生命"，使教学目标这一外部要求被巧妙地内化为幼儿的愿望和行为动机，最终达到激励幼儿主动付出行动与努力的目的。

（2）运动器械吸引

在体育游戏中，运动器械往往是不可缺少的，运动器械的变化可以引起幼儿的好奇心和探索欲望。教师应充分利用运动器械，并注意启发幼儿对各种运动器械进行发散性想象和操作，突破常规玩法，尽量与单一的运动器械产生多种互动。同时，教师鼓励幼儿在活动中创造性地使用和摆放各种运动器械，创设富有个性的竞赛活动。此外，教师要善于收集废旧物品，制作各种运动器械。

（3）情景设置

幼儿具有冒险精神，喜欢追求刺激，勇于接受挑战。因此，教师应围绕游戏主题设置情景，生动形象的情景往往能很好地吸引幼儿的注意，激发他们主动参与游戏。在此过程中，教师可以因地制宜，利用幼儿园的花园、曲折小径、小山坡等作为游戏场景，大胆设计能够激发幼儿想象力与兴趣的情景。

2. 注意满足不同能力水平的幼儿的活动需要

幼儿的能力水平具有较大的个体差异，在游戏的设计、运动器械的选择、活动场地的布置以及游戏的组织过程等方面，教师都要考虑到幼儿能力水平的差异性，尽可能为幼儿提供不同的运动器械和游戏环境，以满足不同能力水平的幼儿的活动需要，使幼儿获得自信和成就感，并不断取得进步。例如，在纵跳触物的游戏中，为幼儿提供高度不同的响铃；在助跑跳跃游戏中，为幼儿设置不同宽度、不同高度的"小河"或障碍物；在攀登、翻越游戏中，为幼儿提供不同高度、不同难易程度的攀登设备；在投掷游戏中，为幼儿设置不同距离的投掷目标或提供不同高度的投掷架等。

3. 注意示范和讲解的重点

教师在组织体育游戏的不同阶段以及面对不同特征的体育游戏时，示范和讲解的侧重点应有所差异。教师在向幼儿介绍新的体育游戏时，应重点示范游戏动作和讲解游戏规则；在组织幼儿玩以前学习过的体育游戏时，示范和讲解的重点应放在幼儿容易出现的问题上，同时，教师应注重对幼儿在动作要领的掌握上提出进一步的要求；对于竞赛性的体育游戏，应重点强调游戏的规则，讲解时应精练、清楚、明确。此外，教师在讲解中还要充分考虑幼儿的年龄特点与接受能力，如对小班幼儿，多采用角色语言、情境化的语气进行讲解，这有助于小班幼儿更好地理解动作要求，顺利完成游戏任务；而对中、大班幼儿，讲解的语言则要形象、简练。

4. 把握好游戏的运动量

幼儿在参与体育游戏时比较投入。因此在开展奔跑类、跳跃类及民族民间类游戏（如舞龙灯、舞狮、跑旱船等）等运动量相对较大的游戏时，教师一定要关注幼儿身体和动作上的变化，应根据幼儿的活动状况进行灵活调整游戏次数、游戏时间等，注意动静交替，把握好运动量，避免让幼儿过于疲劳。

5. 组织体育游戏的注意事项

（1）分组游戏时注意每组人数相等，运动能力相当。

（2）不宜采用次数过多的练习及时间较长的静力性游戏；不宜经常采用需要憋气、使肌肉过分紧张以及运动负荷过大的游戏，把握好运动量；不宜采用时间较长的耐力游戏。

（3）游戏的规则要有针对性，要少而简单。

（4）注意幼儿的姿势和动作的准确性。

（5）周密地做好场地、器材、服装、组织等方面的工作，防止发生碰撞、摔伤等事故。

第二节　安吉体育游戏

一、安吉体育游戏的内涵

安吉体育游戏不仅是安吉地区学前教育的名片，更是一种理念、一种精神，它的精髓在于发现幼儿潜力、挖掘幼儿潜能，由此理解幼儿、尊重幼儿、相信幼儿，进而成就幼儿。安吉体育游戏是指幼儿在充分的自然环境下自由地进行游戏，游戏背后蕴藏着自由、民主、平等、尊重的幼儿观。

安吉体育游戏以"把游戏权利还给孩子"为行动纲领和精神准则，充分体现了基于幼儿视角的教育观念，引领教师从游戏环境、游戏材料、游戏时间等方面落实对幼儿自主游戏权利的保障。安吉体育游戏的内涵与本质，是幼儿根据自身兴趣与需要，以获得游戏本身带来的快乐和满足为目的，在游戏中自由选择，自主开展、自发建构活动，进而实现自我发展。

安吉体育游戏的核心理念是：爱、投入、冒险、喜悦、反思。这些理念既在游戏中的幼儿身上体现，也体现在教师对幼儿的态度、对游戏的敬畏以及对幼儿园课程的生活化的反思中。"自由的游戏点亮幼儿的生命"是安吉体育游戏精神，发扬这一精神有助于赋予幼儿游戏自主权，使幼儿拥有幸福童年。

安吉体育游戏是安吉当地自然资源和教育实践的结合成果，是落实《指南》的完美体现，是对传统幼儿教育的变革，具有博大且深厚的内涵。

（一）把游戏还给幼儿，尊重自主学习的规律与价值

幼儿有享受游戏的权利，教师应为幼儿创设充足的游戏条件，提供丰富的游戏材料，同时，尊重幼儿游戏的意愿，使每一名幼儿在游戏中获得满足和发展。在安吉体育游戏中，幼儿看似是在没有目的地"瞎玩"，实则是教师充分信任幼儿、理解幼儿，尊重他们的想法，这能让幼儿实现自我建构，主动将游戏经验转化为知识，并有利于充分挖掘每一名幼儿的游戏天性，尊重幼儿的自主游戏权利，让幼儿自由生长、生活。

（二）把课程与游戏融合，注重幼儿学习与发展的成长轨迹

在安吉，游戏就是学习，游戏就是发展，游戏就是课程，幼儿园课程最终的评价标准都是幼儿是否能实现发展。安吉体育游戏将课程与户外体育游戏有机结合，重视让幼儿主动建构自己的经验与体验各种材料，幼儿可以自主选择游戏内容、材料与方式，课程源于幼儿的兴趣，源于幼儿自发自主的游戏形式，由各种材料与游戏的组合随机生成，这非常符合幼儿的身心发展特点与认知规律，有利于幼儿的可持续发展。

（三）明确教师角色定位，教师是观察者和支持者

幼儿在游戏时的表现是各种各样的，教师要有目的地观察到幼儿的游戏状态，启动"甄选"模式，有目的地过滤一些没有价值的话语和行动，选择有价值的经验进行记录，这样能逐渐走近幼儿，倾听他们的想法，了解他们的游戏意图，并在此基础上有针对性识别和回应，明确自身观察者和支持者的角色，从而与他们建立更亲密的关系，营造更加尊重理解幼儿的精神环境。

二、安吉体育游戏的特点与内容

安吉体育游戏秉承"发现幼儿兴趣、尊重幼儿意愿、相信幼儿能力、支持幼儿自主"的原则。进行安吉体育游戏时，幼儿在教师创设的想玩、能玩、敢玩并能得到教师支持和回应的环境中不断获得新的游戏体验，教师不再指导，而是作为观察者和支持者，给予幼儿一定的引导，让幼儿在自主解决问题中有所收获。

（一）安吉体育游戏的特点

安吉体育游戏为幼儿创设了适宜的户外环境，转变了教师的教育观念，将游戏的权利彻底还给了幼儿，具有一些典型的特点，包括吸、习、喜、戏4个方面。

1. 吸

安吉体育游戏让幼儿从丰富的自然环境和材料中汲取营养。有研究发现，教师精心设计的环境越多，幼儿就越受束缚，参与游戏的兴趣反而不高。安吉的幼儿教师也发现了这一点，他们根据幼儿的天性和年龄特点，充分挖掘本土资源，依据幼儿园特有的自然环境创设了花草鱼虫、沙土沙水、悬垂细丝、滚环滚筒等，所有的环境既可观赏也可互动，园内四通八达，幼儿由以前的"我可以玩

什么"变为"我要玩这个"，且游戏的场地和材料从不固定，游戏的功能随时可以调整，幼儿玩竹子、木块、木板、砖头、油桶、滑道、绳索、沙土、锅碗瓢盆、轮胎、废旧汽车等，如站在油桶上用脚滚动着油桶向前、向后移动，在几米高的软梯上爬上爬下，拉住手环从高空索道上滑下来，用简单的大型积木搭建各种造型，穿着雨鞋玩沙土、水……幼儿在这种充满无限可能的自然环境中感受大自然带来的自然之美、游戏之乐。

2. 习

在安吉体育游戏的理念中，游戏就是学习，幼儿可以在与环境的互动中不断获得经验。幼儿在丰富且无限变换的环境中仅仅通过游戏就获得了高水平的发展。在真游戏中，幼儿充分掌握着游戏的主动权，以自己的方式玩游戏。安吉体育游戏让幼儿在环境的引导和带动下更加投入地参与到真游戏中，更好地完成游戏任务，用自己的感官来感受世界，初步形成对世界的认知；通过接触不同的游戏内容学到不同的知识经验，逐渐形成对生活的认知；通过各种体育运动提高运动技能和肢体协调性。值得一提的是，每一名幼儿都能通过安吉体育游戏感到愉悦、自信和满足，同时得到身体锻炼，并且与同伴进行良好交流。户外游戏活动的教育目标及发展方向就是提升幼儿的多种能力，锻炼幼儿坚韧不拔的意志，促进幼儿的个性化发展，促使幼儿在"润物细无声"的游戏中自然习得经验，开展安吉体育游戏就能实现这些目标。

3. 喜

安吉体育游戏让幼儿根据自己的兴趣自主选择游戏内容和材料。在安吉体育游戏的理念中，幼儿是一个完整的个体，游戏中幼儿的主动性很强，甚至部分游戏的设计者、组织者都是幼儿，教师相信幼儿有无限潜能，幼儿对环境充满好奇和喜欢，能根据自己的游戏意图按照自己的方式决定玩什么、怎么玩，全程都在为完成自己的游戏计划而坚持、探究、想办法解决问题。例如，在用泥巴建"房子"的游戏中，幼儿自发商量好各自的分工，有的负责采集竹子，有的负责采集树枝，有的则去找水，等游戏材料备齐之后，大家就开始合作建"房子"。玩自己喜欢的游戏，是落实安吉体育游戏精神的具体表现。

4. 戏

安吉体育游戏让幼儿在回归天性的真游戏中生长。对幼儿来讲，游戏是他们学习的方式、是他们生活的内容，自由、自主、创造等品质应该伴随他们的成长。在安吉体育游戏中，教师通过专业的指导让幼儿玩出智慧、玩出经验、玩出健康的体魄，更让幼儿在游戏中寻求真我，体验快乐和存在感。安吉体育游戏中的"真游戏"可用 5 个关键词来概括，即爱、投入、冒险、喜悦与反思。在真游戏中，教师不再是游戏的指挥者，而是支持者与引导者，要让幼儿处处感受到教师的爱，还幼儿真正的游戏体验；幼儿在坑、坡、洞、水土、森林等真实的环境中忘我游戏；幼儿在沙、土、水、叶、花、绳、筒、竹、鸟、虫等真实的材料中感受惊喜和有趣；天、人、景、物融为一体，十分真实。幼儿在不同的体育游戏中自由选择、自主决定、自我挑战，这也是落实安吉体育游戏精神的具体表现。

（二）安吉体育游戏中常用的材料

安吉体育游戏充满无限可能和不确定性，教师依据幼儿园的地理优势，将有当地特点的生活化、低结构材料投放到户外环境中，使幼儿借助不同材料做出拼搭、滚动、滑动、旋转、钻爬、攀爬、跳跃等动作，可以发展幼儿的灵敏性、协调能力及控制能力。

安吉体育游戏中常用的材料如下。

1. 大型建构积木

幼儿根据自己在搬运积木过程中对肌肉力量的认知和对搭建过程的认知选择搭建什么，和谁一起搭建，同时，在运用积木的过程中感知正方体、长方体等不同形体的积木，可以感知不同积木之间的倍数关系及包含关系，进而体验为玩而建的愉悦。

2. 滚筒

滚筒是安吉体育游戏中最具代表性的材料之一。幼儿站在不同直径和高度的滚筒上协调地运动，不仅能锻炼幼儿的身体控制能力，更能让幼儿对周围环境有所认知，同时，不同的滚筒为幼儿的钻、爬、滚提供了可能，使幼儿的灵敏性、协调能力和平衡能力得到进一步发展。

3. 梯子和木板

幼儿根据自己的能力和水平选择梯子和木板的高度和斜度，并进行组合搭建，不同材料的组合运用，进一步丰富了幼儿对各种材料的操作经验。通过将梯子与木板用多种方式进行组合，幼儿可以灵敏地穿梭其中。值得一提的是，幼儿可以在高于地面一米甚至两米的梯子上爬行，这显示出幼儿非凡的勇气。

4. 小车

各式各样的小车是支持幼儿体育游戏的必备材料，不仅可以用于运输搬不动的材料，也可以用于运输幼儿，能帮助幼儿发展上肢力量，增强耐力。

5. 其他自然材料

在安吉体育游戏中，教师还选择了一些当地特有的材料投放到户外，以刺激幼儿的感官，丰富幼儿的材料使用经验。竹子、木棍、绳子、PVC 管、砖头、锅碗瓢盆、废旧自行车或汽车等都成了幼儿喜欢的游戏材料。幼儿自主选择、有效结合材料，所有材料都为幼儿的自我探索和动作发展提供了帮助。

三、安吉体育游戏的组织

"我们的改革，不用远离幼儿的教材，而是可以自觉地利用幼儿原生态的生活经验，甚至部分保留幼儿原生态的生活，由此衍生出游戏课程。"安吉体育游戏的引领者程学琴这样说。在安吉体育游戏组织的过程中，关注自然环境的重要作用，调整教师的幼儿观和课程观，深挖分享环节的重要价值，这些构成了安吉体育游戏的组织框架。

（一）利用本地及本园的自然资源及材料

安吉的幼儿园能够充分利用当地的自然优势打造游戏材料，从幼儿视角出发，在开发游戏区域时充分尊重幼儿的意见，创设有生命力的游戏环境。

（二）相信幼儿是有能力的学习者

相信幼儿的前提是将游戏的权利彻底还给幼儿，让幼儿体验真游戏带来的快感。每一个幼儿都是独一无二的个体，是有能力的学习者，教师要善于发现幼儿的闪光点，支持他们自主学习，从而使幼儿获得自信与实现可持续发展。转变观念后的教师遵循"放开手、管住嘴、睁大眼、竖起耳"的原则，让幼儿自由选择玩什么、怎么玩、玩多久，玩什么不再是教师绞尽脑汁思考的事情，幼儿可根据幼儿园的环境不断尝试，遵循自己的意愿，将多个单一的材料进行组合，在完全自主的游戏中发展创造力和想象力。要注意的是，"放开手"不是让教师放任不管，而是在确保安全的基础上，观察幼儿游戏的全过程。

（三）教师的观察及精准识别

幼儿行为观察是当下幼儿园教师的重要工作内容，教师唯有观察幼儿才能更多地了解幼儿。在安吉体育游戏中，教师是观察者、支持者和保护者，其主要作用是创设环境、提供材料及保护幼儿安全。当幼儿专心投入游戏时，教师要做到不打扰地观察，认真记录幼儿游戏过程的细节和关键时间，仔细观察幼儿的游戏表现，解读幼儿的游戏行为，做到精准识别。教师在安吉体育游戏中"放开手"，不仅能够提升自身对幼儿的观察和解读能力，还能够提高幼儿独立探究和解决问题的能力，真正实现幼儿和教师的共同发展。

（四）注重分享环节

安吉的幼儿园注重每一次户外体育活动后的分享环节，他们始终认为分享环节是幼儿将实践转化为知识和经验的关键环节。每次户外活动结束后，教师会将在户外体育活动中所观察到的幼儿游戏的内容以照片或者视频的方式给幼儿看，并对幼儿的整个游戏过程给予一定的评价，唤醒他们的游戏记忆，然后鼓励幼儿选择适合自己的方式进行游戏过程的分享和反思。有的幼儿说，有的幼儿画，不管哪种方式，教师都会一一记录并进行分析。这样的分享过程是一个思考的过程，教师和幼儿一起反思，教师倾听并记录幼儿的表达，反思自己的游戏观察行为，进一步理解幼儿及幼儿的游戏过程。

第三节　幼儿体育游戏的选择和设计

幼儿体育游戏的内容和形式不是一成不变的，教师需要根据幼儿的发展需要，选择和设计符合幼儿年龄特点和能吸引幼儿的体育游戏，丰富幼儿的学习内容和锻炼手段，促进幼儿身心的健康发展。

一、幼儿体育游戏的选择

（一）根据活动任务和目的选择幼儿体育游戏

教师应针对不同的活动任务和目的选择不同的幼儿体育游戏。例如，要发展幼儿的躲闪、协调等能力，可以选择"捉尾巴""袋鼠跳"等游戏；要发展幼儿的奔跑能力，可以选择接力赛、"你追我赶"等游戏。

（二）根据活动内容选择幼儿体育游戏

教师应根据不同的活动内容选择不同的幼儿体育游戏。例如，对于拍球活动，可以采用拍球比多、花样拍球等游戏；对于投掷活动，可以采用打靶、投远等游戏。

（三）根据课程结构选择幼儿体育游戏

准备部分：可以选择一些运动负荷较小，能调动幼儿兴趣，同时能使幼儿充分热身的游戏。

基本部分：游戏的负荷可以稍大，游戏可以是练习基本动作的游戏，也可以是锻炼体能的游戏。

结束部分：选择以调整放松为主的游戏，要突出趣味性，形式以轻松、活泼为宜，如"小鸟飞""打气"等游戏。

（四）根据幼儿的年龄特点选择幼儿体育游戏

各年龄段的幼儿在体能和智能方面都有较大的差别，教师所选择的幼儿体育游戏要符合其特点。

（1）小班幼儿处于基本动作初学阶段，模仿能力强，想象力丰富，喜欢有故事性、主题性和情节性的游戏，但是身体协调性、力量、控制能力较差，因此适合进行一些动作简单、情节少、规则少，大家完成共同任务的游戏，如"小孩小孩真爱玩"。

（2）中班幼儿有明显的进步，动作比较协调，平衡能力提高，而且有信心完成一定难度的动作，比较喜欢有情节、有角色、有追踪性的游戏，如"熊和木头人"等结伴游戏、小组游戏、对抗性游戏。

（3）大班幼儿已经能较熟练地掌握各种动作的基本要领，而且动作协调有力，灵活自如，喜欢玩有胜负结果的游戏。这类游戏对幼儿智力和体力以及协同活动的要求较高，其中自由结伴游戏和小组游戏增加、角色的不稳定性增加，如"捉尾巴"。

（五）根据幼儿的动作发展水平选择幼儿体育游戏

教师在选择幼儿体育游戏时应考虑幼儿认知发展水平及动作发展水平，而且游戏的选择应由易到难，循序渐进。例如，考虑中班幼儿的平衡能力水平，可以选择"松树和柏树""迷迷转"等游戏；考虑大班幼儿掌握助跑跨跳动作情况，可以选择"小马过河""山沟里的狼"等游戏。

除了以上因素外，还需要考虑游戏时间、地点以及季节等因素。例如，冬天气温较低，就需要适当选择运动量大的游戏，如追拍、跳跃游戏；夏天气温较高，就需要适当选择运动量相对较小的游戏，如钻爬、翻滚、投掷游戏。

二、幼儿体育游戏的设计原则

随着幼儿园环境和客观条件的不断发展，幼儿体育游戏也要不断发展和更新。因此，教师应积极地因地制宜、因人而异地设计新颖的幼儿体育游戏，使之产生良好的效果。下面介绍教师设计幼儿体育游戏时应遵循的几大原则。

（一）科学性

设计幼儿体育游戏要考虑幼儿的年龄、性别特征，使幼儿体育游戏具有科学性。虽然不同年龄段的幼儿都具有强烈的好奇心、好动、好模仿、易情绪化等，但是基本动作的发展水平却有着较大的差别，教师在设计游戏时要充分考虑到这一点，根据对象的不同，确定相应的动作难度和运动量，毕竟只有适合的才是最好的。

（二）趣味性

设计幼儿体育游戏要考虑幼儿的兴趣，使幼儿体育游戏具有趣味性。趣味性是幼儿体育游戏能否实现教学目标的重要影响因素，教师要着重于动作和胜负标准的设计，使游戏的情节生动，内容丰富，形式多样，最大限度提高幼儿参与游戏的积极性。

（三）锻炼性

设计幼儿体育游戏应注重对幼儿基本动作的发展，使幼儿体育游戏具有锻炼性。幼儿体育游戏既是幼儿体育活动的内容，又是开展幼儿体育活动的方法和手段，是发展幼儿基本动作的主要形式，教师必须将基本动作融入具体的游戏情节中，并考虑游戏的负荷量。教师要通过游戏，关注幼儿的基本动作是否得到了发展，关注练习密度是否达到了教学的要求，关注幼儿的身体素质是否有了提高。

（四）安全性

设计幼儿体育游戏要考虑安全因素，使幼儿体育游戏具有安全性。安全是体育教学的基本前提，教师要了解游戏教学中可能存在哪些不安全因素，在设计游戏时要对游戏的各个环节如动作设计、活动准备、规则制定等进行认真推敲，避免意外事故的发生。

（五）教育性

设计幼儿体育游戏要有利于幼儿形成良好的品质，使幼儿体育游戏具有教育性。游戏是促进幼儿认知水平提高的重要手段，也是对幼儿进行品德教育的重要途径。教师在设计游戏时要将品德教育渗透在游戏的各个环节之中，加强幼儿的责任感和集体荣誉感，培养幼儿遵守纪律、勇于拼搏、团结友爱的优良品德。

三、幼儿体育游戏的结构

幼儿体育游戏的结构包含游戏任务、游戏动作、活动方式、游戏情节、活动条件。

（一）游戏任务

幼儿体育游戏的任务主要是发展幼儿的基本动作和智力，增强其体质，促进其身体的正常发育和机能的协调发展，培养其良好的品质和积极的个性。

（二）游戏动作

游戏动作主要包括以下5类。

（1）发展基本运动能力的动作，包括走步、跑步、跳跃、投掷等基本动作和发展身体素质的动作。

（2）简单的运动技术，如球类、体操、田径等运动项目的基本技术。

（3）幼儿体育游戏本身所特有的动作，如夹沙包、踢毽、跳皮筋等游戏中的动作。

（4）模拟动作和简单的舞蹈动作，如模仿螃蟹走、小鸟飞、小鱼游泳等的动作。

（5）生活中的动作，如背物、搬运物体、推车、拉车等动作。

（三）活动方式

活动方式主要包括组织活动和练习方法两个方面的内容。

1. 组织活动

组织活动需要确定游戏队形、分队（如圆形、正方形、两路纵队、两列横队等）和分配角色（通常采用指定法、推选法、斗智法、随机决定法、猜拳法、轮流法等）、开始活动和结束活动（通常采用发令法、回答法、儿歌法、猜拳法、乐曲法等）。

2. 练习方法

幼儿体育游戏中常用的练习方法有游戏法、模拟法、重复练习法、分解和完整练习法、竞赛法、小组法、条件练习法、综合练习法等，练习顺序上可采用同时练习、鱼贯练习或循环练习。

（四）游戏情节

幼儿体育游戏中的情节与角色游戏和表演游戏中的情节是有区别的，幼儿体育游戏的情节是根据游戏的动作和活动方式的特点而构思的，在游戏中主要起增加游戏趣味性的作用。同一个游戏可以采用多种情节，由某一动作或活动方式所构成的游戏也可以采用多种情节。例如，"小小特种兵""送鸡毛信""小蜜蜂采蜜""爬雪山""过草地""飞夺泸定桥"等。

（五）活动条件

活动条件是指幼儿体育游戏得以进行的物质条件，包括场地、运动器械等。场地是游戏进行的必要条件，它对锻炼效果、动作性质和活动方式都有直接的影响。运动器械在幼儿体育游戏中具有双重性质，它既是物质条件，又是动作对象。

四、幼儿体育游戏的设计方法

幼儿体育游戏的设计是一个复杂的过程，教师必须根据设计原则，考虑幼儿的年龄特点、场地、运动器械等因素，广泛收集素材，认真构思，周密设计，才能设计出幼儿喜欢的体育游戏。

（一）确定游戏名称

幼儿体育游戏的名称应该简洁明确，能反映出幼儿体育游戏的基本特征，同时要有教育性，符合幼儿的认知特点，字数一般以3～6字为宜。主要有以下几种命名方式。

（1）以幼儿游戏的主要动作命名。例如，"钻山洞""踢球进筐""快快爬过来""两人三足跑"等，使人一目了然。

（2）以游戏的基本形式命名。例如，"圆圈接力""抬花轿""赛龙舟"等。

（3）以情景故事命名。例如，"黑猫警长""丛林寻宝""森林探险"等，都具有一定的情节，采用这种命名方式能使幼儿理解游戏的内容，启发幼儿丰富的想象力，起到激发幼儿参与游戏的兴趣的作用。

（4）以小动物形象命名。例如，"小马运粮""小青蛙跳荷叶""小蜜蜂采蜜""小刺猬摘果子""小兔拔萝卜"等。

（二）明确游戏的任务和目的

幼儿体育游戏的目的要依据幼儿的基本活动能力、体能水平、社会适应性及基本动作等方面，有针对性、有重点地提出。一般常用到"发展""提高""促进""增强""培养"等词。在目的的表述上，尽量做到精练，一般用二三十字表述即可。例如，发展幼儿的素质、提高幼儿的奔跑能力、培养幼儿的合作意识。

（三）选择游戏的素材

幼儿体育游戏所采用的素材主要是发展身体基本活动能力的动作、简单的球类动作、日常生活与劳动生活中的动作、模仿性动作等。

（四）确定游戏的方法

游戏的方法包括游戏的准备、游戏的进行形式、游戏的队形及变化、游戏活动路线与活动范围、接替方法与动作要求等。其中游戏的准备包括以下几个方面。

（1）场地的准备，包含场地的规格、线的画法、安全距离等，一般在用文字说明的同时，最好配图。

（2）运动器械的准备，包含运动器械的规格、数量、摆放方法等。

（五）制定游戏玩法与规则

1. 游戏玩法

游戏玩法是幼儿体育游戏的主要内容，用于详细说明游戏的过程。游戏玩法包括分组后的队形及站位、各组第一人的预备方法、动作、运动器械的使用方法、行进路线、结束队形等。

为了简化文字的描述，可以用"如前所述""方向相反""以此类推"等表述。

2. 游戏规则

游戏的规则是游戏活动的准则，也是对游戏全过程的要求和限制，并对评定胜负的方法、场地和运动器械的使用，做出明确的规定，确保游戏的顺利进行。一般常用的词语有"不得……""必须……""只能……"，表述简单明确。

（六）提出指导建议

指导建议一般包括组织的重点、安全防范措施、游戏过程中应注意的问题，以及游戏进阶的变化情况。例如，可以从场地、运动器械、参加人数、游戏路线、活动方式、游戏规则等方面进行书写，使一个游戏演变成一个新的体育游戏。例如：变换使用的运动器械的种类，增减运动器械的数量，变换运动器械的位置，调整运动器械间的距离；增减小组的人数；变换游戏的活动形式（单人、双人或多人）；增加游戏的情节；变换游戏的主要动作。

第四节 幼儿园常见体育游戏案例

一、技巧类体育游戏

幼儿园技巧类体育游戏主要围绕翻滚、跳跃动作展开，教师需要把握翻滚、跳跃过程中的安全要点，引导幼儿积极参与游戏，发展前庭机能，提升幼儿的方位感知能力和平衡能力，同时可以考虑借助辅助材料进一步拓展游戏的功能。

游戏：卷被子

游戏目标：

练习侧身翻滚，提高动作的协调性以及自我保护能力。

游戏准备：

垫子若干、软皮球若干、平整的场地。

游戏玩法与规则：

【初级版】幼儿两人一组，其中一名幼儿平躺在垫子上。游戏开始后，站立的幼儿如卷被子一样，使平躺的幼儿侧身翻滚，达到终点后，两人互换角色。

【升级版1】幼儿分成人数相等的多组。游戏开始后，排头的幼儿以连续侧身翻滚的方式，滚到终点，然后跑回起点，第二名幼儿开始滚……依次进行，最先完成的一组获胜。

【升级版2】在升级版1的基础上，排头幼儿手持一个软皮球进行游戏。

【升级版3】幼儿两人一组，手拉手，头对头平躺在垫子上，一起以连续侧身滚翻的方式滚至一定距离的终点。

【升级版4】在升级版3的基础上，两人双手一起持球进行游戏。

视频
卷被子

拓展游戏
不倒翁

拓展游戏
灵巧的小猴

指导建议：

1. 根据幼儿的实际水平，灵活调整翻滚的距离。

2. 先引导幼儿进行不持球的游戏，待幼儿熟练后，再进行持球的游戏。

3. 注意安全，避免幼儿发生碰撞。

二、体能类游戏

体能是指人体各器官、系统的机能在体育活动中表现出来的能力，包括速度、力量、灵敏性、协调性、平衡性、耐力、柔韧性等方面的身体素质，以及人体的基本动作，如走步、跑步、跳跃、投掷、钻爬、攀登等。体能的发展是指人体各系统机能的不断增强和提高，包括提高和发展身体素质，增强人体基本活动能力等。

（一）速度类游戏

游戏：多拉快跑

游戏目标：

发展奔跑能力和合作意识。

游戏准备：

球多个；画两条相距10米左右的相互平行的线，一条为起点线，另一条为终点线；在终点线前并排画两个圆圈，将球放于圆圈内。

游戏玩法与规则：

【初级版】幼儿分成人数相等的两队，成纵队分别站在起点线后。各队第一名幼儿听到开始口令后，快速跑至圆圈处，拿一个球返回起点线后，第二名幼儿跑出，以此类推。看哪队最先完成。

【升级版1】在初级版的基础上，增加拿球数为每次2个或3个。

拓展游戏
小小捕鱼人

拓展游戏
揪尾巴

【升级版2】在初级版的基础上，两人为一组，手拉手跑出去拿球。

指导建议：

1. 可以根据幼儿的实际水平，调整起点线到终点线的距离。

2. 球的数量不能过多，可以设置为4个以下。

（二）力量类游戏

游戏：小猴学本领

游戏目标：

练习手脚着地爬，增强上肢和腰背部肌肉力量，锻炼上下肢的协调配合能力。

游戏准备：

平整场地，画两条间距10米的相互平行的直线，一条是起点线，另一条是终点线。

游戏玩法与规则：

【初级版】幼儿扮演小猴，站于起点线后。游戏开始后，幼儿迅速用手脚着地爬的动作向前爬行至终点线，要求上下肢协调配合，两手不能同时离开地面。看谁最先到终点。

【升级版1】改直线向前爬行为曲线向前爬行。

【升级版2】改直线向前爬行为绕障碍物向前爬行。

【升级版3】在初级版的基础上，改为手脚着地向前爬上斜坡或爬下斜坡。

【升级版4】改变为边转圈爬360度，边向终点爬行。

【升级版5】在初级版的基础上，幼儿携带一些小运动器械向前爬行，如软沙包、软皮球等。

指导建议：

1. 提醒幼儿两手不能同时离开地面，稍抬头。

2. 根据幼儿的实际水平，调整爬行的距离、爬行的坡度。

拓展游戏

倒挂金钩

拓展游戏

滚滚筒

（三）反应类游戏

游戏：看谁反应快

游戏目标：

集中注意力，提高反应能力。

游戏准备：

画两条相距6米的相互平行的直线，两条线中间放若干足球。

游戏玩法与规则：

【初级版】幼儿分成人数相等的两列，面对面分别站在两条线外，相对两人为一组，对准一个足球。游戏开始，听到教师发出口令后，各组相对两人立刻跑去争夺中间的足球，一组中夺得足球次数最多的人获胜。

【升级版1】在初级版的基础上，教师可以发出相应信号，如抬腿、拍掌、摸地等，幼儿根据信号做相应动作，然后教师发出开始口令，幼儿跑去争夺足球。

【升级版2】在初级版的基础上，幼儿背对背站立，需转身去争夺足球。

视频

看谁反应快

拓展游戏

听数抱团

拓展游戏

叫号接球

【升级版3】在升级版1的基础上，幼儿背对背站立，其他玩法一样。

指导建议：

1. 提醒幼儿不能抢跑。

2. 提醒幼儿没有听到开始口令不能转身。

3. 提醒幼儿必须按照相应信号做对应动作。

三、亲子体育游戏

　　亲子体育游戏可以丰富家庭生活，密切亲子关系，促进幼儿各方面的发展，既有益于成人，也有益于幼儿。倡导亲子体育游戏更有其特殊的意义，如可以缓解焦虑情绪，增进亲子情感，有助于激发幼儿参与运动的兴趣，培养幼儿运动习惯，促进幼儿体能的发展；有助于培养运动感知，促进幼儿认知能力的发展。亲子体育游戏不仅能使家长与幼儿建立信任、进行良好沟通，促进幼儿智力、良好情绪的发展，完善人格，同时也能奠定幼儿价值观、人生观的良好基础。亲子体育游戏还能很好地促进家长转变教育观念。

　　亲子体育游戏可以分为无材料亲子游戏、有材料亲子游戏。无材料亲子游戏，更多的是借助家长和幼儿的身体进行跳跃、攀登、钻爬、翻滚、悬垂、支撑等的游戏。有材料亲子游戏则主要围绕简单可获取的便携材料进行各种游戏。

游戏：抬小猪

游戏目标：

发展相互合作的能力。

游戏准备：

纸棒2根、球1个。

游戏玩法与规则：

　　【初级版】爸爸双手握2根纸棒的一端，幼儿双手握另一端，用纸棒把"小猪"（球）夹在中间，然后走到距离起点6米左右的位置。

视频
抬小猪

　　【升级版1】爸爸和幼儿一人持一根纸棒，两人合作把"小猪"夹在中间，运送到规定地点。

　　【升级版2】在初级版的基础上，改变运动方式为跑。

指导建议：

　　1. 运送过程中"小猪"不能落地，在哪里落地，就在哪里捡起来重新开始。

　　2. 可以几个家庭一起游戏，同一时间内运"小猪"数量多的家庭为胜利者。

拓展游戏
小陀螺转起来

拓展游戏
移动的篮筐

四、民间体育游戏

　　民间体育游戏经过几千年的发展，传承到今天，形成了自己特有的形式和风格，表现出了强大的生命力。其特点有：娱乐性、趣味性，生活性，民族性和地域性。科学、适宜的民间体育游戏，是增强幼儿体质最积极和有效的途径之一，也是增进幼儿健康的一种积极手段。但是，并不是所有的民间体育游戏都适合幼儿，如果不科学地对民间体育游戏加以修改，生搬硬套地拿来用，势必会对幼儿身心造成不利影响。因此教师须根据各年龄阶段幼儿的运动特点、季节、环境等因素，在满足幼儿健康教育要求的基础上，结合民间体育游戏的运动特点和民族特色等方面的内容，选择促进幼儿全面发展的民间体育游戏。

游戏：老狼老狼几点啦

游戏目标：

发展奔跑能力和快速反应能力。

游戏准备：

平坦场地，划定安全线。

游戏玩法与规则：

【初级版】教师扮演老狼，幼儿扮演小兔子。游戏开始，"老狼"在前面走，"小兔子"跟在后面一边走一边齐声问："老狼老狼几点啦？""老狼"回答："一点了。"然后"小兔子"又问："老狼老狼几点啦？""老狼"回答："两点了。"这样继续进行下去，"老狼"答"天黑了"或"12点了"时，就会转身追"小兔子"，"小兔子"迅速跑回安全线后，在跑回安全线前被拍到的"小兔子"为被抓到者。

【升级版1】可以改变游戏方式，由走变为双腿跳、单腿跳等。

【升级版2】可以在场地内随机摆放几个呼啦圈，作为安全屋。"小兔子"在场地内四散跑时，可以跑进安全屋，"老狼"不能去抓。

指导建议：

1. "小兔子"与"老狼"之间要保持一定的间距，避免"老狼"故意靠近"小兔子"。

2. "老狼"回答几点钟时不能回头看。

3. "小兔子"与"老狼"一问一答时必须一直往前走，不能停留。

4. "老狼"只有回答"天黑了"或"12点了"时，"小兔子"才能转身往回跑，"老狼"才能转身来追捕。

5. "老狼"不能追捕已过安全线或进入安全屋的"小兔子"。

游戏：木头人

游戏目标：

发展表现力和身体控制能力。

游戏准备：

平坦场地、篮球。

游戏玩法与规则：

【初级版】教师带领参加游戏的幼儿一起唱儿歌，并一边唱儿歌一边走路，当唱到儿歌的最后一句时，幼儿做出各种动作并保持不动。如果谁动了或笑了，就要停止游戏。（儿歌：山连山，水连水，我们都是木头人，一不许动，二不许笑，三不许露出小白牙，最后只能蹦一下。）

【升级版】教师带领幼儿一边拍着篮球走一边唱儿歌，当唱到最后一句时，幼儿持球摆出各种动作并保持不动。

指导建议：

每次游戏尽量让幼儿做不一样的动作，但是难度不能太大，避免受伤。

本章小结

幼儿体育游戏的选择、设计需要遵循科学的原则和规律，教师必须深入、全面了解幼儿的年龄特点、运动能力，研究幼儿体育游戏在不同年龄阶段的特点和规律，掌握幼儿体育游戏的设计原则和方法，设计出符合幼儿发展需求、令幼儿感兴趣的幼儿体育游戏，提高自身组织幼儿体育游戏的能力。

思考与实训

一、思考题

（一）简答题

1. 简述幼儿体育游戏的概念。

2. 简述幼儿体育游戏的特点。

3. 简述幼儿体育游戏的设计原则。

4. 简述幼儿体育游戏的结构。

（二）论述题

1. 阐述幼儿体育游戏的类型。

2. 阐述如何选择幼儿体育游戏。

3. 阐述幼儿体育游戏的组织方法。

二、案例分析

（一）某幼儿园教师组织小班幼儿利用椅子玩体育游戏。

游戏名称："玩椅子"

游戏目标：

1. 激发幼儿参加体育活动的兴趣，让幼儿体验运动的乐趣；

2. 提高幼儿身体的协调性和灵活性。

请你分析此游戏的目标是否适宜并说明理由。如果你是教师，该如何修改？

（二）从年龄适宜性、目标的制定，以及游戏玩法与规则的表述等方面分析下面的游戏。如有不妥之处，请你加以完善。

游戏名称：小老鼠抢蛋（小班）

游戏目标：

1. 锻炼幼儿钻的能力、反应能力和躲闪能力；

2. 培养幼儿的合作意识。

游戏准备：鸡妈妈头饰、石头、大量拱形门。

游戏玩法与规则：从游戏者中选一人当"鸡妈妈"，在"鸡妈妈"旁边围好拱形门当作鸡窝，"鸡妈妈"要保护自己下的"蛋"（以石头代替）。其余游戏者当"小老鼠"，"小老鼠"在"鸡窝"周围钻来钻去，伺机抢"蛋"。"小老鼠"伸手抢"蛋"时，"鸡妈妈"要迅速拍"小老鼠"的手臂，被拍到的"小老鼠"就不许再抢"蛋"。游戏可玩到"蛋"被抢完为止。

三、章节实训

按照游戏格式要求，分小组设计亲子体育游戏，展示并试讲。

05

第五章

幼儿体操

学习目标

1. 理解幼儿体操的内涵与价值。
2. 理解幼儿体操的内容与特点。
3. 掌握幼儿体操的组织方法。
4. 掌握幼儿体操创编原则，并灵活运用。

素质目标

1. 正确认识幼儿体操对幼儿发展的价值，体现"以美育人"的理念。
2. 将中华民族优秀传统文化融入幼儿体操中，增强幼儿对中华民族优秀传统文化的热爱。

案例导入

开学在即，中班的小张老师从网上搜寻到一套旗操。小张老师简单地修改了一下，便在开学第一天教幼儿跳起了这套旗操，但幼儿摇晃地踏步、凌乱地舞旗。小张老师一边擦着汗水一边皱起了眉头……

思考： 你认为小张老师的困惑之处在哪里？小张老师是否正确地理解了幼儿体操创编原则，掌握了创编流程？要回答这些问题，我们就要进入本章的学习。

第一节　幼儿体操概述

幼儿体操是幼儿园体育活动的重要内容之一，是一种锻炼幼儿身体、促进幼儿身心协调发展的运动形式，也是深受幼儿喜欢的体育活动之一。

一、幼儿体操的内涵与价值

（一）幼儿体操的内涵

幼儿体操是以幼儿为主要对象，通过头部、颈部、四肢、躯干等部位的协调配合，按照一定的程序，有目的、有节奏地进行举、摆、绕、踢、屈伸、跳跃等一系列单一或组合动作的身体练习。

（二）幼儿体操的价值

幼儿体操能促进幼儿身体的全面发展，培养匀称的体型和优美的姿态；能通过科学、合理的身体动作，增强幼儿对方位、动作节奏、速度的感受，发展幼儿的力量、柔韧性、协调性、平衡性等身体素质；能满足幼儿对美的需要，可以调动幼儿参加活动的积极性和主动性；能有效地培养幼儿的集体意识、协同意识和遵守秩序的优良品德。

1. 激发幼儿对运动的兴趣

幼儿天生好动、好学、好模仿，幼儿体操以各种身体动作的练习为基本内容，既可以徒手做，也可以利用器械做，形式多样，内容丰富，深得幼儿喜欢。模仿操，就是将日常生活中常见到的人们的各种活动、动物的各种姿态、自然界中的各种现象编成生动、形象的动作，让幼儿进行模仿练习，如小鸭走路、小鱼游水、小兔蹦跳、小鸟飞翔等，再加上儿歌的配合，幼儿喜欢学，学得快，学得活，自由发挥的空间大，参加活动的兴趣浓厚。

2. 提高幼儿的身体素质和健康水平，促进幼儿身心发展

幼儿体操对幼儿的平衡性、灵敏性、力量、速度、耐力和协调性等身体素质的发展有促进作用。同时，幼儿做体操有助于身体的发育及良好身体姿态的形成；能使身体各部位器官、系统的功能及各种身体素质、身体活动能力得到全面、均衡的发展，使体质不断增强，身体健康状况得到改善。

3. 培养幼儿的良好品质

幼儿体操有独特的练习内容、形式、方法和规则。为了达到活动的目的，除了有兴趣，幼儿还要主动、自觉、积极、勇敢、顽强地克服困难，遵守规则，相互合作，学会控制自己的行为和情绪。让幼儿集体做体操可以逐步培养他们的集体意识和团结友爱的合作精神。

二、幼儿体操的内容与特点

根据幼儿的特点，幼儿体操的内容包括队形和队列、幼儿操等方面。

（一）队形和队列

在幼儿体操中，队形和队列很重要，幼儿园集体活动的开展基本上都需要幼儿形成一定的队形和队列。队列练习是幼儿按照一定的队形，做协调一致的动作；队形练习是在队列练习的基础上实现各种队形的变化。

队列练习的主要内容有原地队列动作练习和行进间队列动作练习。原地队列动作包括：立正、稍息、看齐、报数、向前看齐、向前看、解散等。行进间队列动作包括：原地踏步走、立定、齐步走、跑步走、向左（右）转、向后转、左（右）转弯走、向前×步走等。

队形练习的主要内容有一个跟着一个走成圆形、一路纵队走成两路纵队、两路纵队走成四路纵队、一个圆圈走成两个圆圈（见图 5-1）、切断分队走、左右分队走（见图 5-2）、并队走、裂队走等。

图5-1　一个圆圈走成两个圆圈

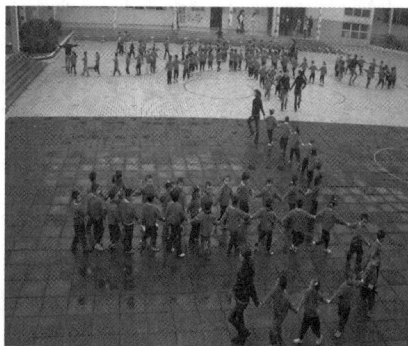

图5-2　左右分队走

（图片来源：北京市昌平区财贸幼儿园）

幼儿园中班常见的队形和队列如表 5-1 所示；幼儿园基本队形变换如表 5-2 所示。

表5-1　幼儿园中班常见的队形和队列

内容	口令	教法要求	图形示意
分队	"分队——走!"	幼儿听口令，依次报数；报单数的在转弯处向左走，报双数的在转弯处向右走，最后分成方向相反的两路纵队。为便于幼儿分队，教师可在场地转弯处用箭头标明方向	

续表

内容	口令	教法要求	图形示意
合队	"合队——走!"	教师在两路纵队迎面相遇时下口令。听到口令后，相遇的两路纵队在相遇点上左路纵队左转弯走，右路纵队右转弯走，两路纵队中的幼儿交替排列，形成一路纵队	
并队	"并队——走!"	教师在两路纵队相遇时下达口令。听到口令后，左路纵队从相遇点开始右转弯走，右路纵队从相遇点开始左转弯走，继续保持两路纵队前进	
裂队	"裂队——走!"	两路纵队先并列行进，听到口令后，左路纵队开始左转弯走，右路纵队开始右转弯走。两路纵队由并列行进变成绕场行进	
一路纵队变两路纵队并还原	"成二路纵队——走!"	幼儿先一、二报数。听到口令后，报双数的幼儿右脚向右前方跨一步，左脚靠拢右脚，并自行对正。最后，两路纵队一齐行进	
	"成一路纵队——走!"	两路纵队先取一臂距离。听到口令后，右路纵队的幼儿左脚向左后方退一步，右脚靠拢左脚，依次站于左路幼儿之后，对正后再听令行进	

拓展阅读

大班队形队列变化

表5-2　幼儿园基本队形变换

年龄段	队形	口令	教法要求	图形示意
小班	绕场行进	"齐步——走!""绕场行进走!"	幼儿保持好队形,沿操场边线或长方形行进	
	圆形行进	"齐步——走!""成圆形走!"	幼儿保持好队形,沿直线行进,听到口令后,开始沿圆形行进	
中班	绕场行进	"齐步——走!""绕场行进走!"	幼儿保持好队形,沿操场边线或长方形行进	
	圆形行进	"齐步——走!""成圆形走!"	幼儿保持好队形,沿直线行进,听到口令后,开始沿圆形行进	
	对角线行进	"齐步——走!""沿对角线——走!"	教师可在拐弯处放上明显的标志或画上标记。幼儿在A处时,教师发出口令:"齐步——走!"幼儿行到拐角处时,教师发出口令:"沿对角线——走!"幼儿转弯时,教师力求幼儿自然转弯	
	蛇形行进	"成蛇形——走!"	幼儿保持好队形向前行进,听到口令后,开始左转行进,走到边线时自动再向左后转弯行进,按此方法来回行进	
	8字形行进	"成8字形——走!"	幼儿保持好队形,沿半圆形行进。排头幼儿走到场地中部时,教师下达口令。幼儿听到口令后,按8字形行进。8字形行进必须充分利用场地,并走成两个大小相近的圆形	

（二）幼儿操

根据幼儿是否手持器械做操，幼儿操可以分为徒手操和轻器械操。徒手操可以分为一般徒手操、模仿操、韵律操、武术操、游戏操等。徒手操和武术操分别如图5-3、图5-4所示。

图5-3　徒手操

图5-4　武术操

（图片来源：北京市昌平区工业幼儿园）

1. 一般徒手操

一般徒手操简单易学，节奏明快，方位明确，以正前、上、侧等方向为主，两侧动作对称，侧重培养幼儿正确的身体姿态。

2. 模仿操

模仿操以动作夸张、生动有趣为特征，易激发幼儿兴趣，便于幼儿模仿。常见的模仿操如下。

动物模仿操：模仿企鹅、大象、兔子、猫、马等的动作。

运动模仿操：模仿游泳、跑步、滑冰、打球等动作。

劳动模仿操：模仿扫地、擦玻璃等动作。

军事模仿操：模仿敬礼、持枪、扛枪、投手榴弹等动作。

生活模仿操：模仿穿衣服、刷牙、洗脸、洗澡等动作。

🔍 试一试

根据下面的儿歌做动作，并连贯成套

东方红，太阳照，小朋友们来做操，
先学小鸟飞一飞，又学小兔跳一跳，
孔雀开屏真好看，大象鼻子摇又摇，
大猴小猴都来了，再学小马跑一跑，
锻炼身体真美好，真美好！

3. 韵律操

韵律操结合了一般徒手操动作和简单的舞蹈动作，潇洒大方，节奏明快，韵律感强，能表达活泼愉快的情绪。

4. 武术操

武术操主要是根据基本武术动作如推、冲、踢、蹬等编成的，动作有力，节奏明快，能表现幼儿勇武有神的精神面貌。教师可以结合《三字歌》《男儿当自强》《中国功夫》等音乐实施教学。

视频 徒手操

视频 幼儿武术操

5. 游戏操

游戏操是用游戏动作编成的体操，如踢毽操、皮筋操等。教师也可以把游戏与体操动作结合起来实施教学。

视频

幼儿小旗操

6. 轻器械操

轻器械体操具有内容丰富、动作多变、易于学习和掌握的特点。目前常见的轻器械操有：击响类（哑铃操、响筒操、竹板操、筷子操、腰鼓操等）、棍棒类（竹竿操、花棍操、霸王鞭操、纸筒操等）、圈环类（健身圈操、藤圈操、花环操和手环操等）、绳类（绳操、彩条操、皮筋操等）及其他类轻器械操（扇子操、玩具操、花束操、球操等）。

视频

幼儿圈操

（三）幼儿体操的特点

1. 小班幼儿体操的特点

小班幼儿具备一些动作经验，能够按讲解的要求做一些模仿性的动作，但是动作准确性、节奏性、协调性都很差，动作掌握起来比较慢。因此小班幼儿体操的主要特点是速度较慢、变化较少、节奏鲜明、活泼有趣、模仿性强、动作简单、节数较少、负荷量小。

2. 中班幼儿体操的特点

中班幼儿的大肌肉发育较为迅速，动作发展比较稳定；他们对动作的结果很感兴趣，动作的稳定性和灵活性逐渐增强，但动作的准确性还较差。因此，中班幼儿体操的主要特点是节数开始增多，以徒手操为主，简单易学，动作部位、方位明确，节奏明快，动作以正前、上、侧等方向的动作为主，且两侧对称，侧重培养幼儿正确的身体姿态，但路线变化少。

3. 大班幼儿体操的特点

大班幼儿的小肌肉快速发展，双手灵巧，他们已能自如地控制手腕，其操作物体的能力、控制身体的能力大大增强，对做体操的主动性、积极性和对语言的理解能力明显提高。因此，大班幼儿体操的节数有6~8节，动作开始复杂化，动作变化多样，加入了举、摆、快速屈伸、振、较简单的绕环和较精细的手腕动作，负荷逐渐增大，以轻器械操为主。

三、幼儿体操的组织方法

（1）幼儿体操的队列练习、队形变换要简单，主要是为幼儿做体操服务，不要过分强调队列练习和队形变换的复杂性。

（2）教师要以积极愉快的情绪和饱满的精神状态影响幼儿，并使幼儿在愉快的参与中得到身体的锻炼。

（3）教师的口令要清晰，声音要洪亮，示范动作要有力、准确、优美。

（4）幼儿站位要求背风、背阳光、背向干扰物；在幼儿做体操时，教师应进行适当的指导，对不同年龄段幼儿的要求应有所不同；教师应尽可能要求幼儿动作到位，要特别重视对幼儿站姿和走姿的指导。

（5）根据不同季节的特点，教师应在幼儿的一日生活中有选择性地创设不同的体操形式。如夏季可以创设早操、课间操，冬季可以创设课间操、下午操，多种体操形式要匹配。

（6）幼儿体操活动的运动量不宜过大，运动量较大的跳跃动作应放在体操的后半部分，动作由简单到复杂，运动量由小到大，动作幅度由小到大。

（7）在同一学期内保持风格统一的同时，教师可以根据季节、每个班级幼儿体能发展情况创设不同的体操，并根据幼儿身体素质和体操种类进行阶段性调整。

① 根据班级幼儿身体素质调整体操动作。
② 针对体操种类与主题进行学期阶段性调整。

第二节　幼儿体操创编

幼儿体操创编能力是幼儿园教师应具备的基本能力之一，需要在教学中有计划地培养。了解幼儿动作发展的基础后，教师还要了解幼儿体操创编的原则和流程，这样才能有效地创编出适合幼儿的幼儿体操。

一、幼儿体操创编的原则

（一）注意动作编排的科学性

教师在创编幼儿体操时，必须遵循人体运动生理规律，即运动量由小到大，动作由慢到快、由易到难、由简单到复杂、由小幅度到大幅度；必须掌握动作变化的规律，有目的地改变肌肉工作强度，有意识地改变动作难易程度，合理地安排运动量。为了更好地选择和创编幼儿体操的动作，合理安排运动量，教师在创编幼儿体操时还必须考虑影响操节动作效果的要素：身体姿势、动作方向、动作幅度、动作路线、动作频率、动作速度和动作节奏。这 7 个要素是密切相关的，共存于动作之中。因而在创编幼儿体操时，教师应很好地考虑和运用这 7 个要素。

（二）促进幼儿全面发展

幼儿体操应促进幼儿身心的全面发展：既要促进幼儿身体的健康，又要促进幼儿心理的健康；既要增强幼儿的体质，又要促进幼儿在认知、情感、态度、社会性和个性方面的良好发展。幼儿体操应包括涉及头部、颈部、上肢、下肢、躯干的动作，应尽量使幼儿身体的各个部位、各个系统得到全面协调的发展，避免身体锻炼的片面性和不均衡性。

（三）具有操节的特点，体现各类操不同的特点

幼儿体操应由体操的基本动作组成，如上臂前平举、侧平举、上举，上体左右转，腿屈膝半蹲等。操节动作应有规律地交替进行。动作路线以直线为主，同时动作要有力度。动作节拍要有规律，每节四四拍，或者二八拍、四八拍。

二、幼儿体操创编的流程

（一）创编体操的准备工作

1. 明确创编的任务和要求

创编一套幼儿体操，首先要根据目的、任务来选择内容。例如，准备活动部分的动作应该简单，充分活动身体各关节和肌肉。幼儿园举行运动会或幼儿体操表演活动时，应多选编活泼轻快、富有表演性的动作，动作和队形要多变。全园幼儿统一做的体操，队形变换要少，动作要简单。

2. 深入了解幼儿的状况

创编幼儿体操时，教师必须针对幼儿的年龄、性别、兴趣、健康状况、身体素质及做操能力等实际情况来选择内容，做到因人而异。小班幼儿体操以动物模仿操、游戏模仿操为主，徒手操为辅；中班幼儿体操以一般徒手操为主，模仿操、轻器械操为辅；大班幼儿体操以轻器械操为主，模仿操、一般徒手操为辅。

（二）幼儿体操的创编流程

幼儿体操的创编流程如图 5-5 所示。

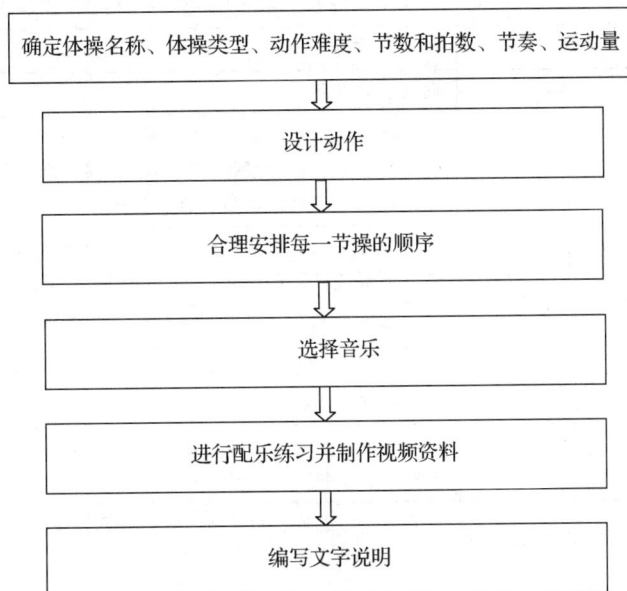

```
┌─────────────────────────────────────────────────┐
│ 确定体操名称、体操类型、动作难度、节数和拍数、节奏、运动量 │
└─────────────────────────────────────────────────┘
                        ↓
┌─────────────────────────────────────────────────┐
│                   设计动作                         │
└─────────────────────────────────────────────────┘
                        ↓
┌─────────────────────────────────────────────────┐
│              合理安排每一节操的顺序                  │
└─────────────────────────────────────────────────┘
                        ↓
┌─────────────────────────────────────────────────┐
│                   选择音乐                         │
└─────────────────────────────────────────────────┘
                        ↓
┌─────────────────────────────────────────────────┐
│            进行配乐练习并制作视频资料               │
└─────────────────────────────────────────────────┘
                        ↓
┌─────────────────────────────────────────────────┐
│                  编写文字说明                      │
└─────────────────────────────────────────────────┘
```

图 5-5　幼儿体操的创编流程

1. 确定体操名称、体操类型、动作难度、节数和拍数、节奏、运动量

教师可根据表 5-3 的信息确定体操名称、体操类型、动作难度、节数和拍数、节奏、运动量。

表 5-3　幼儿体操的内容

年龄班	体操类型	动作难度	节数	拍数	节奏	运动量
小班	模仿操（主要类型）、简单的一般徒手操	动作较简单、动作对称、变化少	每套 4~5 节	$4×4$ 拍或 $2×8$ 拍	较慢、变化少	一般
中班	徒手操（主要类型）、简单的轻器械操	动作有一定的难度和变化	每套 5~7 节	$2×8$ 拍	有快有慢，有一定变化	较大
大班	轻器械操、徒手操	动作难度大、变化多	每套 6~9 节	$2×8$ 拍或 $4×8$ 拍	有快有慢，变化多	大

操节的名称要反映出操节的特征，表明以哪些部位为主，需要哪些部位配合；同时要表明哪些肌肉群参加活动及肌肉工作的性质，以反映该节操的实质。例如，以腹、背部肌肉的交替屈伸为主的动作可称为"腹背运动"。模仿操操节的名称可以采用模仿的动作或比拟的各种动作的名称，如游泳动作、滑冰动作、踢毽动作、跳绳动作等。

体操的节数应根据幼儿的特点来确定，幼儿年龄越小，对应节数越少。小班幼儿体操以 4 节左右为宜，中、大班幼儿体操可以有 6~8 节。

2. 设计动作

教师可根据选编体操的目的、任务及编操的一般规律，从动作的方向、幅度、路线、频率、速度、节奏等方面来设计每一节操的动作（见表 5-4）。

表5-4 幼儿体操动作设计

运动部位	动作类别	动作形式
头颈部	屈	前屈（低头）、后屈（抬头）、侧屈（左、右屈）
	转	向左、右转头
	绕环	向左、右绕环
上肢	臂的举、摆、屈伸	臂前举、摆、振、屈伸，臂后举、摆、振（结合其他动作）、屈伸，臂上举、摆、振、屈伸，臂侧举、摆、振、屈伸，臂斜上举、摆、振、屈伸，双臂同侧举、摆、振等
	臂绕环	向前绕环、向后绕环、向内绕环、向外绕环、同侧绕环、8字形绕环、前臂绕环、小绕环、轮流绕环等
	臂侧开	前举侧开扩胸、前平屈侧开扩胸、前举交叉侧开扩胸等
下肢	腿的举、摆	腿前举、摆，腿后举、摆，腿侧举、摆，腿向异侧举、摆，屈膝举、摆，踢腿（高摆腿）
	腿屈伸	提踵、半蹲起立、深蹲起立、单腿蹲起、前压腿、后压腿、侧压腿、半劈腿、劈腿（纵、横）
	腿移动	前点地、后点地、侧点地、前后开立、左右开立、前弓步、侧弓步、后弓步、斜弓步
	单脚跳	交换跳、点地跳、转身跳、移动跳、踢腿跳
	双脚跳	前后开合跳、左右开合跳、前后交换跳、左右交叉跳、转身跳、移动跳、向上跳、蹲跳
躯干	体屈伸	体前屈、体后屈、体左侧屈、体右侧屈、俯卧体前屈等
	体转	身体向左转、向右转
	体绕环	身体向左绕环、向右绕环
	体倾倒	身体向前倒、向后倒、向侧倒，俯撑、仰撑、侧撑、直角平衡、俯身平衡（燕式平衡）、侧身平衡等
身体各部位	组合动作	身体各部位动作的结合；各类动作的结合；不同方向的动作的结合；动作节拍、速度、次数的变化，以及人数、队形的变化等

身体各部位动作要相互配合。人体的运动是由诸多肌肉群参加的。例如，头部的运动主要是由头部、颈部肌肉参加的。做伸展运动时，配合抬头可以提高背部肌肉的紧张度，使胸部肌肉得到伸展。上肢动作通常与下肢、躯干动作配合，以加大动作幅度，增强动作协调性和运动效果。做跳跃运动时，往往要配合进行双臂上摆拍掌等，以增加腾空高度。下肢承担支持人体各项运动的任务，教师应注意双腿与其他部位的配合。做体转和体绕环动作时，双腿应左右开立。

注意节拍的连续性。例如，在四四拍动作中，第一拍动作要为第二拍动作准备好有利的身体姿势，第二、三拍动作往往要确切地反映出该节操的运动特征（是屈还是转），第四拍动作往往要使身体还原成开始姿势。

3. 合理安排每一节操的顺序

教师应根据运动量由小到大、动作由易到难的顺序创编幼儿体操。一般是从踏步或上、下肢动作开始，如原地踏步或伸展运动、上肢运动、四肢运动，接着是做踢腿运动、躯干运动（先侧后转）、全身运动或腹背运动、跳跃运动、放松整理运动或原地踏步。一般徒手操的各节安排如表5-5所示。

表5-5 一般徒手操的各节安排

位置	运动部位	操节名称	需注意的问题
操的前部	头颈部、上肢、下肢	头颈部运动、上肢伸展、下蹲运动、踢腿运动	动作要求伸展、柔和，踢腿动作轻快有力，上下肢协调配合
操的中部	躯干	扩胸运动、体侧运动、体转运动、腹背运动、体绕环运动	这是整套操的重点，动作幅度要大，中等速度
操的中后部	身体各部位	全身运动、跳跃运动	整套操的高潮部分。要使全身主要部位都参加活动，运动量要大，动作要有起伏，要有一定难度
操的最后	上肢、下肢	整理运动、放松运动	一般为两个八拍。口令舒缓，要使全身逐渐恢复到平静状态

4. 选择音乐

教师可根据音乐的长短对操节进行补充或者删减，或者对音乐进行截取。

5. 进行配乐练习并制作视频资料

教师要进行配乐练习并运用现代媒体手段制作视频资料，以防后期遗忘。

6. 编写文字说明

教师要编写文字说明，可以配些简图或者照片。文字说明的内容如下。

（1）全套操的名称：如"拍手操""模仿操""哑铃操""花操""红旗操""棍棒操"等。

（2）节数：如"第一节""第二节""第三节"等。

（3）操节名称：操节的名称，一般要体现出该节操对身体的作用，如"伸展运动"，或体现出参与活动的部位，如"上肢运动"，等等。

（4）预备姿势：如"直立""立正"。

（5）做操的拍数：如每节做两个八拍（2×8拍）。

（6）开始姿势：如立正、直立、双脚开立等。

（7）运动部位：如上肢、下肢、躯干等。

（8）运动方向：如向前、向后、向左、向右、向内、向外等。

（9）动作类别：如举、踢、绕环、屈等。

（10）结束姿势：如还原成立正姿势。

三、幼儿体操创编能力培养

（一）影响操节动作效果的要素

影响操节动作效果的要素主要有：身体姿势、动作方向、动作幅度、动作路线、动作频率、动作速度和动作节奏。

1. 身体姿势

身体姿势是指动作的外部表现。它包括开始姿势、动作过程中的姿势和结束姿势。姿势的正确性可直接影响动作的难易程度和锻炼效果。例如，做体前屈动作时，双臂侧举、叉腰或上举等不同姿势，会给背部肌肉造成不同的负担。

2. 动作方向

动作方向是指动作经过一定的路线后所指向的空间位置。动作方向是根据练习者的身体与所做动作的相互关系来确定的，可分为前、后、左、右、上、下6个基本方向。此外，教师还经常用向内、向外或斜方向（指介于两个基本方向的中间方向）来说明动作的方向。动作方向不同，动作对身体各部位的影响也就不同。

3. 动作幅度

动作幅度是指做动作时，身体或身体某部位移动距离的大小。动作幅度的大小直接影响运动量的大小，例如，相比双臂胸前平屈后振双臂侧举后振的动作幅度更大，运动量也就更大。

4. 动作路线

动作路线是指做动作时，身体或身体某部位运动的轨迹。动作路线一般分为直线和曲线。对于直线运动，教师需要指明动作的起止点；对于曲线运动，教师则应该对运动过程加以说明，如双臂经体前至侧平举。

5. 动作频率

动作频率是指在单位时间内重复做动作的次数。例如，在双臂绕环中，两拍绕两次的动作频率比两拍绕一次的动作频率快一倍。在单位时间内，动作频率不同，肌肉的负荷量就不同。

6. 动作速度

动作速度是指在单位时间内身体或身体某部位移动的距离。例如，在一秒内完成双臂前上举的动作速度要比双臂前举移动的动作速度快，肌肉的负荷量也更大。

7. 动作节奏

动作节奏是指做动作时因肌肉交替用力和放松而形成的节律。

（二）构成幼儿体操创编能力的因素

较强的协调性、动作节奏感和足够多的幼儿体操动作素材，是进行幼儿体操创编的基础和前提条件；扎实的幼儿体操理论知识是幼儿体操创编能力形成的基础，是进行幼儿体操创编的依据；创编实践是幼儿体操创编能力形成的关键；对动作的再加工能力是幼儿体操创编能力的核心；选择和运用音乐的能力是幼儿体操创编能力的重要辅助。

（三）幼儿体操创编的注意事项

（1）创编幼儿体操应尊重幼儿的兴趣和愿望，不要强加过多的个人喜好在里面，既要发挥动作的健身、审美功能，又要发挥音乐、运动器械、儿歌的审美、激励和德育功能。

（2）幼儿体操动作要丰富多样，要讲究动静结合，速度要合适且具有可控性。

（3）创编出一套幼儿体操后，教师首先要进行体验，在实践中寻找创编成果存在的问题，进而对成套幼儿体操的运动量、结构的合理性及音乐与动作的统一性等进行完善。

第三节　幼儿体操案例

一、幼儿动物模仿操

幼儿动物模仿操是指幼儿在唱儿歌的同时，对比较熟悉和喜欢的小动物的动作进行模仿。练习这种操，可以培养幼儿的想象力、模仿力，发展幼儿的肢体活动能力，增进幼儿之间的了解和友谊。幼儿动物模仿操的动作如图5-6～图5-11所示。

第一组动作：小鸟，小鸟，飞呀飞（2×8拍）

预备姿势：直立。

第1—2拍　　　　第3—4拍　　　　第5—6拍　　　　第7—8拍

图5-6　幼儿动物模仿操第一组动作

【第1—2拍】原地踏步，左转45°，同时双臂侧上举，并说："小鸟，小鸟。"

【第3—4拍】原地踏步，右转45°，同时双臂摆至体侧，并说："飞啊飞。"

【第5—6拍】第1—2拍，但向右转体45°，并说："小鸟，小鸟。"

【第7—8拍】还原成直立姿势，同时说："飞啊飞。"

重复做一遍。

第二组动作：小鸭，小鸭，嘎嘎嘎（2×8拍）

预备姿势：直立。

第1、3拍　　　第2、4拍　　　第5、7拍　　　第6拍　　　第8拍

图5-7　幼儿动物模仿操第二组动作

【第1—4拍】双腿屈膝弹动4次，同时双臂胸前立屈（手腕相叠），合分共4次，并说："小鸭，小鸭。"

【第5拍】左脚侧出一步，双臂侧下举（手指上翘），同时双肩上提、提踵，并说："嘎。"

【第6拍】双肩下沉，并说："嘎。"

【第7拍】同第5拍，并说："嘎。"

【第8拍】还原成直立姿势。

重复做一遍。

第三组动作：小羊，小羊，咩咩咩（2×8拍）

预备姿势：直立。

第1—2拍　　　　第3—4拍　　　　第5—6拍　　　　第7—8拍

图5-8　幼儿动物模仿操第三组动作

【第 1—2 拍】左脚踏起，同时双手叉腰，并说："小羊。"

【第 3—4 拍】左脚落下，右脚踏起，并说："小羊。"

【第 5—6 拍】右脚落下，双腿稍屈膝，同时头左转，并说："咩。"

【第 7—8 拍】头右转，并说："咩，咩。"

重复做一遍。

第四组动作：小鸡，小鸡，叽叽叽（2×8 拍）

预备姿势：直立。

第 1—2 拍　　第 3—4 拍　　第 5、7 拍　　第 6 拍　　第 8 拍

图 5-9　幼儿动物模仿操第四组动作

【第 1—2 拍】左脚侧出一步，同时双手于胸前击掌，并说："小鸡。"

【第 3—4 拍】双手指交错，食指对叠竖起，并说："小鸡。"

【第 5—7 拍】上身按照左转45°—左转45°—右转45°的顺序移动，并说："叽叽叽。"

【第 8 拍】还原成直立姿势。

重复做一遍。

第五组动作：青蛙，青蛙，呱呱呱（2×8 拍）

预备姿势：直立。

第 1—2 拍　　第 3—4 拍　　第 5、7 拍　　第 6、8 拍

图 5-10　幼儿动物模仿操第五组动作

【第 1—2 拍】双腿稍屈，原地跳一次，同时双臂打开至肩侧屈（五指分开），头左转，并说："青蛙"。

【第 3—4 拍】原地跳一次，同时头右转，并说："青蛙。"

【第 5 拍】双腿直立跳一次，同时双手于胸前击掌，并说："呱。"

【第 6 拍】再跳一次，同时双臂打开至肩侧屈（五指分开），并说："呱。"

【第 7 拍】同第 5 拍，并说："呱。"

【第 8 拍】同第 6 拍，并说："呱。"

重复做一次。

第六组动作：蜜蜂，蜜蜂，嗡嗡嗡（2×8 拍）

预备姿势：直立。

第1—4拍　　　　　第5—7拍　　　　　第8拍

图5-11　幼儿动物模仿操第六组动作

【第1—4拍】双臂经体侧摆至头上，并说："蜜蜂，蜜蜂，嗡嗡嗡。"

【第5—7拍】双臂缓缓经体侧摆至水平，并说："蜜蜂，蜜蜂，嗡嗡嗡。"

【第8拍】还原成直立姿势。

重复做一次。

【活动提示】

1. 教师可根据活动需要和幼儿的实际情况对幼儿动物模仿操的6组动作进行选用，并加以完善，如对儿歌进行补充等，但补充的句子不能过长或过难。

2. 活动前，教师要让幼儿了解相关动物的特征。

3. 活动中，教师要以优美的动作示范和形象的语言进行提示，并同幼儿一起活动，以激发幼儿参与的积极性。

4. 活动后，教师要及时对幼儿进行鼓励与表扬，为下次的活动做好准备。

二、幼儿拍手操

幼儿拍手操的动作如图5-12～图5-19所示。

第一节　伸展运动：2×8拍

预备姿势：直立。

第1、3拍　　　　第2、4拍　　　　第5、7拍　　　　第6拍　　　　第8拍

图5-12　幼儿拍手操第一节

【第1拍】双手于左肩前上方击掌一次。

【第2拍】双手在右肩前上方击掌一次。

【第3拍】同第1拍。

【第4拍】同第2拍。

【第5拍】双臂前平举（五指伸开，掌心向下）。

【第6拍】双手握拳。

【第 7 拍】五指伸开。

【第 8 拍】还原成直立姿势。

重复做一次，但方向相反。

第二节　头部运动：2×8 拍

预备姿势：直立。

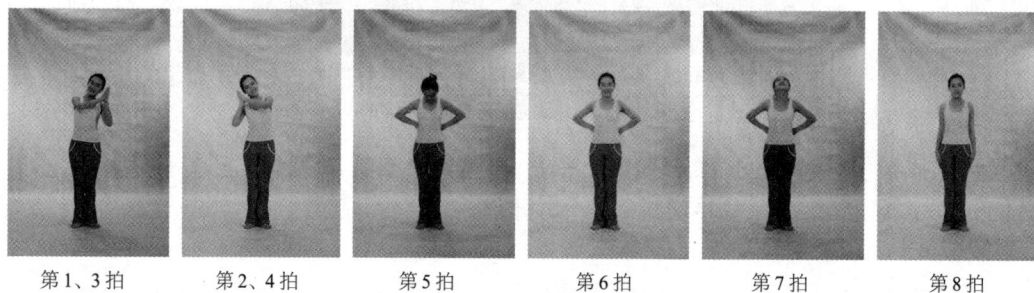

| 第1、3拍 | 第2、4拍 | 第5拍 | 第6拍 | 第7拍 | 第8拍 |

图 5-13　幼儿拍手操第二节

【第 1—4 拍】双手于肩前上方左右击掌共 4 次，同时头跟随手掌屈向左、右侧。

【第 5 拍】双手背于体后，同时低头。

【第 6 拍】头回正。

【第 7 拍】头后仰。

【第 8 拍】还原成直立姿势。

重复做一次，但方向相反。

第三节　胸部运动：2×8 拍

预备姿势：直立。

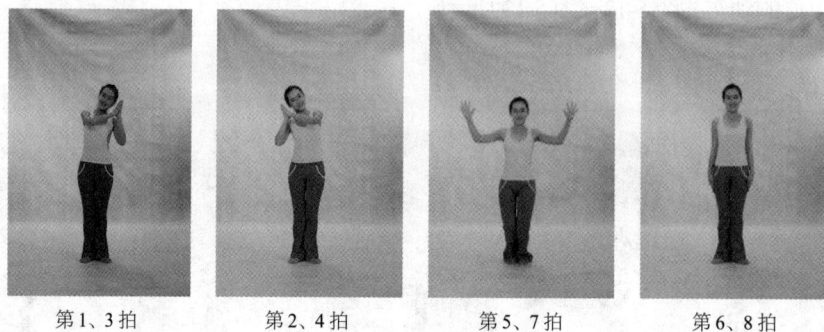

| 第1、3拍 | 第2、4拍 | 第5、7拍 | 第6、8拍 |

图 5-14　幼儿拍手操第三节

【第 1—4 拍】同第二节第 1—4 拍。

【第 5 拍】双腿稍屈膝下蹲，同时双臂侧屈（五指分开，掌心向前），扩胸一次。

【第 6 拍】还原成直立姿势。

【第 7 拍】同第 5 拍。

【第 8 拍】同第 6 拍。

重复做一次，但方向相反。

第四节　体侧运动：2×8 拍

预备姿势：直立。

第1、3拍　　第2拍　　第4、6拍　　第5、7拍　　第8拍

图5-15　幼儿拍手操第四节

【第1—3拍】双手于左、右肩前上方击掌共3次，同时头跟随手掌屈向左、右侧。

【第4拍】左脚侧出一步，同时双手置于头后。

【第5拍】上身向左侧屈。

【第6拍】同第4拍。

【第7拍】同第5拍。

【第8拍】还原成直立姿势。

重复做一次，但方向相反。

第五节　体转运动：2×8拍

预备姿势：直立。

第1、3拍　　第2、4、6拍　　第5、7拍　　第8拍

图5-16　幼儿拍手操第五节

【第1拍】双手于胸前击掌一次。

【第2拍】左脚侧出一步，同时双臂侧屈（指尖触肩）。

【第3拍】同第1拍。

【第4拍】同第2拍。

【第5拍】上身左转90°。

【第6拍】同第2拍。

【第7拍】同第5拍。

【第8拍】还原成直立姿势。

重复做一次，但方向相反。

第六节　全身运动：2×8拍

预备姿势：直立。

第1—2拍　　第3—4拍　　第5—6拍　　第7—8拍

图5-17　幼儿拍手操第六节

【第1—2拍】双手于胸前击掌两次。

【第3—4拍】全蹲，同时双手抱膝，含胸低头。

【第5—6拍】身体直立，同时双臂经体侧上举（掌心相对）。

【第7—8拍】双臂还原成直立姿势。

重复做一次。

第七节　跳跃运动：2×8拍

预备姿势：直立。

第1、3拍　　　第2、4拍　　　第5—8拍

图5-18　幼儿拍手操第七节

【第1—4拍】双脚原地交替踏4次，同时双手于胸前击掌4次。

【第5—8拍】并腿压脚跟4次，同时双手叉腰。

重复做一次。

第八节　整理运动：2×8拍

预备姿势：直立。

第1、3拍　　　　第2拍　　　　第5—6拍　　　第4、7—8拍

图5-19　幼儿拍手操第八节

【第1—3拍】双脚原地交替踏3次，左脚先踏，同时双手于胸前击掌3次。

【第4拍】还原成直立姿势。

【第5—6拍】提踵，同时双臂经腹前交叉向内绕至侧上举（掌心相对，吸气）。

【第7—8拍】还原成直立姿势（呼气）。

重复做一次。

本章小结

　　本章阐述了关于幼儿体操的基本理论和知识。了解幼儿体操的内涵及价值，掌握幼儿体操创编原则及流程，有利于教师科学合理地创编幼儿体操，进而掌握幼儿体操的组织方法，从而有效地指导幼儿做体操。

思考与实训

一、思考题

（一）名称解释

1. 幼儿体操

2. 动作速度

3. 动作幅度

4. 动作方向

5. 动作频率

6. 动作节奏

（二）简答题

1. 简述幼儿体操的价值。

2. 简述幼儿体操的内容与特点。

3. 简述幼儿体操创编原则。

4. 简述影响操节动作效果的因素。

5. 简述模仿操的特点。

6. 简述轻器械操的特点。

7. 简述武术操的特点。

8. 简述幼儿园常见的队形和队列。

（三）论述题

1. 阐述幼儿体操创编流程。

2. 构成幼儿体操创编能力的因素有哪些？请具体分析。

二、案例分析

　　某幼儿园计划举办"六一"活动，要求各班进行幼儿体操表演。中班的小明老师为了让自己带的班级在"六一"活动中大放光彩，提前一个月就开始准备。他先选择了一首时下流行的音乐，后节选了其相应视频中的不少炫酷动作，如骑马、扭胯等动作。此外，他还加入了很多队形变换和造型动作，如下腰、劈叉等。设计好动作后，小明老师便利用大量时间让本班的幼儿进行练习，并要求幼儿在练习时做到动作整齐划一、表情到位。

　　请分小组分析小明老师的做法是否合适。结合本章节所学内容具体说明原因。

三、章节实训

1. 按照幼儿体操设计要求，分小组设计一套适合小班幼儿的模仿操，并进行展示。

2. 按照幼儿体操设计要求，分小组设计一套适合大班幼儿的轻器械操，并进行展示。

06

第六章
幼儿体育活动的组织形式

学习目标

1. 了解幼儿体育活动各组织形式的意义、特点与内容。
2. 理解幼儿体育活动各组织形式的常见问题。
3. 掌握幼儿体育活动各组织形式的组织方法。

素质目标

1. 树立"健康第一"的教育理念，通过开展多种形式的体育活动，提升幼儿健康水平。
2. 掌握专业知识和能力，不断地学习、实践、反思，不断提高自身专业素质，从而为学前教育质量的提升和幼儿的健康发展贡献自己的力量。

案例导入

某幼儿园针对中班开展体质测试，带班教师根据测试结果发现班级中大部分幼儿的上肢肌肉力量较弱。为了进一步加强幼儿的上肢肌肉力量，该教师仅在户外体育活动中设计了网球投掷活动，并让幼儿不断地重复练习。

思考：该教师采用了哪类幼儿体育活动组织形式？幼儿体育活动还有哪些组织形式？该教师的设计是否科学合理？组织方法是否合适？该教师设计的内容能否有效增强幼儿的上肢肌肉力量？要回答这些问题，我们就要进入本章的学习。

幼儿体育活动的组织形式多种多样，包括晨间锻炼、户外体育活动、幼儿体育教学活动、区域体育活动、室内体育活动、远足活动、幼儿园特色体育活动等。各种组织形式都具有其自身的意义和特点，幼儿教师应结合幼儿园的实际选用多种组织形式并进行科学合理的设计，以实现幼儿体育活动的目标，促进幼儿身心和谐、健康发展。

在本章的学习过程中，我们需要更多地关注各组织形式与幼儿园日常生活的融合，在理解各组织形式的特点与内容的基础上，结合幼儿园的实际，有效地进行各类体育活动的组织与实施。

第一节　晨间锻炼

晨间锻炼是指一种在早晨开展的以简单的体能锻炼为基本特征的幼儿体育活动的组织形式。它是在幼儿园一日生活开始时开展的，因此我们不能简单地认为晨间锻炼是做一些幼儿体操，而应认为它是在早晨进行身体锻炼的活动的总称。

一、晨间锻炼概述

（一）晨间锻炼的意义

晨间锻炼是幼儿在幼儿园一日生活的重要环节，是锻炼身体的手段之一，在增强幼儿体质和养成良好习惯方面都具有重要的作用。

1. 有助于幼儿形成良好的身体形态，增强身体素质

晨间锻炼能发展幼儿的基本动作，促进幼儿良好身体形态的形成和身体的正常生长发育，增强幼儿各系统的功能，使其动作发展得更协调、灵敏，从而增强幼儿的身体素质。晨间锻炼一般是在早晨进行的，早晨气温较低，空气相对凉爽和清新。坚持在这段时间锻炼，能使幼儿适应不同的气温，增强幼儿对自然环境的适应力，提高幼儿抵抗疾病的能力。

2. 有助于幼儿在精神饱满、体力充沛的状态下开始一日生活

在晨间锻炼中，幼儿伴随着轻快而熟悉的音乐，轻松、愉快地做着各种身体动作，能使神经系统彻底消除因睡眠产生的抑制状态，激发身体主要系统的机能和工作能力，提高整个身体的活动能力，有助于幼儿在精神饱满、体力充沛的状态中开始一日生活。

3. 有助于培养幼儿的优秀品质和良好的个性，养成锻炼身体的良好习惯

晨间锻炼能培养幼儿勇敢、顽强等优秀品质和自信心，还能培养幼儿的合作及集体意识，使之形成良好的个性；能使幼儿从小养成锻炼身体的良好习惯，并使幼儿逐渐体验和认识到体育锻炼是一日生活中不可缺少的内容。

因此幼儿园有效地组织晨间锻炼，对促进幼儿的身心健康具有十分重要的意义。

（二）晨间锻炼的特点与内容

从活动方式上看，晨间锻炼既包括为幼儿提供简单的运动器械（如球、圈、小车、沙包等），鼓励幼儿进行分散、自主的身体锻炼，也包括以集体活动的方式组织的一些身体锻炼，如做幼儿体操、走与慢跑交替等体能锻炼。

🔍 拓展阅读

幼儿体操的音乐该如何选择?

幼儿体操选用的童谣要浅显易懂，对操节动作有一定的指引性，贴近幼儿的生活与认知，并富有趣味性。例如，较适合小班、中班幼儿的童谣有《数鸭子》《太阳花》《螃蟹歌》《蚂蚁搬豆》等。

此外，选用的音乐要旋律优美、活泼，节奏明快，如儿歌、有一定民族特色的乐曲。例如，《如果爱我你就抱抱我》《牛奶歌》《加油歌》《精忠报国》等。

从活动内容上看，晨间锻炼的内容应该丰富多彩、富有变化，既可以是幼儿的队列练习与队形变换、基本体操，也可以是韵律操、运动量较小的体能锻炼游戏，如自然慢跑、走跑交替、绕障碍物慢跑等。幼儿园可以为幼儿提供一些小型的运动器械，如各类球、毽子、沙包、呼啦圈、铁环等，以让幼儿进行分散、自由的练习。各种练习中最好配有音乐，音乐节奏要鲜明、曲调要活泼轻快。晨间锻炼的内容最好定期调整，以增强幼儿对身体的控制能力，以及对做体操的兴趣。

晨间锻炼一般由 3 个部分组成。第一部分主要是热身活动，其能使幼儿的生理机能由平静状态进入活动状态，可采用走步、慢跑、排队等练习，时间不宜长。第二部分主要对身体进行全面锻炼，如以锻炼幼儿的大肌肉群为主的活动，内容丰富多样。第三部分能使幼儿的生理机能由活动状态转入平静状态，活动强度较小，以整理放松活动为主。

二、晨间锻炼的常见问题

幼儿园晨间锻炼的常见问题主要表现为以下几个方面。

（一）提供的运动器械较单一，变化较少

有些幼儿园出于多种原因，如户外运动的空间较小、班级人数较多导致教师照顾不过来等，在晨间锻炼时为幼儿提供的运动器械较单一，而且变化较少或常年不变。这会直接影响幼儿对运动的兴趣，进而影响晨间锻炼的效果。

（二）运动量不合理

许多幼儿是在家吃完早餐才入园的。有些幼儿园很重视幼儿的晨间锻炼，会开展年级或全园开放式的区域体育活动，通常时间较长，这较容易使幼儿的情绪过于激动和兴奋，易导致运动量过大，不利于食物的消化和吸收，也会影响幼儿参加接下来的活动。

（三）编排的幼儿体操不合适

1. 编排的幼儿体操不符合幼儿的年龄特点

在选择或创编幼儿体操时，有些教师对不同年龄段幼儿的身心特点与动作发展特点把握得不够到位，也没有从幼儿的实际发展水平出发，忽视了幼儿活泼、天真等特点，抹杀了幼儿的想象力、创造力，导致幼儿体操成人化现象较严重，动作难度偏大，幼儿对做体操的兴趣减弱。例如，为小班幼儿编操时，动作要简单，变化要少，应以模仿操为主。但是有些教师自我感觉这些模仿动作做起来太过幼稚，因而编排了一些难度较大的动作，忽略了小班幼儿的年龄特点，结果小班幼儿在学习幼儿体操时难以掌握，并失去了学习兴趣。又如，有的教师在编排的幼儿体操中加入了较多的队列队形变换，幼儿在学习和练习时经常会出现错误，较难掌握。还有一些教师从自身兴趣和喜好出发，编排了一些成人化的舞蹈动作或比较适合女性的舞蹈动作，致使有些男性幼儿不愿意去模仿和学习。

案例分析

某幼儿园教师编排的幼儿体操长期没有更换，体操的内容一直是模仿几种常见的小动物，于是每次做操时，幼儿总是抱怨："啊？又做这个操呀，真没意思！"

你认为上述幼儿不喜欢做这个操的原因是什么？

2. 掌握的动作素材较少，幼儿体操内容较单一

幼儿教师掌握的动作素材较少，创编的幼儿体操内容较空洞，缺乏趣味性，是导致幼儿对幼儿体操缺乏兴趣的主要原因之一。例如，在模仿操的创编过程中，绝大多数教师只是针对动物模仿操进行了创编，而且体操动作都局限于模仿小兔子跳、小青蛙跳、小鸟飞等，一段时间后这类动物模仿操就无法再吸引幼儿。对于模仿操的其他类型，如运动模仿操、劳动模仿操、生活模仿操等，这些教师都涉猎不多。

案例分析

某大班教师根据幼儿喜欢的歌曲《中国娃》选择了京剧脸谱旗操作为练习内容，虽然大班幼儿动作控制能力较强，但在练习时仍出现了很多幼儿节奏控制不好、动作不连贯、身体摆动等现象，该教师察觉后不断地对操节动作进行修改，却没得到幼儿的积极响应……该教师对此特别苦恼。

你认为该教师苦恼的原因是什么？

3. 操节动作的编排缺乏科学性

一些教师由于缺乏编排幼儿体操的专业知识，对操节特点的把握不准，以致所编排的操节动作不够科学，对运动量的把握也不到位。例如，有的操节一开始就包含很多跳跃动作，然后是腹背动作等，这些教师仅仅是对动作进行了简单堆砌，编排毫无科学性。

三、晨间锻炼的组织方法

幼儿园应根据幼儿的特点有目的、有计划地组织生动有趣、形式多样的晨间锻炼，吸引幼儿主动参与。晨间锻炼的组织方法如下。

（一）合理安排时间和内容

幼儿晨间锻炼的时间和内容可以多种多样，幼儿园应根据幼儿入园的时间、生活习惯及不同季节的特点等实际情况来确定，并灵活调整。

例如，许多幼儿通常会在家里吃早餐，然后陆续入园，有的幼儿园就将晨间锻炼的时间安排在幼儿入园后的第一个时段。如果是这样，晨间锻炼的内容最好是以幼儿分散、自由、自主参与的小型运动器械活动为主，如为幼儿提供各种球、圈、绳、小高跷、小推车等，让幼儿自行选择，自主锻炼；也可以为幼儿搭建小型的循环体育游戏环境，让幼儿自主进行身体锻炼。待幼儿基本到齐后，幼儿园可以安排一些集体形式的锻炼内容，如走与慢跑交替、做简单的幼儿体操、跳一支幼儿熟悉的集体舞等。

💬 案例分析

在大班晨间锻炼的"小推车"区域，教师为幼儿提供了一定数量的小推车，并指导幼儿在活动区里自主进行推车游戏。由于活动区较小，幼儿在推车时时常会碰撞在一起，发出"咣"的声音。小方和小远发现后觉得这样很有意思，就故意推着车撞在一起，发出"咣咣"的声音。听到这样的声音，小方和小远特别高兴，看到教师没有关注他们，就继续推车相撞，其他幼儿也纷纷模仿小方和小远的做法。

这时候教师才阻止了他们的行为，并严厉批评了小方和小远，认为两人顽皮，故意搞乱。其实分析其中的原因可以发现，一方面是活动区过小，教师没有充分做好准备，另一方面是教师在游戏中没有随时关注幼儿的表现。在组织此类活动时，教师要根据场地和器材提前做好准备，可以划定行车路线或让幼儿分小组进行活动，或者两人合作进行推车游戏等。同时，教师要随时关注幼儿在游戏中的状况，如安全情况、游戏完成情况、互动情况、参与情况等。

又如，有的幼儿早晨也会到幼儿园吃早餐，如果是这种情况，晨间锻炼或早操的时间就应该安排在晚一些的时段进行，以保证幼儿消化系统的正常工作。一般可安排在进餐后一小时或更晚的时段进行。晨间锻炼或早操的内容可以是以集体形式进行简单的体能锻炼或做基本体操，加上分散、自由、自主的运动器械活动。

此外，在安排晨间锻炼的时间和内容时还应考虑季节和地区的特点。例如，在南方，夏季晨间锻炼的时间可以安排得早一些，这样会比较凉爽；而在北方，冬季晨间锻炼的时间应安排得晚一些，待户外阳光较充足、天气较暖和时再让幼儿参加锻炼。锻炼内容可以是运动量较大的运动，如慢跑、跳跃等，也可以是多种类型户外体育活动的结合。

（二）激发幼儿参与晨间锻炼的积极性和自主性

晨间锻炼应尽量由幼儿自主选择锻炼内容，教师适时地进行锻炼内容的调整，这样可以充分调动幼儿参与晨间锻炼的积极性和自主性，兼顾幼儿在兴趣、需要和能力上的差异，使每个幼儿都能尽快地进入积极、愉快的运动状态。

若安排集体形式的幼儿体操或其他体能锻炼，应选择幼儿感兴趣的运动内容，难度应小一些，以保证大多数幼儿能顺利完成。也就是说，应以鼓励幼儿参与锻炼为基本目标，不要过分强调队列或动作的整齐划一。

为晨间锻炼挑选合适的音乐非常重要，这既能激发和调动幼儿积极、愉快的情绪，又可以利用音乐的转换来引领幼儿的活动。选择的音乐要轻松、欢快、节奏感较强，使幼儿在欢快的音乐中轻松、愉快地进行身体锻炼。

教师应以积极愉快的情绪和饱满的精神状态出现在幼儿面前，并感染和影响幼儿，多鼓励幼儿，多表扬幼儿，与幼儿进行积极的互动，使幼儿在愉快的参与中得到身体的锻炼。

（三）合理安排运动量

幼儿晨间锻炼的内容应根据幼儿的年龄特点、身体发展的状况及季节特点进行有计划的安排，尽可能做到：以分散自主的身体锻炼为主，以集体形式的身体锻炼为辅；以幼儿熟悉的动作和练习为主，以弱项体能的适当锻炼为辅；提供的运动器械要多样，供幼儿自选并定期调整；不同学期与不同季节的锻炼内容应有所区别。

晨间锻炼开始时，教师应带领幼儿做一些热身活动，以免受伤。运动量要适宜，不宜大；运动时间不宜长，建议 10～20 分钟。晨间锻炼结束时，教师应带领幼儿做适当的放松整理活动，指导幼儿调整呼吸和情绪，使幼儿逐渐平静下来，以免影响幼儿参与后续的活动。

（四）科学、合理地选择和创编幼儿体操

教师应依据本班幼儿的年龄特点及实际水平选择和创编合适的幼儿体操。例如，小班以选择模仿操为主，使幼儿在唱幼儿歌曲的过程中做相应的模仿动作；中、大班可安排有一定难度的徒手操（如一般徒手操、武术操等）和丰富多样的轻器械操（如哑铃操、易拉罐操、小圈操、小旗操、筷子操等）。对于年龄较小的幼儿，操节动作应尽量简单，有适当的重复，节数要少。随着幼儿年龄的逐渐增长，可适当增加动作的难度和节数。

在幼儿体操的动作编排上，首先要考虑对幼儿身体的全面锻炼，使幼儿身体各部位（如头部、上肢、下肢、躯干）都得到适当的运动锻炼，并使幼儿的平衡能力、协调性、灵敏性、力量、柔韧性等得到一定的发展。同时，还要考虑操节动作的科学性及顺序的合理性，使运动量由小逐渐增大，再逐渐减小。

试一试

根据以下歌谣自编动作并填在括号内，注意动作要连贯成套

东方红，太阳照（边唱儿歌，边踏步），小朋友们来做操（左右击掌的同时左右侧屈，并原地提踵），

先学小鸟飞一飞（　　　　　　　），又学小兔跳一跳（　　　　　　　），

孔雀开屏真好看（　　　　　　　），大象鼻子摇又摇（　　　　　　　），

大猴小猴都来了（　　　　　　　），再学小马跑一跑（　　　　　　　），

锻炼身体真美好，真美好！（　　　　　　　　　）

（五）创编幼儿体操应注重参与性和互动性

无论是创编新的幼儿体操，还是选择现成的幼儿体操，都应该考虑幼儿的参与性及师幼之间的互动性。教师应在日常生活中注意收集相关的有益素材，观察幼儿的喜好。在动作编排的过程中注意调动幼儿的积极性和参与性，充分利用音乐中具有情境性的歌词，引导幼儿进入故事情境中，激发幼儿间的互动、师幼间的互动。

如果选择的是现成的幼儿体操，应注意在幼儿学习的过程中调动幼儿的积极性，引导幼儿去理

解和体验，与幼儿进行一定的交流和互动，也可以根据幼儿的想法和意愿进行适当的动作调整，以增强幼儿的参与性和主动性，使动作内容更吸引幼儿和适合幼儿。

四、晨间锻炼活动案例

活动时间：15～20分钟。

活动准备：音乐、标志筒、飞盘、呼啦圈、体操垫等。

活动内容：

1. 热身活动。

（1）音乐《玩具进行曲》响起，幼儿一边听音乐做拍手动作，一边走成一个大圆圈。所有幼儿走成大圆圈的时候，面向圆心站好。

（2）变换音乐，做各种模仿动作，如小鱼戏水、大象走、企鹅走、小马跑、青蛙跳等，活动身体各部位。

2. 体育游戏。

【游戏1】小汽车滴滴滴（练习S形走或者跑）。

用飞盘、呼啦圈、体操垫做方向盘，幼儿沿用标志筒摆好的路线行进。身体不要碰到标志筒。

【游戏2】蚂蚁运豆豆。

幼儿单手掌心朝上，将飞盘口朝上放在手上，走到场地一端，放下飞盘，沿原路返回，下一个幼儿出发，游戏依次进行。

【游戏3】兔宝宝本领大。

将飞盘和呼啦圈摆放在场地中间，幼儿轮流进行单、双脚行进跳。

【游戏4】自由分散游戏。

幼儿自由选择游戏中的材料，自由进行游戏。

3. 放松活动。

（1）结束音乐《虫儿飞》响起，教师带领幼儿收拾整理材料。

（2）幼儿和教师一起做一些简单的舞蹈动作，以放松下肢为主。

（北京市昌平区工业幼儿园　赵亚娟）

上述案例中晨间锻炼的内容包含了热身活动、体育游戏、放松活动，结构完整，符合幼儿运动的基本要求；根据小班幼儿的年龄特点相应安排了具体内容；欢快的音乐贯穿始终，能激发幼儿参与运动的兴趣；由运动量较小的热身活动过渡到运动量较大的体育游戏，最后到运动量较小的放松活动，安排比较合理。

热身活动是在欢快的《玩具进行曲》的伴奏下进行的，小班幼儿走成常见的圆形队形，并进行各种模仿来达到热身的目的。热身活动以模仿为主，能积极调动幼儿参与活动，并且具有针对性。

体育游戏根据晨间锻炼的时间和运动量进行了合理安排，既有集体游戏，又有自由分散游戏。同时教师充分利用各种便于取放的运动器械，从全面锻炼幼儿的目的出发，安排了跑、走、跳等游戏内容，且根据幼儿的体能情况合理安排了游戏的顺序，比较符合人体机能的变化规律。

放松活动不可缺少，上述案例中安排了一些简单的舞蹈动作，由于游戏活动中下肢活动较多，因此这些舞蹈动作侧重放松下肢。放松活动需要充分且有侧重点。

拓展阅读

更多晨间锻炼活动方案

第二节　户外体育活动

户外体育活动是幼儿体育活动的重要组织形式之一，主要是指在户外开展的，以提供丰富多样的运动器械、满足幼儿运动需要为基本特征的幼儿体育活动。《指南》中指出幼儿每天的户外活动时间一般不少于 2 小时，其中体育活动时间不少于 1 小时，季节交替时也要坚持。在气温过热或过冷的季节或地区，幼儿园应选择温度适当的时间段开展户外体育活动，也可根据气温的变化和幼儿的个体差异，适当增减活动的时间。

一、户外体育活动概述

（一）户外体育活动的意义

户外体育活动是幼儿体育活动的重要组成部分，《幼儿园教育指导纲要（试行）》明确规定幼儿园要"开展丰富多彩的户外游戏和体育活动，培养幼儿参加体育活动的兴趣和习惯，增强体质，提高对环境的适应能力"。在幼儿的一日生活中，户外体育活动能让幼儿呼吸到新鲜空气、感受到阳光，通过丰富的活动材料、充足的场地空间、科学的项目设置促进幼儿动作、思维、意志等方面的发展。幼儿自由、自主地进行户外体育活动，能不断体验自主、成功带来的愉悦感，从而培养积极性、自主性和创造性，获得社会性的发展。户外体育活动不仅能锻炼幼儿的身体，增强幼儿的体质，还能培养幼儿对体育活动的兴趣，以及不怕困难、团结合作的品质和勇于创新的精神，使幼儿养成经常锻炼的良好习惯，促进幼儿全面健康发展。

（二）户外体育活动的特点与内容

1. 户外体育活动的特点

户外体育活动不同于集体体育教育活动，这里所说的户外体育活动主要是指非正规的、结构化的幼儿体育活动，在时间安排和活动安排上相对灵活。

（1）选择的自主性

户外体育活动主要是指比较自主、自由的体育活动，是对限定性比较强的晨间锻炼的延伸和补充，能更好地满足不同幼儿的需要，教师在活动过程中起到直接指导或者间接指导的作用。在户外体育活动中，幼儿可以按自己的兴趣、爱好选择运动器械；可以自由结伴，自主调节活动时间和次数，从而提高自主运动或结伴运动的能力。

（2）环境的开放性

幼儿园主要通过将园内环境及运动器械、运动区域有效结合来创设户外体育活动环境，并使其向所有幼儿开放。

（3）内容的丰富性

户外体育活动可以根据幼儿园场地、器材等条件，以全方位、多通道的运动资源支持幼儿运动。如在场地中设置相对固定的跳跃区、投掷区、平衡区、钻爬区；发展平衡能力可以使用梅花木桩、七彩鹅卵石、轮胎篱笆等。生活用品（梯子、长凳、桌椅）、废旧用品（纸箱、瓶罐、报纸）也可以一物多玩、组合多变，满足幼儿多层次的需要。

（4）人际交往互动性

户外体育活动为幼儿提供自主交往、主动合作的机会，有利于幼儿形成活泼、自信、大胆、主动的个性，促进幼儿的社会性发展。

2. 户外体育活动的内容

（1）各种大、中、小型运动器械活动

大型运动器械活动，即用攀岩墙、攀登墙、滑梯、荡桥、攀爬网、综合运动器械等进行的活动。

中型运动器械活动包括：推独轮车、骑自行车、踩高跷、扔羊角球等。小型运动器械活动，即用自制的球、圈、纸棒、沙包进行的活动。

（2）利用环境和大型设施的户外体育活动

随着幼儿园环境的不断发展，利用环境和大型设施的活动越来越丰富，如利用楼梯、游泳池、假山、田埂、树林等开展的活动。有的幼儿园还会在空余的场地里埋上树桩或者废旧的轮胎等来开展活动。

（3）体育游戏

在户外活动时，由于场地、运动器械等的限制，幼儿可以自由分组进行体育游戏，如"老狼老狼几点啦"、"吹泡泡"、"狡猾的狐狸"、跳"房子"、跳竹竿、踩高跷等；也可以利用一些自制的玩具开展体育游戏，如利用废旧报纸制作的纸球、纸棒，利用废弃饮料罐制作的用于发展平衡能力或者跳跃能力的障碍物等。

（4）幼儿体操

幼儿园会组织幼儿在户外集体做操，一般以徒手操、模仿操或者轻器械体操为主。

二、户外体育活动的常见问题

（一）场地有限、运动器械缺乏

由于不少幼儿园的户外运动场地较小、运动器械缺乏，幼儿户外体育活动的时间和内容会受到一定的限制，较难满足幼儿运动和发展的需要。场地和运动器械是户外体育活动的重要保障，如果场地和运动器械不能合理搭配、合理规划，将直接降低幼儿户外体育活动的质量。

（二）活动形式和内容较单一

在组织幼儿户外体育活动时，不少幼儿园多采用大、中型固定的运动器械，为幼儿提供的中、小型可移动的运动器械较少，这样较难满足幼儿的个体运动需要。同时因为大型器械一次性参与的幼儿人数偏少，会导致其他幼儿等待时间较长。这些均导致幼儿户外体育活动的形式和内容较单一，从而导致幼儿的运动量不足，达不到增强体质的目的。

（三）教师的角色缺失

在组织户外体育活动时，不少教师往往不清楚自己的角色，这里看看，那里瞧瞧，看似很忙，却不知道真正该观察什么、怎样观察，缺乏对幼儿参与体育活动的有效观察与指导。在幼儿参与户外体育活动时，教师应扮演"观察者"的角色，观察幼儿的兴趣如何、动作发展情况如何、对运动器械的探索情况如何、运动量是否合适等。只有学会有效观察，教师才能适时指导幼儿，如有些幼儿不知道如何玩时或缺少同伴时，教师及时对其进行指导。

三、户外体育活动的组织方法

（一）关注幼儿的运动安全，提高幼儿的自我保护能力

《指南》提出：结合活动内容对幼儿进行安全教育，注意在活动中培养幼儿的自我保护能力。在幼儿进行户外体育活动前，教师应对全体幼儿提出必要的安全要求。在幼儿进行户外体育活动的过程中，教师应在关注全体幼儿活动安全的同时，重点关注那些在具有一定危险性的运动器械上活动的幼儿，必要时给予适当的保护和安全指导；要注意观察幼儿的举止和行为。当幼儿出现危险动作或互相冲撞时，教师要及时出现，制止幼儿的危险行为，避免出现事故。幼儿情绪激动或者注意力分散时，教师要及时给予帮助；对于体弱的幼儿，教师要多加关注，在活动中提升幼儿的自我保护能力。

（二）关注幼儿发展需要，提供合适的运动器械

教师应根据幼儿的年龄特点和发展需要，有目的、有计划地为幼儿提供丰富多样、合适的运动

器械，并根据幼儿活动过程的具体情况进行更换和补充，以满足幼儿运动与发展的需要。

首先，教师为幼儿提供的运动器械应多种类、多层次、多功能、可变性较强，以丰富幼儿的运动体验，满足幼儿的运动需要，保持幼儿的运动兴趣，激发幼儿的探索与活动热情，并促使幼儿在运动中获得多种动作能力和身体素质的发展。例如，为幼儿提供的滑梯有高的、有低的，有直线型的、有曲线型的；为幼儿提供的小扁担可以是长短不同、挂钩位置不同、负重材料不同的。教师尤其应提供那些对幼儿身体发育与健康发展有重要价值的运动器械，如滑行类、摆动类、旋转类、跳跃类、爬行类、攀登类的运动器械。

其次，教师应根据幼儿运动发展的需要，有目的地进行运动器械的更换和补充。同时，教师应注意观察和分析幼儿使用这些运动器械的状况，当发现某种运动器械的使用率下降或使用中的难易程度出现偏差时，需要及时做出相应的调整。

（三）支持幼儿自主、自由探索，提供适当的引导和帮助

在户外体育活动中，教师应给予幼儿最大的运动自由，支持幼儿对运动器械进行自主的尝试和探索，不要过多干扰幼儿的运动，除非出现安全问题或健康问题。

在户外体育活动中，教师的任务是观察幼儿，在幼儿需要的时候给予适当的指导和帮助。例如，当幼儿尝试多次都无法成功时，或动作出现较大偏差时，或需要同伴时，教师可以给幼儿提出一些建议或给予一定的指导。此外，教师还应对体质较弱、基本动作发展较差、行为较被动、胆小易退缩、不爱运动、较胖等比较特殊的幼儿给予适当的关注和指导。

（四）有目的、有计划地安排体育游戏

幼儿每天上午、下午都会进行一定时间的户外体育活动，教师除了为幼儿提供丰富多样的运动器械让幼儿自主运动外，还应该根据幼儿的年龄特点，以及动作发展和身体素质发展的特点与需要，有目的、有计划地安排一些体育游戏。

教师可以为幼儿选择一些规则性体育游戏，指导幼儿如何玩，并带领幼儿一起游戏。例如，可以教小班幼儿玩"老猫睡觉醒不了""小孩小孩真爱玩"等游戏，带领中班幼儿玩"切西瓜""我们都是木头人"等游戏，与大班幼儿一起玩"老鹰捉小鸡""老鼠笼子"等游戏。

教师也可以将幼儿平时经常玩的运动器械有目的地组合起来，引导幼儿搭建循环游戏场景，鼓励幼儿自主进行运动。例如，引导中班幼儿将平衡木、拱形门、塑料圈、小跨栏、垫子、布包、球等运动器械和材料在场地上有秩序地搭建起来，创设"小马运粮"或"蚂蚁搬家"等循环游戏情境，然后鼓励幼儿进行循环游戏。

（五）科学、合理地安排运动量

运动量是衡量幼儿户外体育活动实施效果的关键。只有运动量恰当，才能有效锻炼身心，达到发展基本动作，促进骨骼、肌肉、心肺机能的发展，提高运动能力，增强体质的目的。

1. 运动强度要适宜

活动强度就是单位时间内身体运动的能耗水平或对人体生理刺激的程度，常用心率来表示。如幼儿做"猫捉老鼠""丢手绢"等激烈的追逐游戏时，心率可达180次/分；而做"老狼老狼几点啦""请你跟我这样做"等体育游戏时，心率一般为140～160次/分。相较而言，前者强度大，后者强度小。

2. 动作练习数量要足够

动作练习数量一般与运动负荷成正比。如做"小运动员跳水"的高跳下动作练习与"小青蛙捉害虫"的连续蛙跳动作练习相比，后者的动作练习数量比前者多，运动强度也比后者大。

3. 练习密度要符合幼儿年龄特点

练习密度是指运动时间与活动时间的比值。例如，某大班一次户外体育活动或体育课中各种动

作的实际练习时间是 16 分钟，如果活动时间为 35 分钟，那么练习密度为：$16 \div 35 \times 100\% \approx 46\%$。

案例：轮胎山　　案例：山坡跑　　案例：玩沙坑

第三节　幼儿体育教学活动

一、幼儿体育教学活动概述

（一）幼儿体育教学活动的内涵

幼儿体育教学活动是指依据幼儿各年龄段体育活动的目标及幼儿发展的需要，有计划、有目的、系统地引导幼儿积极地参与相关的动作学习与身体练习，以促使幼儿在身体素质、动作能力及社会性等方面获得良好发展的集体形式的体育活动。它是幼儿体育活动的重要组织形式之一。

（二）幼儿体育教学活动的意义

培养对体育活动的兴趣，增强协调性和灵活性，是幼儿参与体育锻炼的主要目标。幼儿要进行体育活动，须以一定的身体练习为手段，也就是以一定的基本技能为载体。幼儿要掌握一定的基本技能，就要参加幼儿体育教学活动，教师必须为在发展中的幼儿提供规范的基本动作教学。

没有一定的幼儿体育教学活动，幼儿是不能掌握在其最近发展区内的基本技能的。没有真正的幼儿体育教学活动，就不会有丰富多彩的体育活动；没有丰富多彩的体育活动，就不能合理地促进幼儿身体的发展。所以，幼儿园须加强幼儿体育教学活动，从而使幼儿的身体得到充分的发展，为幼儿今后的发展打下良好的基础。

《幼儿园教育指导纲要（试行）》指出，幼儿园要"开展丰富多彩的户外游戏和体育活动，培养幼儿参加体育活动的兴趣和习惯，增强体质，提高对环境的适应能力"及树立以幼儿发展为本的终身教育理念。这使我们强烈地意识到：健康教育的最终目的不仅仅是增强幼儿的体质，更大的价值在于通过体育锻炼，发展幼儿各方面的能力，促进其身心和谐发展。而开展幼儿体育教学活动，则是实现这一目标的基础。

（三）幼儿体育教学活动的特点、类型与内容

1. 幼儿体育教学活动的特点

（1）计划性和目的性

幼儿体育教学活动是教师根据幼儿身体发展的特点和规律系统建构的幼儿运动学习课程，是一种有计划、有目的、有组织的教育活动。幼儿在园期间除自主运动以外，教师进行有计划、有组织的体育教学也是必不可少的，因此，幼儿体育教学活动是实现幼儿身体素质全面发展的组织形式之一。

（2）科学性

幼儿体育教学活动的总目标是促进幼儿身心健康发展，要实现这一总目标就需要幼儿身心直接感知参与。因此，教师必须根据人体生理机能水平的变化规律和幼儿的身心发展特点，以及幼儿动作技能形成的规律，科学地开展幼儿体育教学活动。

（3）游戏性

幼儿体育教学活动必须符合幼儿的身心发展特点和规律，避免小学化和成人化。从活动形式上，幼儿体育教学活动必须体现游戏化的特点，即以体育游戏作为主要的活动形式。

2. 幼儿体育教学活动的类型

（1）根据教学任务的不同，幼儿体育教学活动可以分为新授课（学习新的内容）和复习课（复习原来的内容）。

（2）根据教材内容性质的不同，幼儿体育教学活动可以分为综合课（围绕游戏、体操、队列练习展开）和游戏课（围绕游戏展开）。

一般来说幼儿体育教学活动以综合课为主，既会向幼儿讲授新内容又会带领幼儿复习学习过的内容。

3. 幼儿体育教学活动的内容

幼儿体育教学活动的内容包括发展身体素质的活动、发展基本动作的活动、有无运动器械的活动等方面。

（1）发展身体素质的活动

从发展身体素质来看，幼儿体育教学活动包括发展幼儿身体平衡能力、协调能力的多种活动，如走平衡木、连续跳、追逐跑、拍球、跳绳等；发展幼儿肌肉力量和耐力的多种活动，如悬垂、投掷、远足等。

（2）发展基本动作的活动

从发展基本动作来看，幼儿体育教学活动包括走步、跑步、跳跃、投掷、钻爬、攀登等活动。

（3）有无运动器械的活动

从有无运动器械来看，幼儿体育教学活动包括无器械活动，如跑步、仰卧起坐、站立提踵；有器械活动，如骑车、跳绳、推铁环、投沙包等。

二、幼儿体育教学活动的常见问题

（1）重基本动作的练习，轻身体素质的培养；重花样形式的翻新，轻活动目标的落实；重教师的课前设计，轻幼儿的主动参与；运动量小，难度低，练习密度不足；创新意识简单化，探索活动机械化。

（2）教师对于游戏内容的选取不当，场地和运动器械存在安全隐患，体育游戏的组织方法单一。

（3）对热身活动和放松活动普遍不重视，组织的热身活动质量不高，如形式单一、编排不够新颖，只注重一般性热身活动，忽视专门性热身活动，难以做到热身充分且有针对性。放松活动更是幼儿体育教学活动常忽视的一个环节，教师常常带幼儿草草地甩甩手臂、抖抖腿，而没有认识到放松活动的重要意义。

三、幼儿体育教学活动的练习密度与运动负荷

（一）练习密度

练习密度也称为运动密度或活动密度，是指幼儿在一次体育教学活动中各种运动的时间与该活动的总时间的比率。科学、适宜的练习密度是促进幼儿身心健康发展的前提。适合幼儿的练习密度一般为40%～60%，练习密度与能量消耗成正比，练习密度要与活动的负荷和时间相匹配。

教师通过练习密度可以发现教学过程中浪费时间的原因、教学及组织方面的问题，从而更合理地组织幼儿体育教学活动，提高幼儿体育教学活动的质量。

练习密度的测定方法：准备两块秒表；用第一块秒表记录幼儿从开始上课到结束的时间，即一节课的总时间；用第二块秒表记录幼儿每次活动时间，即幼儿实际运动时间；再根据公式（练习密

度=幼儿实际运动时间÷一节课的总时间×100%）计算出练习密度。

试一试

算一算此节课的练习密度是多少。

幼儿园某大班开展助跑跨跳的集体观摩课，其中热身活动 5 分钟，示范讲解 4 分钟，幼儿学习动作 4 分钟，幼儿进行游戏 12 分钟，教师总结 3 分钟，放松活动 2 分钟。请你算一算此节课的练习密度是多少？是否合理？

（二）运动负荷

影响运动负荷的主要因素有运动强度、练习数量、活动时间、活动项目、活动质量等。以上因素都是相互联系、相互影响的，其中运动强度、练习数量、活动时间及活动质量与运动负荷成正比，教师可以通过调节这些因素来调节运动负荷。

1. 运动强度

运动强度是单位时间内，人体在运动时的生理负荷量，常用心率来表述。比如幼儿进行 10 米的往返快速跑时，心率可达到 180 次/分；进行 30 米慢跑的心率为 140 次/分左右。因此，快速跑的运动强度大于慢跑。不同的运动项目的运动强度不一样，比如跑步、跳跃、攀登类运动项目的运动强度较大，而投掷、钻爬类运动项目的运动强度较小。

2. 练习数量

练习数量是指练习的时间、距离、次数的总和。练习数量越多，运动负荷越大。影响练习数量的因素有：活动时间、运动强度、练习密度。

3. 活动时间

活动时间是指身体运动在一次体育教学活动中所持续的时间的长短。幼儿参与运动的时间越长，其运动负荷就越大。

4. 活动项目

不同的活动项目对幼儿的影响也是不同的。跑步和跳跃活动，对幼儿下肢肌肉、循环系统和呼吸系统造成的负荷较大；投掷活动对下肢肌肉、循环系统和呼吸系统造成的负荷都不大。幼儿翻滚时，对前庭器官的刺激较大，但是运动负荷不大；走平衡木对感知觉的刺激较大，但是运动负荷不大。因此，在分析体育活动的运动负荷时，需要考虑不同活动项目对幼儿的影响，避免幼儿某些部位的运动负荷过大。

5. 活动质量

活动质量是指身体运动时，动作是否符合目标的要求，是否到位。例如在做幼儿体操的过程中，如果幼儿随意做，动作不到位，其运动负荷就较小；如果幼儿态度积极，动作到位，其运动负荷就较大。

（三）运动负荷调节的注意事项

1. 运动强度和练习密度的合理搭配

为了保证幼儿体育教学活动的运动负荷适宜，运动强度和练习密度应被综合考虑。例如，运动强度较大时（如跳跃时），练习密度可以小一些；运动强度较小时（如投掷时），练习密度可以增大些。

2. 上下肢的有机结合

在幼儿体育教学活动，教师需要让幼儿的上肢和下肢结合起来运动，避免运动负荷过大。比如在有跳跃动作的游戏中，尽量避免安排跑步动作，因为这两者都以锻炼下肢为主，教师应尽量为跳跃动作搭配锻炼上肢的动作，如投掷或者钻爬等。

3. 注意季节的变化

运动负荷的安排需要考虑季节特点。冬天的运动负荷可安排得大一些，而夏天的运动负荷可以安排得小一些，以避免幼儿中暑。

四、幼儿体育教学活动的组织方法

幼儿体育教学活动的组织方法是指针对一定的教学活动目标、任务，根据教学活动的发展变化和教学的一般规律，让幼儿在教师的激励和指导下，进行自我体验、自我评价、创造性自主活动的系统设计。

（一）精心选择教材，激发活动兴趣

精心选择教材，大胆创编教材，是有效开展幼儿体育教学活动的前提。幼儿体育教学活动主要是通过游戏来完成的，因为游戏最符合幼儿的年龄特点，特别是小班幼儿对游戏最易于接受。教师要根据各年龄段幼儿发展领域目标、本班幼儿的年龄特点及发展水平，选择适合本班幼儿特点的、贴近本班幼儿生活的教材。

（二）合理配置运动器械，探索活动方法

运动器械的合理配置，场地的合理安排，是提升幼儿体育教学活动效果的重要途径。运动器械过少，幼儿等待时间就会变长，达不到所需的锻炼效果；运动器械过多，容易分散幼儿注意力，同样达不到所需的锻炼效果。同时教师要注意避免运动器械的玩法单一，尽可能让幼儿充分探索各种运动器械的玩法。因此教师要根据活动内容和需要合理配置运动器械，保证给幼儿提供合理的、适量的运动器械。提供的运动器械最好是可以一物多玩的，这样可以培养幼儿的探索精神，锻炼幼儿的思维能力，还可以提高运动器械的使用率。

（三）科学组织活动，优化活动过程

科学合理地组织幼儿体育教学活动，是提升教学效果的有力保障。开展幼儿体育教学活动时，教师采用的教学方法和指导方法是非常重要的。教学方法和指导方法，不仅影响幼儿的求知欲、对锻炼的兴趣和积极性，而且直接影响幼儿学会简单的体育知识和技能的速度、锻炼的实际效果。因此教师在组织幼儿体育教学活动时，首先要加强活动前的准备，周密计划，对幼儿的人数、场地大小、所用的玩教具数量和本园的设备条件做到心中有数，对本次活动的教材特点进行周密分析，设计如何练习和分组。

（四）学科有机整合，变化活动形式

培养幼儿对体育活动的兴趣是幼儿体育教学活动的重要目标，教师要根据幼儿的年龄特点组织生动有趣、形式多样的体育活动，吸引幼儿主动参与。因此在幼儿体育教学活动中，教师要善于利用幼儿已有的知识与能力，整合学科的内容，变化活动形式，从而充分调动幼儿参加体育教学活动的积极性，提升幼儿体育教学活动的有效性。

拓展阅读

组织幼儿体育教学
活动应具备的能力

（五）遵循人体生理机能水平的变化规律和动作技能的形成规律

1. 人体生理机能水平的变化规律

人体在运动过程中，生理机能水平是不断变化的，一般分为上升、平稳和下降3个阶段。在上升阶段，由于条件反射，在运动开始前幼儿就精神振奋、心跳加快，体内的器官机能也在悄悄发生变化，此外，通过体育活动中的准备活动，内脏器官的惰性得到克服，神经活动变得兴奋，幼儿活动能力得以提高。在平稳阶段，当运动器官的机能水平达到较高水平时，幼儿的身体活动效率较高且得以维持，学习动作的效果好，幼儿能适应较激烈的体育比赛，因此难度较大、运动强度较高的

一些体育练习或者比赛均安排在此阶段。在下降阶段，随着体育活动接近尾声，幼儿由于身体疲劳、体内能量物质消耗等原因出现了活动能力减弱的现象，教师应通过放松整理活动，使幼儿的各运动器官的机能水平稳步下降，直到运动结束后 3～5 分钟心率恢复到运动前水平。生理机能水平上升—平稳—下降的变化规律是人体在体育活动中的客观规律，教师在开展幼儿体育教学活动时需要遵守这个规律，科学、合理地安排教学活动，提高教学活动的质量。

2. 动作技能的形成规律

动作技能也称运动技能，其形成过程是由简单到复杂的过程，并有着建立、形成、巩固和发展的阶段性变化规律。动作技能的形成通常要经历 3 个相互联系的阶段。

（1）粗略掌握动作阶段

此阶段也称泛化阶段。幼儿在此阶段对动作有初步的印象，在完成动作时表现得比较紧张，缺乏灵活控制的能力，动作不协调、不准确，多余动作较多。因此在幼儿学习动作技能的初期，教师要做好对主要动作的示范和讲解，让幼儿有一个初步的知觉和印象，多让幼儿练习，多给幼儿体验和实践的机会。

（2）改进和提高动作阶段

通过动作技能的提高和练习的增多，幼儿能较顺利、较正确地完成动作，逐步在头脑中形成正确的动作概念，紧张动作或者多余动作减少，对身体的控制能力明显增强。在此阶段，幼儿的动作还不够稳定，如果遇到新异刺激或者活动条件的变化时，容易出现动作变形的现象，原有的错误动作也有可能出现。因此在此阶段，教师要多强调动作的细节，注意纠正幼儿的错误动作，让幼儿体会动作的细节，使动作更加准确。

（3）动作巩固和运用自如阶段

在经常、反复练习的基础上，幼儿能较准确、熟练和协调地完成动作。幼儿已经明确动作的概念，其大脑皮层的兴奋和抑制过程趋于合理，有的时候甚至不需要有意识地加以控制也能顺利、正确地完成动作。在这一阶段，教师要注意巩固和发展幼儿的动作，可以进一步变换条件和环境，使幼儿在新的条件和环境下自如地运用动作技能。

动作技能形成的 3 个阶段是有机联系在一起的，各个阶段之间没有明显的界限，各个阶段是逐步过渡、发展的。

五、幼儿体育教学活动的设计

（一）活动设计构成要素

活动设计通常包括以下内容：活动名称、活动目标、活动重难点、活动准备、活动过程及活动延伸。

1. 活动名称

活动名称应简单准确，反映出活动的基本特征。

2. 活动目标

在幼儿体育教学活动中，活动目标的设置极为关键。目标设置是否适宜直接影响整个幼儿体育教学活动效果的好坏。

活动目标的设置要全面，包括情感态度目标、能力目标和认知目标，具体如表 6-1 所示。

表 6-1　活动目标的含义及常用词语

目标	含义	常用词语
情感态度目标	活动过程中幼儿情绪情感的体验或某种积极态度的形成	乐于、愿意、感受、喜欢、激发、体验、尝试等

续表

目标	含义	常用词语
能力目标	活动过程中能力的形成	学习、掌握、遵守、运用、能够、创编等
认知目标	活动要完成的具体任务或要掌握的知识点	了解、知道、理解、领会、说出、比较、区别等

设计活动时，要注意体现目标表述的一致性，区分出以教师为主体的目标，或以幼儿为主体的目标。无论从哪个角度出发确定目标，教师都要注意在一个教学活动中统一目标的表述方式，不应既出现教育目标，又出现学习目标。

目标应简洁清晰、准确具体，具有可操作性，目标条目不宜过多，一般设置2～3条。

3. 活动重难点

活动重点是教学活动中关键性的基本概念或核心内容，是教育活动中的主要线索。活动难点是从幼儿角度出发，对教学活动中幼儿不易理解的知识或不易掌握的技能技巧的预估。活动重点多是针对教育目标与教育内容而言的，而活动难点则是针对幼儿而言的。活动重点与活动难点都要根据幼儿的实际水平来确定，不同班级开展的教学活动的重难点就不一定一致。

拓展阅读

中班体育活动目标

4. 活动准备

活动准备一般包括物资准备与知识经验准备。物资准备主要是指在教育活动中需要用到的教具等物资，知识经验准备是幼儿针对本次教育活动所需要的前期知识经验进行储备。

5. 活动过程

明确活动过程主要解决的问题是：教师希望幼儿在哪些方面获得发展？如何启发幼儿思考？如何带动幼儿参与活动？什么时候提什么问题？如何使用最佳的教育方法？如何让幼儿对活动做出总结？如何使幼儿已有的经验得到提升？

活动过程是对教育活动流程的描述，一般包括3个部分：准备部分、基本部分与结束部分。幼儿体育教学活动的持续时间会根据年龄班而有所调整，小班为15～20分钟、中班为20～25分钟、大班为30分钟左右。教师还可以根据季节适当调整。

（1）准备部分

准备部分，又称开始部分。准备部分的时间不应太长，一般占整个幼儿体育教学活动时间的10%～20%。同时教师需要考虑季节的变化，灵活调整。冬天的热身时间可以稍长。如果大班的游戏活动时间是30分钟，那么热身活动的时间为5分钟左右是适宜的。

准备部分的主要任务是将幼儿快速组织起来，通过一些热身活动使幼儿从生理上和心理上都做好参与体育活动的准备。生理准备是指身体的准备活动，即活动肢体，滑润关节，促进循环，舒畅肌肉，逐步提高幼儿身体的活动能力，使幼儿身体各系统的机能进入工作状态，为开展较大运动量的身体运动做好准备，同时与基本部分做好衔接和过渡。心理准备是指调动幼儿参与活动的积极性，使幼儿精神振奋、情绪饱满，跃跃欲试。教师的情绪、语调和姿态会直接影响幼儿的情绪和兴趣，因此，教师要以饱满的精神、生动形象的语言激发幼儿参与活动的兴趣。

准备部分的内容可以丰富多样，有热身体育游戏、幼儿体操、队形和队列等内容。

热身体育游戏用幼儿已经掌握的小游戏，可以有效调动幼儿参与活动的兴趣。例如，"小孩小孩真爱玩""木头人""吹泡泡""听数抱团""小小运动员""老狼老狼几点啦"。

幼儿体操动作简单，音乐节奏欢快，时间为1～2分钟，幼儿可以边唱儿歌边做动作。

视频

3个热身小游戏

队形和队列是指全体幼儿按照教师发出的口令，排成一定的队形，做出协调一致的动作，如踏步走、一路纵队走成两路纵队、一个圆圈走成两个圆圈、左右分队走、并队走、裂队走等。

（2）基本部分

基本部分的时间一般占整个幼儿体育教学活动时间的 70%～80%。如果大班的游戏活动时间是30分钟，那么基本部分的时间一般为20～24分钟。

基本部分的主要任务是完成本次教学活动的主要教育和教学任务，即通过一定的身体动作练习，提高幼儿的身体素质，发展幼儿的基本动作，培养幼儿的良好品质。新内容和重难点内容应安排在前半部分，能使幼儿高度兴奋的内容或运动量较大的活动则应放在后半部分。

视频

3 个热身操

基本部分的主要内容可以是：走步、跑步、跳跃等基本动作的学习，幼儿体操的学习，身体素质的发展，体能的发展，等等。

（3）结束部分

结束部分的时间约占整个幼儿体育教学活动时间的 10%。如果大班的游戏活动时间是30分钟，那么结束部分的时间一般为3分钟。

结束部分的主要任务是有组织地结束教学活动，缓解幼儿身心高度兴奋或紧张的状态。其主要内容包括做整理放松活动，使幼儿由动到逐渐安静，放松肌肉，消除疲劳，使心率恢复正常水平；做简单小结，肯定鼓励幼儿的努力和成功，以继续激发和保持幼儿参与体育活动的兴趣和积极性；回收器材。

视频

放松游戏 1

运动后的放松练习容易被大家忽略。运动后一定要坚持做好整理放松活动。

运动后进行牵拉练习，可以使处于紧张收缩状态的肌肉放松，加快血液流动及人体的恢复，同时牵拉练习还能减轻一般性的肌肉酸痛和痉挛。进行牵拉练习时，幼儿要注意保持正确的身体姿势，动作不要太猛，同时拉伸要持续一定的时间，以使牵拉的效果达到最佳。牵拉、按摩的重点应放在运动负荷较大的部位，幼儿可根据参与运动的肌肉的疲劳感做不同的练习，如轻拍或轻捏大腿、手臂等。

视频

放松游戏 2

运动后，幼儿可在轻松愉悦的气氛中做放松操、简单舞蹈动作等，使呼吸和心率逐渐趋于平稳；教师可组织一系列轻松的游戏调节身心，如降落伞游戏等，也可以引导幼儿进行意念放松，如提示幼儿"肩放松、臂放松、深呼吸……"，使幼儿全身放松。

幼儿体育教学活动的3个部分之间相互联系，结构紧凑，过渡自然。幼儿体育教学活动的结构不是固定不变的，各部分的时间和内容的安排可随目的、任务、幼儿实际情况、季节特点、场地条件等灵活调整，但无论如何都应遵循人体生理机能水平的变化规律。

视频

放松游戏 3

6. 活动延伸

幼儿体育教学活动是一个长期、持续的过程。对于幼儿能力、习惯的培养，活动延伸不可缺少。进行活动延伸的方法有家园共育、领域渗透、环境创设、区角活动开展等。

（二）幼儿体育教学活动教案的格式

目前普遍采用的幼儿体育教学活动教案的格式主要有两种：表格式和文字叙述式。

1. 表格式幼儿体育教学活动教案

表格式幼儿体育教学活动教案（见表6-2）的优点在于能把教案的整体结构罗列清楚，各部分划分明确，教师的主导作用与学生的主体作用突出。

表6-2　表格式幼儿体育教学活动教案

任课教师：_____		第___周　第___节		日期：_____
活动名称				
活动目标				
活动重难点				
活动准备				
活动过程	活动时间	课　程　内　容		组织与要求
准备部分				
基本部分				
结束部分				
活动延伸				

2. 文字叙述式幼儿体育教学活动教案

文字叙述式幼儿体育教学活动教案一般是按上课的顺序书写的，制作起来比较容易，但不如表格式幼儿体育教学活动教案一目了然，但其内容包含了幼儿体育教学活动的所有构成要素。

六、幼儿体育教学活动案例

案例1　　活动名称：小熊过桥　　小班

设计意图：

平衡感是人类行动的基础，因此帮助幼儿掌握一定的平衡技能尤为重要。本活动引导幼儿通过扮演"小熊"学习过"独木桥"（平衡木）的本领，"小熊"需要过"独木桥"买东西装饰新家，而且每次过"独木桥"买的东西都不一样，以丰富的游戏情境，激发幼儿参与活动的兴趣。教师还通过歌唱的方式给幼儿营造一种宽松的氛围，这既能把动作要领唱给幼儿听，也有助于幼儿克服紧张的心理，主动、自信地参与活动。

活动目标：

1. 学习持物走过不同宽度和高度的平衡木，保持身体平衡。

2. 在走平衡木的时候学习眼睛看着前面，一步一步慢慢走。

3. 体会和同伴一起装饰新家的快乐。

活动重难点：

控制身体的稳定和平衡。

活动准备：

【经验准备】幼儿能够在垫子上按照路线行走；在行走的过程中，能够通过步伐的大小、行走速度的调整，保持身体平衡；有过节时装饰环境的经验。

【物资准备】空旷的场地，不同宽窄、高矮的平衡木各 4 块，大筐 1 个（上面画有商店的标记），在"新家"（筐）处悬挂带有夹子的绳子。

活动过程：

【准备部分】激发兴趣，活跃情绪。

教师："熊宝宝最喜欢和妈妈玩游戏了，我们玩一个'小熊小熊真爱玩'的游戏，仔细听，妈妈会叫你们怎么回来呢？路上小心，不要摔倒！"

1. 热身活动：教师和幼儿一起跑成大圈玩"小熊小熊真爱玩"的游戏，幼儿根据教师的指令做相应的动作，练习走、跑、跳的技能，增强腿部肌肉的力量。

2. 专项准备：幼儿站成圈，做手腕、脚腕运动，膝关节运动，压腿运动等，进行重点部位的专项准备。

【基本部分】自主练习，体验快乐。

1. 创设"小熊过桥"的情境，鼓励幼儿大胆尝试。

教师："熊宝宝，我们的新房子盖好了，我们等会儿去商店买些东西，把家里打扮得漂漂亮亮的，好吗？但是，去商店的路上有一座小桥，你们能自己走过去吗？这一次我们先在家练习一下。放心，妈妈就在旁边保护你们！"

游戏玩法与规则：幼儿分成两组，一个一个走过平衡木（比较矮的平衡木），然后站到队伍的后面，循环练习。

师幼集中站成半圆，共同讨论：怎么走才不会从小桥上掉下来呢？

教师总结："过小桥的时候，眼睛看着前面，一步步，慢慢走。"

2. 创设"装饰新家"的游戏情境，幼儿练习走平衡木，发展身体的平衡性。

① 熊宝宝过桥买彩带，装饰新家。

教师："这次，妈妈终于放心让你们去买东西了！每个宝贝买一根彩带，然后带回来挂在我们的新家上，记住了吗？"

游戏玩法与规则：幼儿分成两组，一个跟着一个走过平衡木（矮的平衡木）到对面的"商店"（大筐）"买"一根彩带，然后拿回来，挂在"新家"的绳子上。

② 熊宝宝过桥买礼物，装饰新家。

游戏玩法与规则：幼儿分成两组，一个跟着一个走过平衡木（比较高、窄的平衡木）到"商店"里"买"一个礼物。然后，拿回来放在"新家"里。

幼儿在过桥的时候，教师用儿歌提醒幼儿："好孩子，别害怕，眼睛朝着前面瞧，一步步，慢慢走，一定能把小桥过。"

师幼集中站成半圆，教师向幼儿提问："走在小桥上的时候害怕吗？这么高的小桥，你是怎么走过的？"

【放松部分】放松身心，感受快乐。

游戏玩法与规则：幼儿分散站在圈里，边听音乐边跳舞，随音乐放松、调整呼吸，并进行腿部拉伸。

活动延伸：

在晨间锻炼和户外体育游戏中，教师可以引导幼儿继续玩"小熊过桥"的游戏，以发展幼儿在平衡木上行走的能力。

思考与建议：

游戏线路可以进行调整。教师可以在平衡木的前面摆放一排小树林标记，让幼儿绕 S 形走过"小树林"，再过"小桥"；在材料的提供上，关于装扮"新家"的装饰品，教师可以引导幼儿提前收集或者亲手制作，再投放到游戏中；平衡木除了在高度和宽度上有变化外，还可以是直线的、曲线的；教师还可以在平衡木上摆放积木、圈等，增加游戏的难度。

（北京市通州区新城东里幼儿园　史新杰）

案例 2　活动名称：我们都来跳一跳（高跳下）　中班

设计意图：

中班幼儿的腿部肌肉力量逐渐增强，他们敢于尝试各种跳跃动作。但由于下肢动作的协调性欠缺，他们在进行跳跃时常出现屁股着地或摔倒的现象，部分幼儿还产生了胆怯心理。让幼儿站在高处向下跳，通过由易到难的高度变化练习可以帮助他们克服胆怯心理，锻炼腿部大肌肉，发展下肢动作的协调性，为今后学习跳绳、跳远等打下基础。学习正确的起跳和落地方法，能让幼儿在保持身体平稳、安全的状态下完成跳跃，提高幼儿的自我保护能力。

活动目标：

1. 学习从高 15～35 厘米的轮胎上往下跳，增强腿部肌肉力量和弹跳力。
2. 通过自主探索和模仿练习，逐渐掌握起跳和落地时的动作要领。
3. 克服由于高度变化而产生的胆怯心理，有自我保护的意识，体验用轮胎进行体育锻炼的乐趣。

活动重难点：

落地时的屈膝缓冲。

活动准备：

【经验准备】幼儿有玩轮胎的经验。

【物资准备】轮胎 17 个，泡沫地垫 6 块，音乐《安娜波尔卡》《巡逻兵进行曲》。

活动过程：

【准备部分】激发兴趣，活跃情绪。

1. 师幼围绕场地慢跑 1～2 圈后抢占轮胎，站好。
2. 做小猫韵律操：教师带领幼儿一起做上举、下蹲、扩胸、体侧等运动。

【基本部分】在游戏中自主练习动作，掌握动作要领。

1. 了解站在轮胎上向下跳的动作。

① 请个别幼儿做示范，教师讲解动作要领：双脚平稳地站在轮胎边上，轻轻向下跳，前脚掌落地，落地要轻，膝盖弯曲。

② 认识前脚掌。

2. 幼儿自由选择一个轮胎进行练习。

幼儿自由练习，教师指导。

3. 总结自己的动作，并集体原地练习。

① 个别幼儿展示自己练习的结果。

② 教师一边示范，一边讲解动作要领。

教师："首先我们要站在轮胎边上，双脚站稳，做好准备，小手摆一摆，小腿蹲一蹲，一二三，轻轻跳下来。一定要用前脚掌着地，落地要轻。"

③ 师幼一起唱儿歌学一学。

4. 幼儿再次自由练习，教师观察幼儿动作中出现的问题，找出需要重点讲解的部分。

5. 幼儿尝试从两个轮胎上往下跳。

请两个幼儿做示范，提醒幼儿注意轮胎大小和摆放的方法。

6. 幼儿在轮胎区游戏。

教师出示动作图，请幼儿讲出游戏内容。

① 跳轮胎：3种不同高度的轮胎，供幼儿选择和练习。

② 滚轮胎：幼儿扶稳轮胎沿线滚。

③ 运货船：幼儿背着轮胎向前走。

④ 过山洞：一个幼儿扶住轮胎，另一个幼儿钻过轮胎。

【放松部分】稳定情绪，放松身心。

活动延伸：

若遇雾霾天气可以在室内开展此活动；可以摆放不同高度的物品让幼儿进行练习，活动中用的运动器械还可以是小椅子、小板凳等。

思考与建议：

此活动可根据幼儿的实际情况灵活调整，如果叠放2个轮胎后大多数幼儿能够很好地完成跳跃，教师可以叠放3个轮胎后鼓励幼儿尝试跳；另外，教师需要特别提示和关注幼儿的落地方式，避免幼儿膝盖受损。

（北京市通州区永乐店镇中心幼儿园　聂海涛）

案例3　　活动名称：勇敢的消防员　大班

设计意图：

《幼儿园教育指导纲要（试行）》健康领域中的目标提出："喜欢参加体育活动，动作协调、灵活。"翻滚是幼儿喜爱的体育活动之一，它既是学习较复杂技巧动作的基础，也是在生活中遇到危险时进行自我保护的一种方法。翻滚的方式有很多，有前滚翻、后滚翻、侧滚等。其中侧滚强调了实用性，学习侧滚能有效地帮助大班幼儿掌握身体平衡，提高他们的自我防护意识和能力。本班幼儿有过玩侧滚翻游戏的经验，但在速度和方向控制方面还有待提高。前一段时间，"消防车进校园"的安全演练活动，使幼儿对消防安全有了进一步了解，对消防员十分崇敬，因此我以"勇敢的消防员"为背景，创建了本次体育教学活动。

活动目标：

1. 能够快速沿直线向前侧身翻滚一定距离，发展身体的平衡能力。

2. 在翻滚运动中能注意安全，不给他人造成危险。

3. 能够积极、勇敢地面对挑战，对自己有信心。

活动重难点：翻滚运动中能够注意安全，与同伴保持安全距离；快速沿直线侧身翻滚。

活动准备：

【经验准备】知道如果身上着火，来回侧滚翻是一种灭火方式；有侧身翻滚一定距离的经验。

【物资准备】10米×20米的场地、垫子20块、消防员服装12套、火焰道具3个、火焰贴布6块、锥形桶8个、玩具筐2个、玩具灭火器12个、跨跳器1个、塑料圈8个、热身操音乐、游戏音乐、放松操音乐。

活动过程：

【准备部分】

1. 跑步热身。教师带领幼儿以一路纵队的方式围绕场地进行变速跑、转体并步跑。（提示幼儿与其他幼儿保持一定距离，避免相撞，并注意调整呼吸。做转体并步跑的动作是为侧身翻滚做铺垫。）

2. 转圈游戏。幼儿分散站好，教师组织幼儿探索可以转动的身体部位，包括头、肩膀、腰腹、膝盖、脚踝等。教师组织幼儿探索全身转圈的方法，让幼儿感受转体的动作，为接下来的侧身翻滚做铺垫。

3. 热身操。教师播放音乐，将师幼共同梳理出的热身动作串联成热身操。

【基本部分】

1. 创设情境。教师提问："各位'消防员'，我们在消防救援的过程中，如果自己身上不小心着火了，应该如何灭火自救？"（引导幼儿迁移生活经验，知道侧身翻滚可以压灭自己身上的火。）

2. 练习侧身翻滚——自救演练。

① 鼓励幼儿自主探索侧身翻滚的动作。

② 引导幼儿分享自己的侧身翻滚姿势（引导幼儿通过亲身尝试与对比不同的侧身翻滚姿势，自主探索出侧身翻滚的动作要领）。结合第一次游戏的情况，提出控制方向、速度、安全距离的要求，引导幼儿再次尝试。

③ 自救演练场地示意图如图 6-1 所示。

3. 巩固侧身翻滚——"火焰来了"。

① 教师创设游戏情境："'火焰'来了，'消防员'躲避'火焰'，侧身翻滚灭火自救。"

② 幼儿两人一组，一人扮演火焰，一人扮演消防员。"消防员"先出发，绕过障碍物跑到垫子处快速侧身翻滚，扮演火焰的幼儿绕过障碍物跑到垫子处以手脚着地的方式进行追逐。（以追逐游戏的方式，巩固侧身翻滚技巧，提高侧身翻滚的速度。）

③ 引导个别幼儿说一说在刚刚游戏中的问题，师幼共同解决。（大班的幼儿应具备自主解决问题的能力，教师要在本环节为幼儿提供自主解决问题的机会。）

④ 幼儿再次游戏，教师进行观察指导。

⑤ "火焰来了"场地示意图如图 6-2 所示。

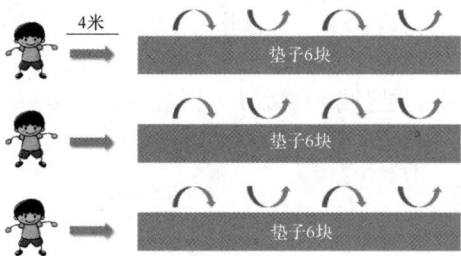

图 6-1 自救演练场地示意图

图 6-2 "火焰来了"场地示意图

4. 终极考验——扑灭火焰。

① 教师创设游戏情境："'消防员'进行消防演练，要求动作快且标准，同时保证安全距离。"（教师在此环节激发幼儿的自信心，鼓励幼儿积极面对困难，培养幼儿的意志品质。）

② 教师介绍"消防演练"的路线：幼儿绕障碍物跑，来到垫子处，侧身翻滚过垫子，助跑跨跳或者连续跳过障碍物，从筐里取一个"灭火器"，进行"灭火救援"。

③ 教师结合侧身翻滚方向、速度、安全距离等方面存在的问题进行小结。

④ 幼儿再次游戏，教师观察幼儿的侧身翻滚动作并进行个别指导。

⑤ 扑灭火焰场地示意图如图 6-3 所示。

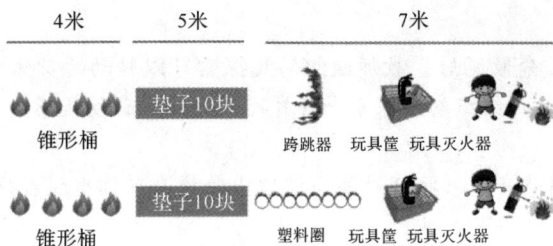

| 4米 | 5米 | 7米 |

图6-3　扑灭火焰场地示意图

【结束部分】

1. 小结本次活动。教师："各位'消防员'，我们今天训练了快速侧身翻滚，你们能够勇敢地接受挑战，在训练中不怕困难，为你们点赞！"

2. 放松活动。播放音乐，教师带领幼儿围绕场地做放松活动，重点进行上下肢和腰腹部位的拉伸与放松。

3. 收拾整理。教师请各位"消防员"有序将材料收放整齐。

活动延伸：

继续开展单人、双人、多人合作的不同的侧身翻滚游戏。

思考与建议：

为了有效解决幼儿在翻滚过程中不能滚直线，容易滚偏的难点，教师可以尝试在垫子的两侧放置多个间隔一定距离的空瓶，提醒幼儿翻滚的过程中避免头和脚触碰瓶子。

（北京市通州区新城东里幼儿园　王雨涵）

第四节　区域体育活动

区域体育活动是幼儿体育活动的一种特殊组织形式。幼儿参与充足的、有效的、科学的区域体育活动不仅可以增强体质，也能发展协调性、对环境的适应性，并获得快乐的体验，培养对体育活动的兴趣。区域体育活动，是指根据幼儿体育活动的内容和要求，在幼儿园内开设若干区域，让幼儿自主选择区域和器材，自由结伴、自主运动的一种组织形式。幼儿园开展区域体育活动，对丰富幼儿体育活动的内容、增强幼儿体质、促进幼儿社交能力的发展都具有重大意义，很有深入探索研究的价值。

一、区域体育活动概述

（一）区域体育活动的意义

《指南》指出，幼儿每天的户外活动时间一般不少于 2 小时，其中体育活动时间不少于 1 小时。发展科学的、适宜的区域体育活动，是增强幼儿体质的有效手段，也是促进幼儿健康发展的有效手段。

通过区域体育活动，幼儿除了能够发展动作的协调性，增强身体素质，形成健康的体魄外，还能从中获得愉悦的情绪体验，养成对体育活动的兴趣及提高适应环境的能力。这与《指南》中对幼儿健康领域的要求是一致的。《指南》指出，发育良好的身体、愉快的情绪、强健的体质、协调的动作、良好的生活习惯和基本生活能力是幼儿身心健康的重要标志，也是其他领域学习与发展的基础。因此，可以说区域体育活动能够为幼儿的终身发展打下良好的物质与精神基础，并对幼儿的身体发展有以下价值。

（1）培养幼儿对运动的兴趣，使幼儿获得更多的运动经验。

（2）促进幼儿的生长发育，发展幼儿的身体素质。

（3）有利于幼儿养成良好的运动习惯。

（二）区域体育活动的特点与内容

区域体育活动为幼儿提供多样的体育活动区和丰富多样的运动器械，鼓励幼儿自选区域、自主游戏，能激发幼儿运动的积极性和主动性，满足幼儿的运动需要，丰富幼儿的运动体验，使幼儿在轻松、快乐的身体运动中获得身体素质和运动能力的发展。区域体育活动由于打破了班级界限，又为幼儿提供了与同伴广泛交往与学习的良好机会，有利于幼儿社会性的良好发展。

1. 区域体育活动的特点

区域体育活动作为幼儿体育活动的重要组织形式之一，具有活动内容丰富、活动时间灵活、幼儿自主性强等特点，有利于教师发挥主导作用和因材施教，也有利于发挥幼儿的主动性和积极性，更好地培养独立性和创造性。

2. 区域体育活动的内容

区域体育活动通常是以不同的基本动作或运动器械来划分的，如钻爬区活动、跳跃区活动、投掷区活动、玩沙区活动、玩车区活动、攀登区活动、玩球区活动、民族民间体育游戏区活动等。因此，区域体育活动是以各类运动器械的探索、操作与游戏及基本动作的练习为主要内容的。

二、区域体育活动的常见问题

（一）趣味性和创新性不足

幼儿意志力差，注意方式以无意注意为主，因此区域体育活动具有趣味性是幼儿主动、积极参与的前提。当前区域体育活动存在趣味性和创新性不足的问题。教师在区域体育活动中的设计与指导不足是导致该活动趣味性和创新性不足的主要原因。每天参与相同的趣味性和创新性不足的活动，一方面会使幼儿失去对活动的兴趣；另一方面会使活动在幼儿完全掌握活动的技能技巧和流程后就失去了促进幼儿发展的价值，从而成为简单、被动、重复的无效活动。

示例图

区域体育活动

（二）挑战性不足

对于教育活动内容难易程度的把握，心理学家维果斯基用最近发展区理论给予了科学的阐述，即"跳一跳，摘个桃"，也就是说教师所选择的内容应该是有一定的难度的，而且是幼儿可以通过努力掌握的。如果内容是幼儿已经掌握的，区域体育活动就是无效的。相反，如果内容太难，幼儿怎么努力都无法掌握，就会降低幼儿学习的自信心和自我效能感。因此，区域体育活动具有适当的挑战性是激发幼儿参与活动的积极性与主动性的必要条件。当前，不少幼儿园为了预防所谓的意外事故，将区域体育活动的难度降到最低。例如，户外投掷区域的篮球架没有幼儿的个子高，幼儿可以轻松地将球放到球筐里面；平衡区的平衡木又大又矮，幼儿可以毫不费力地在上面来回走动；钻爬区的塑料拱桥高度过高，幼儿不用努力即可轻易通过。幼儿在这种没有挑战性的区域体育活动中无法掌握新的运动技能，也不能磨炼意志。

（三）活动场地不足、划分不合理

陶行知先生针对传统教育禁锢学生的思想与身体的问题，提出了"六大解放"的观点，其中就包括解放幼儿的空间，即不要把幼儿禁锢在狭小的教室里面，而要让幼儿多到室外活动，足够的室外活动空间是幼儿进行区域体育活动的前提条件。狭小的户外活动场地使幼儿园的户外活动仅仅局限于每天早晨分年龄班或者分班进行的集体体育活动，而幼儿喜欢的区域体育活动则成为一种偶尔进行的"调味品"。体育活动的开展需要借助一定的材料，幼儿园不同的区域体育活动需要借助不同的材料，以促进幼儿不同运动能力的发展。因此，不同的区域体育活动需要相对固定的活动场地。幼儿园户外活动场地不足，加之场地划分不合理导致幼儿园无法开展区域体育活动或者丰富区域体育活动的种类。

🔍 **试一试**

设计幼儿园区域体育活动场地分布图

请根据你的设想，设计一个功能齐全的幼儿园区域体育活动场地分布图，注明有哪些区域，并与大家分享。

三、区域体育活动的组织方法

（一）构建丰富多样的区域氛围是区域体育活动开展的前提

教师应充分利用现有的空间和设施，对区域做不同类别与形式的划分，而后对应分配材料，同时可以依据幼儿的年龄和能力来划分幼儿活动区，保证活动安全有效开展。

（二）制定区域体育活动的目标与计划是区域体育活动开展的基础

区域体育活动的开展要有目标与计划，这样才能有效地对教师工作的开展起到指导意义。实际的活动计划需要考虑区域和幼儿的实际情况。务必做到实事求是与因人而异，同时要较好地联系教育目标，设立活动开展的阶段性目标与重点任务。教师还要帮助幼儿建立良好的活动规范。例如，同一区域的幼儿要相互帮助；活动结束前，教师和幼儿一起收拾运动器械等。

（三）活动方式的丰富性是区域体育活动开展的主要支柱

教师应针对不同年龄阶段幼儿所具有的动作水平来选择相应的区域体育活动方式，从而建立起幼儿之间的联系。教师主要负责一定区域的指导工作，具体的伙伴和体育活动项目需要幼儿依照自身意愿来选择，以充分激发幼儿的积极性、主动性与兴趣。同时活动方式可以轮换，这样幼儿可以有机会接触到不同的区域体育活动，从而得到更为全面的发展。

（四）进行全面观察是区域体育活动开展的重要保证

在区域体育活动中，教师主要扮演的是指导者、观察者的角色，不要过多介入幼儿间的活动，应充分给予幼儿自主权来开展活动。但是在充分给予幼儿自主权的同时，教师要控制活动区的安全和良好秩序，如果有幼儿发生纠纷，要能够及时地控制事态，防止矛盾和问题的升级，起到一定的调和引导作用，而不是让幼儿处于放任自流的失控状态。教师要充分观察幼儿的言行，从幼儿的状态来了解幼儿参与活动的积极性和有效性，从而有效促进区域体育活动工作的逐步完善，积累丰富的区域体育活动开展经验，依据幼儿情况展开对应的引导，促进幼儿能力和积极性的提升。

在区域体育活动中，教师的指导与观察非常重要。教师并不是不承担管理责任，相反，教师需要在更高水平的隐形管理上下功夫，让幼儿不受干扰地开展安全、高效的区域体育活动，这需要教师有充分的观察能力、指导能力与责任心，依据不同幼儿、不同场地的情况做对应的调整。

四、区域体育活动案例

扫描右侧二维码查看区域体育活动案例。

案例

区域体育活动

第五节　室内体育活动

室内体育活动是指在室内开展的各种幼儿体育活动的总称，也是一种幼儿体育活动的组织形式，是对户外体育活动的一种补充，可以弥补一些幼儿园客观条件的局限或不足。室内体育活动是利用园所、班级的适宜场地、器材开展的对户外体育活动进行补充的活动，在发展幼儿的身体协调性、柔韧性、脚的精细动作及感知觉等方面具有一定的优势。

一、室内体育活动概述

（一）室内体育活动的意义

室内体育活动可有效地解决因天气、季节因素造成的户外体育活动无法开展的问题，确保幼儿每天参与不少于一小时的体育活动。有限空间内的体育活动，能提高幼儿的体能，以及空间知觉、运动视觉、自我保护等方面的能力。由于室内空间条件的局限，幼儿在室内参与活动时，反而能逐步学会轮流游戏与等待，以及遵守游戏的规则，这对幼儿社会性的发展具有很大的帮助。由此可见室内体育活动对幼儿具有重要的现实意义。

（二）室内体育活动的特点与内容

1. 室内体育活动的特点

室内体育活动与户外体育活动相比有自己独特的特点。首先空间有局限，空间的大小会在一定程度上影响体育活动的开展；其次室内场地有限，室内场地主要有班级教室、睡眠室、楼道、楼梯等；最后室内运动器械具有便携、轻小的特点，活动内容的选择更倾向于走、钻爬、跳、投等。

2. 室内体育活动的内容

幼儿园应根据幼儿的年龄特点与发展需要，为幼儿提供丰富的室内运动器械。适合开展室内体育运动的中小型运动器械有：小滑梯、平衡木、钻爬筒、摇马、桌子、椅子、拳击袋、套圈、投掷架、圈、沙包、球、绳、垫子等。幼儿园可根据不同的器材开展不同的室内体育活动。

（1）室内体育课

室内体育课是根据幼儿身体发展需要，在室内适宜的环境与场地中开展的有计划的、系统的体育课。内容要选择适合在室内进行的动作练习，如爬、滚、投准等。幼儿园应通过热身活动、体验活动、动作练习、经验提升等来提高幼儿体能，促进幼儿身体素质的提高。

（2）室内分组体验活动

在较宽敞的室内或者楼道等位置放置一些中、小型的运动器械，可供幼儿自主选择并开展体育活动。教师根据本班的场地情况，创设以身体锻炼为主题的小型活动区，为幼儿提供丰富的运动器械，可使幼儿获得全面体验，进而提高幼儿的身体素质，如图6-4、图6-5所示。

图6-4 室内垫子爬

图6-5 室内梅花桩走

（图片来源：北京市昌平区工业幼儿园）

（3）室内体操

幼儿园可利用音乐活动室、多功能厅或者宽敞的教室、楼道，组织幼儿进行体操活动。室内体操应注重幼儿柔韧性的增强，与室外体操有所区别。

（4）室内体育游戏

室内体育游戏是打破班级界限，由幼儿自主选择运动器械、场地、活动类型的室内体育活动，较其他形式的室内体育活动具有更强的自主性。例如"脚丫乐园"是指教师提供由不同填充物制作的布袋，让幼儿光脚感知不同材质；提供不同高度的软玩具，让幼儿在上面行走，以提高幼儿身体的平衡能力和控制能力；提供地垫与气球，让幼儿躺在地垫上双脚踢球、传球，以提高幼儿下肢肌肉力量及身体的协调性；提供报纸、皱纹纸、小豆子、小筐，让幼儿用脚趾撕纸、夹小豆子，以提高脚趾的灵活性。这些活动的开展能使幼儿自主选择活动内容，弥补了室外体育活动的不足，丰富了幼儿的运动体验，促进了幼儿身体的全面发展，如图 6-6、图 6-7 所示。

图 6-6　垫子爬 1　　　　　　　　　　　图 6-7　垫子爬 2

（图片来源：北京航空航天大学幼儿园）

二、室内体育活动的常见问题

（一）幼儿园对室内体育活动不重视

室内体育活动是在遇到特殊天气时在室内组织的体育活动，由于部分幼儿园对特殊天气没有应急预案，也没有相关的要求，教师就把室外体育活动变为室内活动，而不是体育活动。这样会使幼儿在一日活动中的身体素质锻炼需求得不到满足。

示例图

室内体育活动

（二）室内体育活动缺乏计划性

部分幼儿园的室内体育活动是临时安排的，也有部分幼儿园只是做了部分尝试和探索，没有对室内体育活动进行整体规划和计划。因此这些室内体育活动的目标具有随意性和不确定性，组织过程松散，幼儿获得的锻炼往往不足。有些室内体育活动注重娱乐性，缺少运动的价值，也就难以发挥室内体育活动的作用。

（三）室内体育活动内容不够丰富

室内体育活动从某种程度上看是对室外体育活动的补充。一些在室外不好开展的体育活动能够在室内组织，但在实践中，许多教师组织的室内体育活动是对户外体育活动的延续，主要体现在集中进行跳、爬的活动较多，忽略了一些容易在室内开展的活动，如翻滚、投准、赤足的活动。

（四）室内体育活动材料不够丰富

由于部分幼儿园对室内体育活动重视不足，缺乏深入的探索和研究，因此室内体育活动材料往往不够丰富。例如，有些幼儿园缺少对幼儿身体素质发展有所促进的材料，如垫子、投准器材等。

三、室内体育活动的组织方法

（一）纳入幼儿园体育活动整体规划

教师在制订幼儿园体育活动整体规划时，应将室内体育活动作为其中的一个重要组织形式，充分考虑室内环境的特点和优势，探讨与幼儿体育活动目标、内容之间的关联性，并在此基础上，做好室内体育活动场地的选择与利用，运动器械的选择与配备，并将室内体育活动的目标、内容与户外体育活动的组织形式有机地结合起来，制定出适宜的室内体育活动方案，使室内体育活动的开展更具计划性、目的性。这既能使室内体育活动作为户外体育活动的有益补充，又能充分突出室内体育活动的特色，共同实现幼儿园开展体育活动的目标。

（二）全面规划与合理布局，创设适宜的环境

由于大多幼儿园存在室内运动空间匮乏的问题，因此教师必须多元整合资源，有效利用各个空间，充分挖掘现有的场地资源，为室内体育活动所用。例如，在班级教室开展部分室内体育活动的基础上，开拓活动室、楼道，以及门厅、楼梯等场地，只要是无安全隐患的空间都可以加以有效利用。

1. 空间与活动性质相结合

幼儿园应根据活动性质、幼儿人数选择合适的室内空间，将空间与活动性质相结合。活动频次较高、人数较多的活动，如跑、跳、钻爬、投准等，可以在活动室、睡眠室开展；而在楼道中，可以开展走平衡木、弹跳、悬垂等运动；在门口的小空间内可进行上肢肌肉力量练习，如拉拉力器、投弹力球等。

2. 空间与活动材料相结合

不同材料对幼儿身体发展的价值不同，面积大的活动材料可以放在宽敞的空间内，面积小的活动材料可以放在楼道或者门口拐角处较小的空间内。活动材料还可以悬挂起来，以充分利用立体空间。

3. 空间与运动量相结合

运动量大的、重复性的活动如跳、跑、爬等，可以在空间大的地方开展，运动量小且不牵扯全身的活动就可以在窄而小的地方进行。

（三）开发和丰富材料，合理选择和投放材料

1. 注重利用现有资源，就地取材

室内空间内最多的材料就是桌子、椅子、柜子、床等，它们在户外并不是一种理想的运动器械，而在室内却可以成为主要的运动器械。如幼儿可以利用桌子进行"钻山洞""小动物找家"等钻的活动，也可以在桌子上进行爬的活动，还可以进行从高处跳下等一系列活动。

2. 注重材料的开发和更新

教师要对现有运动器械的使用率进行调查和分析，并定期开发幼儿喜欢、功能齐全的运动器械，增强幼儿对运动器械的新鲜感和主动运用的积极性。例如北京市延庆区第四幼儿园利用地域特点搜集到很多材料，如枯木、玉米秸、桃核、核桃、圆石头等，这些材料稍加变化就可成为有价值的运动器械。

3. 注重材料的操作性和可变性

在保证材料安全的前提下，教师要考虑材料的操作性和可变性，选择大量低结构材料，注重材料玩法的开发和展示，鼓励幼儿积极探索，大胆尝试。避免频繁更换材料而忽略动作发展。小班的靠垫、充气袋，大班的泡沫软棒、纸盒等，都具有可变性强、安全耐用、不占空间等特点。

（四）合理安排活动的内容与形式

室内体育活动的内容可以是丰富多彩的，组织形式也可以是多种多样的。例如，室内体操活动、体育游戏、运动器械活动等的组织形式可以是集体的、小组的、自由的、分散的。教师在安排活动时，既要考虑幼儿年龄特点，又要考虑班级实际情况。在内容安排上，教师既要考虑幼儿上下肢的均衡发展，又要考虑运动量。准备活动、整理放松活动缺一不可，并要符合人体生理机能水平的变化规律和运动技能的形成规律。

（五）多维度保障活动安全

教师应从场地、材料、内容、玩法、指导等多个维度进行教学，以保障幼儿在进行室内体育活动时的安全。教师要巡回指导，及时发现安全隐患，提醒幼儿注意安全；不同教师各司其职，明确分工，不缺位，做到及时发现问题，并及时解决问题。

🔍 拓展阅读

开展室内体育游戏应该注意的问题

在开展室内体育游戏时，为保证游戏的有效性、安全性和卫生性，幼儿园要做到：各种活动都有充足的空间；室内空气流通顺畅，地面清洁无灰尘，噪声少。在开展赤足活动时，幼儿园要保证地面柔软及保暖，可以铺地毯或泡沫地板；在秋、冬季开展赤足活动时，幼儿园要充分做好脚部准备活动，包括从脚趾、脚腕、脚掌过渡到全身的准备活动。

四、室内体育活动案例

游戏：挑水

游戏目标：

1. 练习在椅子上侧着身体走，发展协调能力和平衡能力。
2. 激发对体育游戏的兴趣。

游戏准备： 9 把小椅子，若干小棒、小水桶。

游戏玩法与规则： 把 9 把小椅子摆成左右交错的两排，幼儿用小棒挑着小水桶，在两排椅子上交错前进，从一端走向另一端；游戏可以反复进行。

指导建议： 在游戏前，提醒幼儿注意安全；在游戏过程中，做好保护工作。

拓展游戏	拓展游戏
抬花轿	运苹果

第六节 远足活动

一、远足活动概述

"远足"亦称徒步、行山或健行，是一种长途步行运动，主要指有目的地在郊区或者山野间进行中长距离的走路锻炼，是一种比较典型和常见的户外运动。在幼儿中开展距离适宜的远足活动，有着非同寻常的重要意义。

（一）远足活动的意义

1. 增强幼儿体质

随着社会的进步、人们生活水平的提高，幼儿出门有车，上楼有电梯，走路的机会越来越少。而走步是幼儿的基本动作之一，远足也是简单的、几乎人人都能参与的活动。从医学角度说，"走"能直接刺激脚部的诸多穴位，促进人体血液循环和肝脏代谢，促进自主神经及内分泌系统的正常工作，增强身体的调节功能，预防诸多疾病的发生。经常远足，可以在促进幼儿身体正常生长发育的同时提高幼儿身体素质和活动能力，使幼儿的动作更协调，同时也能进一步增强幼儿抵抗疾病的能力。

2. 陶冶情操，激发幼儿爱祖国、爱家乡的情感，同时培养幼儿的多种意志品质

带领幼儿走出幼儿园，参观自然景观可以让幼儿感受祖国的壮美、大自然的神奇；参观人文景观，能让幼儿领略祖国文化的博大精深、历史悠久；参观工厂、农场，能让幼儿感受我国工农业发展的迅猛……这一切都会使幼儿自然而然地萌发爱祖国、爱家乡的情感。而在远足的过程中，幼儿会遇到各种各样的困难：路太长会走不动，路不好走会摔跤，要自己背着水和一些必备物品，要穿越公路甚至闹市，等等。这些时机都是培养幼儿意志品质的良好时机。再苦再累，但只要能坚持走下去，就能培养幼儿吃苦耐劳的精神和持之以恒的毅力；自己负担远足必需品可培养幼儿自理自立的好品格；穿越公路甚至闹市等可让幼儿懂得为什么要遵守公共秩序。在整个过程中，幼儿可以相互帮助，大带小，这样团结友爱等好品质更易于形成。

3. 拓展幼儿学习空间，促进幼儿智力发展

在远足活动中，幼儿有机会走出家门、园门，广泛地接触自然、接触社会。广博的大自然和纷繁的社会为幼儿提供了更为广阔的学习空间——田野里的野花小草、各种各样的庄稼、不计其数的昆虫，都是幼儿观察研究的好教材。教师在引导幼儿仔细观察时，既培养了他们的观察能力，又提高了他们的注意力。参观工厂、人文景观等活动具有直观性、实践性，让幼儿有机会了解历史、社会等多方面的知识并且记忆深刻，这是在家和幼儿园里难以实现的。此外，在活动的过程中，教师会因势利导，将方位知识、空间概念等融入其中，同时让幼儿描述自己的见闻感受等，幼儿的语言能力也就发展起来了。

4. 改善注意缺陷多动障碍

注意缺陷多动障碍（Attention Deficit Hyperactivity Disorder，ADHD）是一种常见的儿童疾病。患有 ADHD 的人常有注意力不集中的问题，很容易分心，表现为多动并且难以控制冲动的情绪。

抚养患有 ADHD 的幼儿对于父母来说一直是一个难题。但是，研究发现，将患有 ADHD 的幼儿带到户外活动有利于缓解 ADHD 的症状。同时亲近大自然对于任何一个注意力不集中或易冲动的人来说都是大有裨益的。

（二）远足活动的特点与内容

1. 远足活动的特点

（1）灵活性

距离灵活。远足活动的距离根据幼儿整体身体素质情况或者活动需要可长可短。

时间灵活。远足活动在任何季节都可以根据季节特点开展，且每次活动的时间可长可短。

地点灵活。开展远足活动时，幼儿可以去郊外，可以去公园，可以去场馆……

组织形式灵活。远足活动既可以全园一起组织，也可以分年龄班组织，还可以按照亲子模式组织。

内容灵活。远足活动可以根据幼儿兴趣选择内容，也可以根据主题开展情况选择内容，还可以根据幼儿园重点工作选择内容。

（2）开放性

远足活动使幼儿走出家门，走出幼儿园，来到社会和自然中。这个开放的课堂为幼儿提供了更为丰富的学习内容、学习方法。幼儿可以用自己的感官来体验、感悟、接触、了解这个世界，在看、听、闻、尝、摸、做的过程中学到很多在幼儿园内学不到的知识，从而获得属于自己的新经验。

2. 远足活动的内容

从内容上讲，远足活动可以分为锻炼性远足活动、游览性远足活动、游戏性远足活动和主题性远足活动。

（1）锻炼性远足活动

锻炼性远足活动是指以锻炼身体、提高身体素质为主要目的的远足活动。在这类远足活动中，幼儿可以走，可以慢跑，可以负重，还可以到达指定地点后开展走、跑、跳、投的游戏或竞赛活动。

有时候为了提高幼儿参与的积极性，教师可以借助指南针、地图等让幼儿边识图找方向边前进，以缓解幼儿的疲劳感，增强锻炼性及远足活动的趣味性。

（2）游览性远足活动

游览性远足活动是指以参观游览为主要内容的远足活动。参观游览的对象不同，其教育意义也不同。比如春天到公园参观，主要是为了让幼儿领略季节变化、自然美景；参观长城等古迹，主要是为了让幼儿感受中国古代劳动人民的伟大；参观科技馆、海洋馆等，主要是为了让幼儿学习科学知识。

（3）游戏性远足活动

游戏性远足活动是指以开展综合游戏为主要内容的远足活动。如选择较为开阔的场地布置场景，开展"寻宝""探险"等游戏，让幼儿在活动中学习知识、发现问题、解决问题，培养他们的独立精神、合作意识、克服困难的勇气等。

（4）主题性远足活动

主题性远足活动是指根据幼儿园重点工作或者班级主题教育活动开展的远足活动。这类远足活动是幼儿园课程的一部分，其教育目的是围绕主题活动设计的。比如开展主题性远足活动"春天来了"，教师可以带领幼儿来到田野上，观察土地、河流、植物的变化。当幼儿呼吸着带着泥土清香的空气，感受着暖暖的风，看到河面不再结冰、柳树长出嫩芽、野草钻出土地时，他们就真正了解了什么是春天。

二、远足活动的常见问题

（一）安全问题

远足活动的场地一般比较大，且到达目的地需要步行或者乘车一段时间，这都给远足活动造成了一定的安全隐患。这就要求教师充分考虑可能出现的安全问题。

交通安全问题。远足活动的目的地距离幼儿园有一定距离，无论是乘车还是徒步，教师都要充分考虑可能出现的交通问题，尽量规避拥堵时段和路段。

意外伤害问题。在远足过程中，幼儿精神放松，吸引他们的事物又很多，所以教师要防范意外伤害，如摔伤、磕碰、被杂草树枝划伤、被蚊虫叮咬等。同时教师还要注意防范一些人为伤害。

（二）忽视保育工作问题

由于在户外活动，受场地条件等限制，可能出现无处洗手、饮水不及时等问题。教师如果在活动前不精心准备，就会出现很多保育工作上的疏漏。例如，在远足活动前，教师要查看天气预报，了解活动当日的气温、风速等，并根据预报情况为幼儿准备衣物、雨具等。如遇恶劣天气，要取消活动。

（三）幼儿突然发病问题

幼儿由于年龄小，适应环境能力差，有时会出现突然发病的情况。因此除了准备必备的止泻、治疗腹痛等的药物外，最好有医护人员同行。

三、远足活动的组织方法

（一）精心做好准备工作

1. 制定完备的远足活动实施方案和安全预案

在组织远足活动前，幼儿园要召开领导小组会议，具体商讨远足活动事项，从时间、地点的选择到活动的目标、内容，以及各环节如何实施、如何衔接，各环节负责人是谁等都要一一敲定，并形成活动实施方案；要充分考虑各种安全问题，形成安全预案。两个方案都完成后，幼儿园要召开教师会，领导小组传达部署方案，同时听取教师的意见，对方案进行修改完善。

2. 做好家长工作

制定好远足活动实施方案后，幼儿园要召开家长会。教师要向家长宣讲远足活动的目的及意义，还可以请参加过远足活动的家长讲一讲远足活动带给幼儿和家长的益处，争取家长的支持。同时教师向家长征求意见，以完善远足活动实施方案。和家长就远足活动的开展达成共识后，幼儿园要与家长签订《安全协议》。

3. 做好安全工作

安全工作是远足活动的重中之重，而防患于未然是做好安全工作的最好保证。做好安全工作的首要任务是提高教师的安全意识和提高教师户外带队的技能。教师要将安全教育工作渗透到平时一日活动的各个环节，组织幼儿讨论相关安全问题，如走路时怎样才能不掉队、怎样过马路、遇到陌生人时怎么办等，切实提高他们的自我保护能力，并在活动前强调安全要求。

4. 做好活动前的检查和保障工作

活动前，教师要检查幼儿的着装情况，提醒幼儿喝水、上厕所。领导小组的成员要检查工作人员的到位情况、活动所需物品的携带情况，如矿泉水、擦汗的毛巾、雨具、夏天防止中暑和蚊虫叮咬的药品、治疗腹泻腹痛的药品、用于开展活动的道具、激励幼儿的奖品，以及医护人员和应急车辆等。充足的物质保障是远足活动顺利开展的基础。

（二）远足活动要科学合理

1. 远足活动的内容要有针对性

将远足活动与幼儿园重点工作、班级主题活动等相结合，可使远足活动的目的、内容更有针对性。为此，幼儿园和各班教师在学期初制订课程计划时，要将远足活动纳入其中，将远足活动的内容和课程内容有机结合，充分挖掘各种教育因素，使远足活动成为课程的一部分，让幼儿在锻炼身体的同时受到思想上的教育。

2. 远足活动的组织形式要灵活有趣

远足活动的组织形式较多，但无论采取哪种组织形式都要考虑远足活动的趣味性，这样才能保证幼儿乐于参与，使远足活动更易达到教育效果。比如可以组织全园性的"大带小"的远足活动，让大幼儿感受照顾弟弟妹妹的乐趣，让小幼儿模仿大哥哥、大姐姐的行为；也可以组织亲子远足活动，在活动中搞一些亲子游戏，让家长和幼儿共享亲子游的乐趣。

3. 远足活动的运动量要适中

远足活动虽然能增强幼儿体质，但是增强幼儿体质是一个循序渐进的过程，所以每次远足活动的运动量一定要适合当前幼儿的体质。远足活动可在步行距离、步行时间上呈现由短及长的变化，如幼儿第一次远足的距离是 0.5 千米，所用时间为 30 分钟，之后逐渐增加到远足 3 千米、用时 2 个小时。教师不能像要求其他同龄幼儿一样要求体弱的幼儿，可以让其走一走、歇一歇。

4. 远足活动中的保育工作要全程化

组织远足活动，必须做好全方位的保育工作。在远足活动中，教师要善于观察幼儿的身体情况和情绪状态，关注特殊幼儿，及时调整幼儿行走的节奏和速度；让幼儿适当地休息，及时提醒幼儿饮水；提醒幼儿注意安全，经常清点幼儿人数等。远足回来后，教师也不能掉以轻心，要坚持做好活动后的保育工作，如帮助幼儿上厕所、洗手、喝水、换衣服等，观察幼儿，特别是体弱的幼儿的精神状态及他们的进餐、午睡情况等。

四、远足活动案例

活动名称：大班春季远足

活动由来：

随着幼儿年龄的增长，他们的求知欲在不断增强，思考方式也越来越丰富，他们对大千世界有着强烈的好奇心，对亲近大自然、接触社会有着强烈的愿望，对任何事物都想看一看、摸一摸、问一问、说一说。作为教师，我们要充分利用自然资源、社会资源为幼儿创造亲近大自然、亲近社会的机会，增加他们的感性知识。为此，我们根据幼儿身心发展的特点，开展幼儿社区远足活动，为幼儿提供一次亲近大自然、亲近社会的机会，扩大他们接触、认识社会的活动空间，帮助他们了解我国建筑文化的特点。

活动目标：

1. 培养自信心、良好的情绪情感、吃苦耐劳的精神等。
2. 通过多种感官了解周围自然环境，了解我国传统建筑的美丽，画一幅"美丽的牡丹园"。
3. 根据路边的指示牌确定路线。
4. 在活动中自己照顾自己，同时还会保护同伴，知道互相帮助的含义。

活动准备：

1. 了解远足地点和参观景点。
2. 了解写生，请家长为幼儿准备写生所需物品。
3. 请家长为幼儿准备轻便衣物，以及一些食物和水。
4. 了解远足时的安全和环保常识。

活动地点：

外交部基地，远足距离为 3 千米。

活动过程：

1. 徒步到活动地点（约 1 千米）。
（1）8:30 准时从幼儿园出发，徒步到达活动地点——外交部基地。
（2）沿途引导幼儿观察春天植物的变化。
（3）徒步至活动地点大门口，进行合影。
2. 活动地点内活动（约 1 千米）。
（1）寻找第一个目的地——小型动物养殖场。

引导幼儿根据基地内的地图选择路线并寻找第一个目的地——小型动物养殖场；参观小型动物养殖场和周边景色。

（2）寻找第二个目的地——牡丹园。

找到后开展写生活动，随后进行野餐和休息。

3. 返程（约 1 千米）。

10:50 前安全返回幼儿园。

4. 分享环节。

利用餐前时间，组织幼儿对在远足过程中看到的、体会到的和写生作品等进行分享。

第七节　幼儿园特色体育活动

一、幼儿定向活动

（一）幼儿定向活动的意义

拓展阅读

以色列幼儿园的"踢游"

定向活动是一项在幼儿园、郊外或者公园开展的体育运动，能提高幼儿借助地图、图纸等进行上下、前后、左右等全方位搜索的定向能力，能促使幼儿在运动中增强体质、发展身体的灵敏性。幼儿园的定向活动，通常以亲子活动的形式来完成，或者多个家庭以小组为单位进行。在游戏中等待他人、一起讨论、一起看地图、一起解决发现的问题、相互帮助，能激发幼儿的团队协作能力。通过定向活动，在解决问题、克服身体和心理上的困难后，幼儿也能培养出坚持不懈、不畏困难、勇敢向前的意志品质。

（二）幼儿定向活动的特点

首先，幼儿定向活动具有趣味性和游戏性。幼儿定向活动就像一个寻找宝物的游戏。与其他体育活动相比，幼儿定向活动不会使幼儿因单调、枯燥而感到疲劳，从而失去兴趣，产生厌倦情绪。定向活动可使幼儿在兴奋和愉快中达到预定的运动强度。其次幼儿定向活动具有生态自然性。定向活动是在幼儿园、郊外、公园等场所进行的，场所的特殊性是幼儿定向活动更能够吸引幼儿参与的重要因素。

（三）幼儿定向活动的目标

幼儿定向活动目标的制定要充分考虑幼儿年龄、认知、身体发育的特点等因素。教师只有全面把握幼儿的心理、身体特征才能把握住定向活动的要点，制定适宜的目标。另外，幼儿的心智发育还未成熟，对危险的控制能力有限，因此在幼儿定向活动中防范安全问题尤为重要。幼儿定向活动的目标如表6-3所示。

表6-3　幼儿定向活动的目标

年龄段	活动目标
3—4岁	1. 对定向活动感兴趣并乐意参加，喜欢承担活动任务； 2. 能结合简单的实物照片看识幼儿园区域平面定向图，按图中点标顺序找标点； 3. 有一定的走、跑、爬等基本运动能力，动作协调
4—5岁	1. 对定向活动感兴趣并能主动参与，在活动中有一定的合作、责任意识，能基本完成活动任务； 2. 能根据站立点转动地图，进而看识幼儿园区域平面定向图，按图中点标顺序找标点； 3. 具有较强的走、跑、跳等基本运动能力，有一定的运动经验
5—6岁	1. 对定向活动感兴趣并主动参与，在活动中有一定的合作、责任意识和能力，能较好地完成任务； 2. 能将地图、指北针两者结合起来看识幼儿园或户外平面整合定向图，按图中点标顺序选择最佳路径快速找到标点； 3. 具有较强的走、跑、跳等基本运动能力，有较丰富的运动经验

（四）幼儿定向活动的实施

1. 活动内容的选择

（1）以幼儿的兴趣、能力水平为选择依据

在幼儿定向活动中，教师须从幼儿的兴趣和能力水平出发，根据不同年龄阶段幼儿感兴趣的故事、事件、角色等确定活动内容，如表6-4所示。例如可以根据幼儿喜欢的"丛林寻宝"故事，将其中的角色搬到幼儿定向活动中，并借鉴小勇士去丛林探险寻宝这一故事情节，根据不同年龄段幼儿的能力水平，确定分别适合小、中、大班的"丛林寻宝"定向活动。

表6-4　幼儿定向活动内容（参考）

年龄段	活动环境	活动内容
3—4岁	室内向园内逐步延伸	"小蜗牛找家""小蝌蚪找妈妈""小鸡找虫"等
4—5岁	由园内向园外周边的绿地逐步延伸	"丛林勇士""森林寻宝""花园探险"等
5—6岁	由园外周边的绿地向公园或周边社区延伸	"公园亲子定向活动""胡同定向探险""博物馆寻宝"等

（2）根据主题教育活动选择适宜的内容

在幼儿定向活动开展的过程中，教师可以根据小、中、大班正在进行的主题教育活动选择幼儿最感兴趣的幼儿定向活动内容。例如，小班在开展"小森林"的主题教育活动时，教师设计了"小熊队和小猴队"的幼儿定向活动；中班在开展"多变的色彩"的主题教育活动时，教师设计了"各种颜色的水果"的幼儿定向活动；大班在开展"森林运动会"的主题教育活动时，教师设计了"动物总动员"的幼儿定向活动。

2. 运动器械的准备

幼儿定向活动所需要的运动器械主要有以下几种：指北针、点标旗、电子打卡器、定向活动地图等。

（1）指北针

在幼儿定向活动中，能让幼儿找到正确方向的有用工具是指北针，如图6-8所示。

（2）点标旗

点标旗由3面正方形标志旗组成，每面标志旗的尺寸为30厘米×30厘米，每面标志旗沿对角线分开，如图6-9所示。标志旗上通常有编号，以便选手在比赛时根据旗上的编号来判断自己是否找到了正确的检查点。

（3）电子打卡器

电子打卡器是与检查点配合而起作用的，它提供给选手一个到达指定位置的凭据。电子打卡计时系统一般由电子打卡器（见图6-10）、指卡（见图6-11）和终端打印系统组成。

图6-8 指北针　　　图6-9 点标旗　　　图6-10 电子打卡器　　　图6-11 指卡

（4）定向活动地图

定向活动地图是建立在地形图基础之上的运动用图，与一般地图相比，更加详尽地记录了地面的情况。它利用等高线表示山的形状和高度，利用各种颜色表示前进的难易程度、植物分布情况，利用各种符号表示地面的特征。一张标准的定向活动地图上会标有比例尺、等高线、磁北线，以及各种符号和图例说明等内容，如图6-12所示。

图6-12 定向活动地图

（五）幼儿定向活动的组织方法

在定向活动的初期，学会根据图纸判断方向非常重要，教师可以通过搭积木的方法，培养幼儿的方向感、空间立体感。

1. 识图搭积木——培养方向感

幼儿园可以通过指北针识图搭积木活动帮助幼儿认识方向，初步培养幼儿的识图能力、动手能力和方向感，提高幼儿的逻辑思维能力和认知能力。幼儿每人手持一张带箭头方向的图纸，将指北针水平摆放，确保图纸上的北与指北针上的北方向一致。教师带领幼儿感受实地（主要是在幼儿园内）与图纸的联系，让幼儿感受正确的方位，引导幼儿在图纸中找到与实地相对应的路，并指导幼儿掌握正确的搭积木方法，如图 6-13 所示（图中箭头表示方向，箭头旁边的矩形表示要搭建南北方向的积木）。待幼儿熟悉幼儿园内小路的拐弯处，以及小路拐弯的方向后，可以让幼儿在幼儿园的走廊、操场等地方实地练习。

拓展游戏

定向活动：定向寻宝
（大班）

2. 识图搭积木——培养空间立体感

教师要鼓励幼儿积极思考，培养幼儿的逻辑思维能力，多向幼儿提问并做好辅助工作，让幼儿先了解平行和弯曲的路，再依次增加地图上的路的数量、路的拐弯难度。幼儿搭积木时教师要主动讲解并示范。幼儿搭错时教师要及时帮助其改正。教师要积极与幼儿互动，引导幼儿将实地与图纸相对应，在掌握方位的同时找到路的出口，并尝试在头脑中回忆相对应的空间立体地图，如图 6-14 所示。

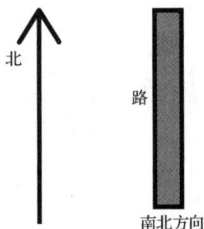

图 6-13 识图搭积木 1

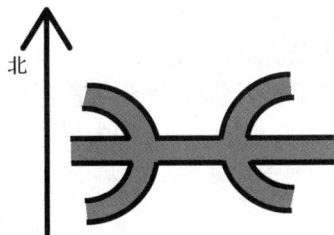

图 6-14 识图搭积木 2

3. 识图搭积木——建筑与路网的识别

随着幼儿身体的不断发展，尤其是幼儿对空间方位的相对性和连续性的认识与理解的不断加深，教师要针对空间方位做出设计，增强幼儿的空间立体感。教师通过指北针识图搭积木活动，锻炼幼儿的识图能力，加深幼儿对地图的直观感受，让幼儿可以根据图纸在大脑中建立立体感及想象实地的地形。幼儿手持图纸，教师引导幼儿观察图上有几栋建筑，几条路，路在建筑的哪个方向，如图 6-15 所示。

4. 识图搭积木——实地对应地图

幼儿手持带方向的图纸，在图纸中找到与实地对应的路的方向，按照图纸上的图案搭积木。教师逐渐增加识图难度，引导幼儿搭积木，不断提高幼儿的识图能力，如图 6-16 所示。

平行路口和建筑物

图 6-15 识图搭积木 3

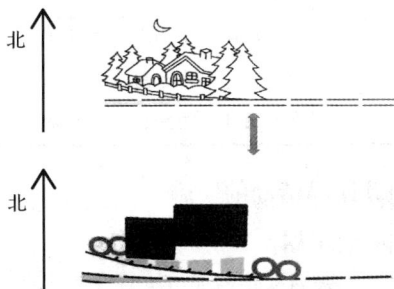

图 6-16 识图搭积木 4

二、幼儿跑酷活动

（一）幼儿跑酷活动的价值

幼儿跑酷活动作为一项新兴运动有其独特的运动理念与魅力，自然能激发幼儿的运动兴趣。在幼儿跑酷活动中，幼儿通过快速且多样的跑、跳跃、攀登、爬、钻动作穿越富有变化和挑战性的障碍物，既能全面发展身体素质，也对幼儿的专注力、判断力、创造力等认知能力，自我保护能力，自信心，积极进取、不怕困难、坚持到底的良好意志品质的培养都大有裨益，对促进幼儿身心健康发展具有重要的教育价值。

（二）幼儿跑酷活动的特点和目标

1. 幼儿跑酷活动的特点

（1）挑战性

相较于折返跑、跳圈这类的"平面运动"，幼儿跑酷活动往往是"上蹿下跳、蹬上爬下"的"立体运动"。有人形容跑酷者是"猛如虎，灵如猫，矫如游龙，动如脱兔"的运动达人，这既体现了跑酷活动能有效发展运动能力，也体现了跑酷活动具有较强的挑战性。

（2）实用性

幼儿在幼儿跑酷活动中积累的多种多样的动作练习经验，可以帮助其在日常生活中从容面对突发事件，以快速且有效的方式躲避障碍物、逃离危险区域，提升其自我保护能力，具有很强的实用性。

2. 幼儿跑酷活动的目标

在制定幼儿跑酷活动的目标时，教师要充分考虑幼儿的年龄特点和发展水平，同时结合幼儿跑酷活动的项目特点，制定适宜且有发展性的目标，以提升幼儿的安全意识和自我保护能力，从而促进幼儿身心和谐健康发展。幼儿跑酷活动的目标具体如表 6-5 所示。

表6-5 幼儿跑酷活动的目标

年龄段	活动目标
3—4 岁	1. 对幼儿跑酷活动感兴趣并积极参与幼儿跑酷活动，乐于尝试有一定挑战性的任务，有一定的安全意识； 2. 能运用走步、跑步、跳跃、钻爬等基本动作安全地通过障碍物，发展基本动作，有一定的运动能力； 3. 能了解幼儿跑酷活动材料的基本功能并安全地使用它们
4—5 岁	1. 对幼儿跑酷活动感兴趣并能主动参与，在活动中表现出一定的主动性和创造性； 2. 能较快速、灵活地穿越障碍物，有一定的运动能力； 3. 乐于探索材料的多种功能和障碍物的不同穿越方式，具有一定的自我保护意识和自我保护能力
5—6 岁	1. 对跑酷活动感兴趣并能主动参与，在活动中有较强的主动性和创造性； 2. 能灵活地运用多种动作穿越较为复杂的障碍物，有较好的运动能力； 3. 能自发调整、组合材料并探索新颖的穿越方式，具有较强的自我保护能力

（三）幼儿跑酷活动的实施

1. 活动内容的选择

（1）以幼儿的兴趣和能力为依据选择内容

教师在进行幼儿跑酷活动内容的选择时，需要从各年龄段的发展目标和幼儿的兴趣、能力出发，根据幼儿熟悉且感兴趣的事件、故事、角色等确定活动内容。幼儿普遍拥有强烈的好奇心和冒险欲，迫切地想知道"这是什么、那是什么、这能怎么玩、那能怎么玩"，这些心理需求都可以成为选择幼儿跑酷活动内容的依据。同时教师需要兼顾不同年龄段幼儿的实际发展水平，设置难度适宜的任务让幼儿从想玩到敢玩，再到能玩、会玩，在玩中实现活动目标。

（2）根据主题教育活动选择适宜的内容

教师可以根据小、中、大班正在进行的主题教育活动选择幼儿感兴趣的活动内容，让幼儿在熟悉的生活情境中进行幼儿跑酷活动，满足幼儿的兴趣和需要。教师也可以结合幼儿跑酷活动的特点来设计主题教育活动，比如小班幼儿正处于建立安全感、养成独立性的发展阶段，教师可以设计"我能行"的主题教育活动，鼓励幼儿尝试穿越有一定挑战性的障碍物，借助幼儿感兴趣的角色选择活动内容，如"勇敢的小兔""不怕困难的鼠小弟"；中班幼儿的各种能力进一步发展，他们希望能做一些更有挑战的事情，喜欢参与带有一定冒险性的活动，教师可以设计"城市探险""丛林探险""荒漠探险"等活动内容；大班幼儿生活经验更为丰富，并且具有一定的合作能力和责任意识，作为幼儿园里的"孩子王"，他们希望自己成为"英雄"和"强者"，教师可以设计"拯救汪星人"的主题教育活动，选择更具挑战性、需要合作和动脑的活动内容。另外，从增强幼儿自我保护能力的角度入手，教师可以以"逃生"为主题，设计"地震逃生""火灾逃生""水灾逃生""断电逃生"等活动内容。

2. 运动器械准备

新颖的运动器械很容易引发幼儿的探索行为和运动行为，教师为幼儿准备幼儿跑酷活动的运动器械时，应该考虑以下因素：运动器械能够激发和提升幼儿的运动兴趣，唤醒他们的好奇心；具有一定的可塑性且有多重功能（例如，运动器械的摆放方式不同和组合方式不同可以引发幼儿多样的运动体验）；与幼儿的年龄和发展水平相适宜；适合不同年龄班幼儿；安全可靠、结实耐用。幼儿跑酷活动的主要运动器械如表6-6所示。

表6-6 幼儿跑酷活动的主要运动器械

类别	运动器械	幼儿跑酷基本动作
体育资源	平衡木、跳箱、单杠、体操垫、轮胎、梯子、板子、滚筒、跨栏等	跳跃障碍、基本落地、立定跳远、精确落地、蹬壁跳远、单脚跳、懒人跳、猩猩跳、猫扑、侧滚、前滚翻、肩滚翻、侧手翻、单杠飞抓、平衡走、钻栏杆、蹬壁上墙、猫爬等
自然资源	树、石头、沙坑、坡道、洞等	
建筑资源	矮墙、窄道、围栏、楼梯等	
跑酷器械	跑酷墙、跑酷脚蹬、跑酷坦克墩、跑酷挡板、可调节攀爬架、攀岩墙、跑酷高墙、跑酷架等	

3. 组织与实施

幼儿跑酷活动绝不能照搬成人跑酷活动的练习内容和练习手段，也不是对成人跑酷活动的简单化，教师必须根据幼儿的身心发育特点、运动能力及季节特征等因素，在满足幼儿健康教育要求的基础上，结合幼儿跑酷活动的特点和内容，科学、适宜地组织，这样才能实现幼儿跑酷活动的教育目标。在组织幼儿跑酷活动时，教师必须坚持"幼儿在前，跑酷在后"的教育理念，并应做到以下几点。

（1）安全第一，稳步推进

引导幼儿在集体活动中建立良好的运动习惯，包括轮流练习、不插队、不争抢、不推挤他人、不横穿运动场地，在运动中保持一定的安全间距，遵守游戏规则，根据规定的活动范围、移动路线、方向活动等。

活动前进行充分有效的热身，提升幼儿神经系统的警觉性，降低肌肉黏滞性。充分有效的热身能够有效降低运动伤害事故发生的概率和伤害程度。

为幼儿提供新的运动器械时，首先要对全体幼儿做必要的安全提示，包括运动器械的搬运方法、安全使用方法和基本功能等。

在组织幼儿跑酷活动的初期，鼓励幼儿用最安全的方式完成跑酷活动，而非最快或最有创意的方式，让幼儿有充足的机会熟悉运动器械。

在组织具有一定挑战性的幼儿跑酷活动时，要在挑战点给予必要的保护和安全指导。引导幼儿发现潜在的风险，并设置防护材料，如海绵垫。

（2）循序渐进，拓展经验

幼儿经过一段时间的练习并且具备一定的动作经验和运动技巧时，教师可以根据幼儿的实际能力适当增加活动的难度，如调整运动器械的高矮、宽窄、间距、组合方式等，鼓励幼儿在安全的前提下尝试用不同的动作穿越障碍物，进一步发展幼儿的运动能力，丰富幼儿的动作经验。

（3）科学运动，强度适宜

合理适宜的运动量、运动强度、练习密度是有效提升幼儿身体素质的关键，也是科学运动的必然要求。在组织幼儿跑酷活动时教师要充分考虑幼儿的体能状况和季节特点，科学安排幼儿跑酷活动的游戏难度、路线长度，合理搭配不同运动强度

视频　小班跑酷活动

视频　中班跑酷活动

视频　大班跑酷活动

的练习内容。例如，在北方的冬季组织幼儿跑酷活动时，教师要适当延长路线来增加运动量，多分组以减少幼儿的等待时间，适当增加练习密度。

三、幼儿篮球活动

（一）幼儿篮球活动的价值

幼儿篮球活动可以引导、激发幼儿产生积极的心理倾向，使幼儿获得心理满足。篮球活动所具有的特点正是幼儿对篮球活动产生兴趣的起点。幼儿参与篮球活动可以掌握和改进基本动作，提高基本动作质量，发展基本活动能力和速度、耐力、力量、灵敏性和协调性等身体素质，促进身体生长发育，增强幼儿空间知觉等身体意识，进一步增强体质。篮球活动需要相互配合，幼儿在篮球活动中相互交流，可以更有集体意识和团队精神，能培养大胆合群、乐于合作的个性心理品质，以及敢于尝试等体育精神。

（二）幼儿篮球活动的特点和目标

1. 幼儿篮球活动的特点

幼儿篮球活动具有活泼性、丰富性、生动性、竞争性等特点，将篮球的一些拍、运、传、投等基本技术动作与走步、跑步、跳跃、投掷等基本动作以游戏形式展开，不是简单地对幼儿进行训练，也不是枯燥、重复地进行篮球基本技术动作的练习，更不是去培养篮球运动员，而仅是将打篮球作为一种教育手段，开发符合幼儿特征的篮球游戏，进一步丰富幼儿体育活动的运动器械，让幼儿在玩中学，在玩中操作，在玩中得到身心上的满足与愉悦。

2. 幼儿篮球活动的目标

幼儿篮球活动的目标以不同年龄段幼儿的身心特征为依据而确定，在维度上包含情感态度、运动技能、身体素质、个性品质4个方面，确保篮球活动的适宜性和发展性，如表6-7所示。

表6-7　幼儿篮球活动的目标

班级	目标
小班	1. 喜欢玩篮球，培养对篮球活动的兴趣； 2. 乐意尝试参与篮球活动，初步掌握滚球、抛球、拍球等基本技术动作； 3. 初步熟悉球性并学习基本动作，发展协调性、平衡性、速度等身体素质； 4. 初步形成良好的取放篮球器械、进行篮球游戏的习惯，在游戏中活泼愉快
中班	1. 培养对篮球活动的探究兴趣； 2. 知道并掌握篮球活动的基本玩法，有良好的玩球习惯，并学会运用辅助器械进行篮球活动； 3. 进一步熟悉球性并掌握基本动作，提高控球能力及手眼协调能力，发展力量、速度、协调性等身体素质； 4. 形成乐观向上的积极心态，培养坚持、勇敢等品质及合作意识，促进非智力因素发展
大班	1. 能积极主动地与同伴一起参与篮球活动，主动探究篮球活动的特征，对篮球活动产生浓厚的兴趣； 2. 积极探索与同伴合作玩球的各种方法，形成良好的篮球运动习惯； 3. 进一步熟悉球性并掌握基本动作，进一步提高控球及手眼协调能力，进一步发展力量、速度、耐力等身体素质； 4. 形成团结合作、遵守规则、敢于竞争、活泼开朗的个性品质

（三）幼儿篮球活动的实施

1. 活动内容的选择

（1）小班篮球活动内容

小班篮球活动主要引导幼儿学习用身体触球、双手拍球、滚球、抛球，结合走步、跑步等简单的基本动作，培养幼儿的球感和对篮球活动的兴趣，同时发展他们的基本活动能力，如双手滚球走和拍球等。这些活动内容有趣，能发展幼儿的基本活动能力，有益身心，陶冶性情。

（2）中班篮球活动内容

中班篮球活动以发展身体各方面的能力为主，培养幼儿的控球能力、身体的协调性，以单手拍球、左右手交替拍球、传接球、运球等基本技术动作的练习为辅，充分利用游戏而展开。教师可以运用篮球进行一些用于发展平衡性、协调性和速度等身体素质的游戏，例如运球接力比赛可以增强幼儿的下肢肌肉力量并提高下肢反应速度。

（3）大班篮球活动内容

大班篮球活动以发展幼儿的体能为主，同时结合篮球的基本技术动作如行进间运球、传接球、投篮等的练习，提高幼儿的综合能力，并使幼儿体验到篮球活动的乐趣。在幼儿初步学习和掌握篮球的基本技术动作的基础上，教师可以让其参与小型的篮球比赛，以充分培养幼儿的团队精神，以及坚韧不拔、勇敢拼搏的意志品质和集体荣誉感，增强其自信心。

2. 运动器械准备

幼儿篮球活动的运动器械应符合幼儿年龄特点，依据幼儿的身高、手型、力量确定。在准备运动器械的过程中，教师要考虑具有以下特点的运动器械：安全可靠，结实耐用；趣味性强，新颖，辨识度高，能够激发和增强幼儿的运动兴趣，引发他们的好奇心；区分度高，能通过颜色及尺寸实现小、中、大班运动器械的区分；一物多用，有效规避占用较大存储空间；设计科学，同一器械对于不同年龄段的幼儿具有不同的适用功能。

3. 组织与实施

（1）以幼儿感兴趣的方式建构活动过程

教师可以以角色扮演和情节设置的方式建构幼儿篮球活动的活动过程，引导幼儿重点学习和练习1～2个方面的身体动作，或是围绕目标进行身体素质的发展。这能调动幼儿参与篮球活动的积极性，使幼儿在轻松、快乐的游戏情境中很自然地进行身体练习。例如，开展"帮企鹅妈妈找宝宝"游戏，让篮球当企鹅宝宝，教师扮成企鹅妈妈，幼儿用双手滚球的方式绕过障碍物，让"企鹅宝宝"找到"企鹅妈妈"，这有利于教师引导幼儿在游戏的过程中进行相应的身体练习。

（2）以鼓励幼儿自主探索运动器械的多种玩法的方式建构活动过程

教师应以鼓励幼儿自主探索运动器械玩法的方式促使幼儿主动参与篮球活动，同时，将幼儿分散、自由的探索与集体共同玩1～2个体育游戏有机地结合起来，这既能激发幼儿运动的兴趣，又能引导幼儿尝试和练习某1～2个身体动作，从而更好地促进幼儿身体素质和运动能力的发展。这种方式更适合中、大班的幼儿。

（3）讲解与示范协调配合，方法多样化

教师应根据年龄班的特点及动作的难易程度进行合理讲解与示范，采取多种方法指导幼儿。例如，教师可以先让幼儿自己尝试和体验某些动作，然后通过幼儿间的相互观摩、讨论与交流，引出动作的关键方面，随后进行动作的示范与讲解，引导幼儿做进一步的体验和练习。教师也可以先进行动作的讲解与示范，然后请能力较强的幼儿进行尝试和体验，随后引导全体幼儿进行分散的体验和练习，教师进行观察和个别指导。

视频	视频	视频
小班篮球活动	中班篮球活动	大班篮球活动

四、幼儿足球活动

（一）幼儿足球活动的价值

幼儿足球活动具有活泼性、丰富性、趣味性等特点，这些特点可以引导、激发幼儿产生积极的心理倾向，使幼儿获得心理满足。足球活动所具有的特点正是幼儿对足球活动产生兴趣的起点。幼儿参与足球活动可以掌握和改进基本动作，提高基本动作质量，发展基本活动能力和速度、耐力、力量、灵敏性和协调性等身体素质，促进身体生长发育，增强幼儿空间知觉等身体意识，进一步增强体质。足球活动是一项需要相互配合的活动，幼儿在足球活动中交流沟通，可以更有集体意识和团队精神，能培养大胆合群、乐于合作的个性心理品质，以及敢于尝试、积极拼搏等诸多体育精神。

（二）幼儿足球活动的特点和目标

1. 幼儿足球活动的特点

幼儿足球活动主要是将足球的一些踩、拨、踢、传、停、运等基本技术动作与走步、跑步、跳跃、投掷等基本动作以游戏形式展开，不是简单地对幼儿进行训练，不是枯燥、重复的进行足球基本技术动作的练习，更不是去培养足球运动员，而仅是将踢足球作为一种教育手段，开发符合幼儿特征的足球游戏，进一步丰富幼儿体育活动的运动器械，让幼儿在玩中学，在玩中操作，在玩中得到身心上的满足与愉悦。

2. 幼儿足球活动的目标

幼儿足球活动的目标以不同年龄阶段幼儿的身心特征为依据而确定，在维度上包含情感态度、运动技能、身体素质、个性品质4个方面，以确保足球活动的适宜性和发展性，如表6-8所示。

表6-8 幼儿足球活动目标

班级	足球活动目标
小班	1. 喜欢玩足球，培养对足球活动的兴趣； 2. 乐意尝试参与足球活动，初步掌握滚球、抛球、踢球等基本技术动作； 3. 初步熟悉球性并学习走步、跑步、跳跃、投掷等基本动作，发展协调性、平衡性、速度等身体素质； 4. 初步形成良好的取放足球器械、进行足球游戏的习惯，在游戏中活泼愉快
中班	1. 培养对足球活动的探究兴趣； 2. 知道并掌握足球活动的基本玩法，有良好的玩球习惯，并学会运用辅助器械进行足球活动； 3. 进一步熟悉球性并掌握踩球、顶球、抛接球、停球、传球、射门等基本技术动作，提高控球能力及手眼协调能力，发展力量、速度、协调性等身体素质； 4. 形成乐观向上的积极心态，培养坚持、勇敢等品质及合作意识，促进非智力因素发展
大班	1. 能积极主动地与同伴一起参与足球活动，主动探究足球活动的特征，对足球活动产生浓厚的兴趣； 2. 积极探索与同伴合作玩球的各种方法，形成良好的足球运动习惯； 3. 进一步熟悉球性并掌握拨球、运球、停球、传接球、射门等基本技术动作，进一步提高控球及手眼协调能力，进一步发展力量、速度、耐力等身体素质； 4. 形成团结合作、遵守规则、敢于竞争、活泼开朗的个性品质

（三）幼儿足球活动的实施

1. 活动内容的选择

教师应根据幼儿的年龄特点选择适宜的内容，结合基本动作以游戏的方式开展幼儿足球活动。幼儿足球活动内容如表6-9所示。

表6-9 幼儿足球活动内容

班级	足球活动内容
小班	1. 以不同身体姿态进行单双手滚球、踩球等，熟悉球性； 2. 左右脚踢球、对墙踢球、踢球击物、踢球进门； 3. 手停球、脚停球
中班	1. 拨球、搓球等，熟悉球性； 2. 以脚弓、脚内侧踢球； 3. 定点射门； 4. 头顶固定高度的球； 5. 双手头上抛球
大班	1. 左右脚搓球、交替踩球等，熟悉球性； 2. 以正脚背、脚内侧踢球； 3. 运动中射门； 4. 左右脚交替运球、绕障碍物运球

（1）小班足球活动

小班足球活动规则少、难度小，是比较直观的集体活动，主要引导幼儿学习用身体触球、夹球、追球跑，结合走、跑和踢等简单的动作，培养幼儿的球感和对足球活动的兴趣，同时发展他们的基本活动能力。

（2）中班足球活动

中班足球活动以发展身体各方面的能力为主，培养幼儿的控球能力、脚部灵活性，以踏球、踢球、运球等足球基本动作为辅，充分利用游戏而展开。教师可以运用足球进行一些用于发展平衡性、协调性和速度等方面的游戏，例如运球接力比赛可以发展幼儿的下肢肌肉力量并提高下肢反应速度。

（3）大班足球活动

大班足球活动应以发展幼儿的体能为主，同时结合足球基本技术动作如传球、射门、运球等，提高幼儿的身体综合能力，并使幼儿体验到足球活动的乐趣。在幼儿初步学习和掌握足球活动技能的基础上，教师可以让其参与小型的足球比赛，以充分发展幼儿的团队精神，培养其坚忍不拔、勇敢拼搏的意志品质。

2. 运动器械准备

本着安全、科学、好玩、有效、一物多玩的原则，教师应研发整合一系列幼儿园适用的运动器械及辅助教学材料，满足幼儿园开展足球活动、培养幼儿基本运动能力、展示教学成效、开展足球团体交流活动、开展亲子活动等需求，进而培养幼儿参与体育活动的兴趣与习惯，提升运动成效。

3. 运动器械准备的案例

（1）幼儿足球的型号一般为 3 号，外层使用环保耐磨的 TPU（Thermoplastic Polyurethane，热塑性聚氨酯），内胆使用优质缠纱，以确保足球耐用、不变形、不漏气；从 1.8 米高处自由落到地面，回弹高度为 0.9～1.2 米。

（2）足球门可以用锥形桶、标志桶等材料代替，也可以用专门的 PVC（Polyvinyl Chloride，聚氯乙烯）管制作，整体尺寸：240 厘米×130 厘米×160 厘米。保护材料为优质海绵和牛津布，其可以对幼儿起到很好的保护作用。

（四）组织与实施

1. 运动量的安排应科学、适宜

教师在组织足球活动时，要遵循人体生理机能水平的变化规律和幼儿在此方面的特点，以及动作技能形成的规律。教师应带领幼儿做好充分的热身活动，以避免受伤。例如进行一定的走步练习，做一些模仿操、轻器械操、韵律操等时，动作要慢一些，不宜过快，头部、上下肢、躯干都要适当活动，让身体各部位做好充分的准备。同时，教师要注意调动幼儿的情绪，使幼儿能愉快地进入活动状态。

2. 多引导幼儿主动探索

在活动中，教师要改变过去幼儿机械模仿教师进行动作练习的模式，让幼儿自己去探索、去尝试。例如，某中班游戏活动"小马运粮"的目标是练习运球。在活动中，教师以"马妈妈"的身份带领"小马"运"粮"。"马妈妈"让"小马"想一想自己能怎样运"粮"，这时"小马"情绪高涨，想出各种方式去尝试运"粮"，然后"马妈妈"让"小马"各自展示运"粮"的本领，"马妈妈"进行观察指导。"小马"和"马妈妈"一起运"粮"，这样既缩短了幼儿的等待时间，提高了练习密度，又充分调动了幼儿参与活动的主动性、积极性，使教学目标在轻松愉快的游戏气氛中实现了。

3. 注意幼儿发展的差异性

在活动中，教师要改变过去"一刀切"的做法，考虑幼儿的个体差异，对发展水平、能力不同的幼儿提出不同的要求。如在"小海豚顶球"活动中，球的高度不同，幼儿跳起来的方式也可以不同，可以单脚跳、双脚跳、助跑跨跳等。这样，幼儿可以根据自己的情况做出选择或由教师帮助幼儿调整方式，只要幼儿有进步，教师就及时给予肯定，从而使幼儿探索成功的机会增多，敢于尝试新的方法，自信心得到增强。教师不仅是技能的示范者和知识的传递者，还应是幼儿发展的促进者和幼儿学习过程中的参与者。

视频	视频	视频
小班足球活动	中班足球活动	大班足球活动

五、幼儿腰旗橄榄球活动

（一）幼儿腰旗橄榄球活动的价值

幼儿腰旗橄榄球活动是一项新兴活动，将幼儿发展所需的基本动作，包括走步、跑步、跳跃、投掷、钻爬等，有效融入游戏，是一项全身性的锻炼项目。在幼儿腰旗橄榄球活动中，幼儿可以通过奔跑、旋转、躲闪、传接配合等一系列动作完成得分。幼儿腰旗橄榄球活动可以有效发展幼儿的力量、速度、灵敏、耐力等身体素质和运动能力，有效增强幼儿的团队意识，提高幼儿的社会适应能力。

（二）幼儿腰旗橄榄球活动的特点和目标

1. 幼儿腰旗橄榄球活动的特点

从幼儿的安全角度出发，幼儿腰旗橄榄球活动不需要很强的专项技能与身体素质，主要是幼儿进行灵巧的跑动以躲避对方的拔旗。在活动过程中不会有身体接触，不会有扑、拉、拽等不安全动作，防守方只能拔取进攻方的腰旗以阻挡进攻，而进攻方只需通过快速跑动躲避防守方，防止被拔掉腰旗。因此该活动目标简单，易于开展。

2. 幼儿腰旗橄榄球活动的目标

不同年龄段幼儿的发展水平各有差异，因此，教师要从幼儿的年龄特点出发，对发展水平不同的幼儿提出不同的要求。幼儿腰旗橄榄球活动的目标如表6-10所示。

表6-10 幼儿腰旗橄榄球活动的目标

年龄段	活动目标
3—4岁	1. 对幼儿腰旗橄榄球活动有一定认知，通过简单的互动游戏对幼儿腰旗橄榄球活动产生兴趣，并积极参与幼儿腰旗橄榄球活动； 2. 培养基本运动能力，初步熟悉腰旗橄榄球的球性和简单的动作技能； 3. 初步了解幼儿腰旗橄榄球活动中运动器械的基本功能并能安全地使用它们
4—5岁	1. 主动参与幼儿腰旗橄榄球活动，进一步提升与幼儿腰旗橄榄球活动相关的基本运动能力，如跑、跳、传等； 2. 逐步掌握幼儿腰旗橄榄球活动中较简单的传接球动作，并了解集体活动基本规则； 3. 能在简化规则的前提下独立完成幼儿腰旗橄榄球团体交流活动
5—6岁	1. 在幼儿腰旗橄榄球活动中有较强的主动性和创造性，可以创造较复杂的动作； 2. 能独立完成幼儿腰旗橄榄球团体交流活动，比较了解团体交流活动的规则； 3. 对幼儿腰旗橄榄球活动中的运动器械能够创造出更多的玩法，并能主动进行整理收纳

（三）幼儿腰旗橄榄球活动的实施

1. 活动内容的选择

幼儿腰旗橄榄球活动以游戏为主要形式，将幼儿发展所需的基本动作有效融入游戏，并覆盖小、中、大班全年龄班。教师本着"身体无接触、运动更安全"的理念进行游戏设计，幼儿可零装备轻松上阵，在小场地展现大精彩，这为幼儿现阶段的生理成长和动作技能发展提供保障。

视频

视频

视频

小班腰旗橄榄球
活动

中班腰旗橄榄球
活动

大班腰旗橄榄球
活动

2. 材料的准备

适宜的运动器械是幼儿腰旗橄榄球活动实施的载体，教师要根据 3—6 岁幼儿的年龄、身高及运动需求，选择适宜的运动器械，以此满足小、中、大班的活动组织需求。

六、幼儿手球活动

（一）幼儿手球活动的价值

幼儿手球活动是根据幼儿的年龄特点和身体发育特点，使用适合幼儿的手球及辅助器械，规划合适的场地，并依据项目特点设计趣味化活动内容，培养幼儿对运动的兴趣，通过运球、接球、拍球等内容，发展幼儿的走、跑、跳跃、投掷等基本动作，提升幼儿身体素质，培养其勇敢、自信、耐心、专注、主动的态度与意志品质，促进幼儿身心全面健康发展的幼儿体育活动。

（二）幼儿手球活动的特点和目标

1. 幼儿手球活动的特点

幼儿手球活动综合了幼儿篮球活动、幼儿足球活动的特点，兼具幼儿腰旗橄榄球活动的部分特点。其比赛规则也是篮球比赛规则和足球比赛规则的混合产物，兼具两者之特点。幼儿手球体积小、易控制，活动规则简单。幼儿手球活动的开展对场地要求较低，该活动可以在幼儿园、社区、家中等各种环境下开展，运动量适宜。

2. 幼儿手球活动的目标

开展和实践幼儿手球活动的目的在于以游戏为基本活动方式，探索挖掘手球活动蕴含的教育价值，促进幼儿动作技能、运动能力、空间知觉、语言交流等多方面的发展。依据 3—6 岁幼儿身心发育规律及年龄特点，参照《指南》《幼儿园教育指导纲要（试行）》有关要求，幼儿手球活动的目标具体如表 6-11 所示。

表 6-11　幼儿手球活动的目标

年龄段	活动目标
3—4 岁	1. 对幼儿手球活动有一定认知，通过简单的游戏互动爱上幼儿手球活动，并积极参与幼儿手球活动； 2. 发展基本运动能力，熟悉手球的球性和掌握简单的手球技能动作，并在教师的引导下可以完成幼儿手球趣味团体活动； 3. 能了解幼儿手球活动中运动器械的基本功能并安全地使用它们
4—5 岁	1. 进一步加强与手球活动相关的基本运动能力，如跑、跳、投掷、躲闪等； 2. 逐步掌握手球运球、传接球、射门等复杂技术动作； 3. 能在简化规则的前提下独立完成幼儿手球趣味团体活动
5—6 岁	1. 在幼儿手球运活动中有较强的主动性和创造性，可以创造较复杂的动作； 2. 能独立完成幼儿手球趣味团体活动，熟悉相应的规则； 3. 对幼儿手球活动中的运动器械能够创造出更多的玩法，并能主动整理收纳

（三）幼儿手球活动的实施

1. 手球活动的特点

幼儿手球活动融入幼儿基本动作（走步、跑步、跳跃、投掷、钻爬、翻滚、支撑等）发展、体能发展、技能发展和社会适应能力发展目标，通过各种游戏，增加手球活动的趣味性，让幼儿快速、准确掌握手球动作技能；培养幼儿参加手球活动的兴趣，提高幼儿的身体协调能力，促进幼儿优势肢体与非优势肢体均衡发展，达到健身、健体、健脑、健心的效果。幼儿跳跃和幼儿钻爬如图6-17、图6-18所示。

图6-17 幼儿跳跃

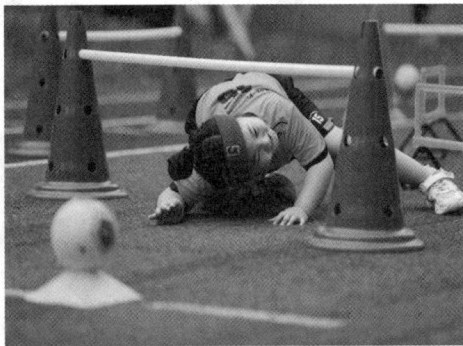

图6-18 幼儿钻爬

（图片来源：山东省济南市启明星幼儿园）

2. 运动器械准备

根据 3—6 岁幼儿的年龄、身高及活动需求，在运动器械准备的过程中，教师要考虑具有以下特点的运动器械：安全可靠、结实耐用；能够激发和提升幼儿的运动兴趣，引发他们的好奇心；具有一定的可塑性且有多重功能（器械不同的摆放和组合方式可以引发幼儿多样的运动体验），具体如表6-12所示。

表6-12 幼儿手球活动中的运动器械

类别	运动器械	发展的基本技术动作
主器械	幼儿手球、幼儿手球球门、幼儿手球服、幼儿护具、记分牌等	拍球
辅助器械	标志桶、带孔标志桶、多形状标志碟、标志杆、标志贴、标志盘、反应腰带、盾墙、防守假人、多形状敏捷格、田字格、标靶旗等	传球 运球
测评器械	跳远垫、秒表、坐位体前屈测试仪等	射门

3. 运动器械准备案例

（1）幼儿手球：符合《幼儿手球活动规则（试行版）》中关于"球"的周长、质量等标准，同时幼儿手球的材质要做到不管是在任何天气条件下都能最大限度地保证防滑和舒适。图6-19所示为幼儿手球。

（2）盾墙（见图6-20）：以高密度海绵进行填充，这可充分保证其安全性，同时整块海绵的设计能保证盾墙竖立时的稳定性。盾墙可充当防守人员，让幼儿在射门时更有乐趣，如图6-21所示。

图6-19 幼儿手球

（3）反应腰带（见图6-22）：两人一组系到腰间，中间用尼龙扣进行连接，在手球活动中主要用于提高防守能力和摆脱能力，需要幼儿具备一定的团队配合能力和快速反应能力。

图 6-20 盾墙

图 6-21 躲避盾墙

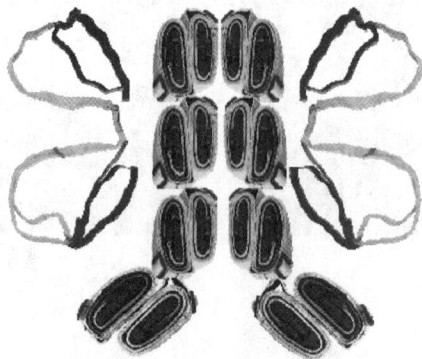

图 6-22 反应腰带

视频	视频	视频

小班手球活动	中班手球活动	大班手球活动

七、幼儿排球活动

（一）幼儿排球活动的意义

幼儿排球活动是以排球为载体，依据幼儿的年龄特点并结合排球运动中的发、传、垫、扣等技术动作形成的幼儿体育活动，能使幼儿产生兴趣，循序渐进地提高身体运动能力，实现身心健康发展。在幼儿排球运动中教师应选择符合幼儿发展水平的球、网和场地，以增强幼儿的身体素质、交往能力和集体意识，促进幼儿的全面发展。

（二）幼儿排球活动的特点和目标

1. 幼儿排球活动的特点

幼儿排球活动是一项隔网的球类活动，攻防双方没有直接的身体接触和冲撞，这大大降低了发生安全伤害事故的风险。幼儿排球活动注重团队合作，对传接球的次数、方式有一定的规则要求，每次击打或者传接球都需要场上多名幼儿参与，这能锻炼幼儿的合作能力和提高团队的默契度，有效地促进幼儿社会性、亲社会行为、团队精神、合作能力的发展。

2. 幼儿排球活动的目标

教师需要充分考虑各年龄阶段幼儿的身体发育和机能发展的特殊性，注重幼儿发展的整体性、教育内容的整合性、教育方式的适宜性，结合幼儿排球活动的规则和排球技能，制定适宜且有挑战性的幼儿排球活动目标，如表6-13所示。

表6-13 幼儿排球活动的目标

年龄段	活动目标
3—4岁	1. 对排球活动感兴趣，能积极主动地参与排球活动； 2. 学习简单的无球技术和以抛接为主的有球技术，提升球感和基础运动能力； 3. 能理解和遵守简单的隔网游戏规则
4—5岁	1. 对排球活动感兴趣并能主动参与，能感受到团队运动的快乐； 2. 能初步运用抛球、接球、击球动作进行多回合的排球活动，有一定的运动能力； 3. 具有较强的规则意识，有一定的集体荣誉感和团队协作能力
5—6岁	1. 对排球活动感兴趣并能主动参与，在活动中有较强的主动性和创造性； 2. 能逐步运用抛球、接球、击球、垫球动作进行多回合的排球活动，有较好的运动能力； 3. 有较好的沟通解决问题能力，能尊重对手，遵守排球活动礼仪，正确对待输赢

（三）幼儿排球活动的内容

幼儿排球活动以促进幼儿身体、心理、社会性的综合发展为核心目标，以排球为载体、以兴趣培养为先、以游戏为主要形式，通过调整游戏规则、用球、场地、球网高度和教授多种动作、技能分层实现不同年龄班的教育目标。根据各年龄段幼儿的发展水平，教师应为小班、中班、大班3个年龄班设置不同的内容，同时这3部分的内容应逐步递进、相互联系，具体内容见表6-14。

表6-14 幼儿排球活动的内容

班级	学期	学习内容
小班	上	1. 认识幼儿排球，产生对排球活动的兴趣； 2. 使用大小、轻重、材质不同的排球开展丰富的活动，初步形成球感； 3. 初步学习排球的准备姿势和并步、滑步等移动步法，提高基本运动能力； 4. 初步学习双手下手抛球、双手上手抛球，以抛高、抛远为目标，发展动作的精准性
	下	1. 巩固抛球技能 2. 初步学习原地接球、移动接球，强调动脚找球，保持好人与球的距离，增强空间感和时间感； 3. 开展团队形式的隔网抛球游戏，初步形成集体意识
中班	上	1. 巩固双手抛球、移动接球，以隔网练习为主，对球网和场地的有一定的认知，初步建立规则意识，深化对空间、时间和物体的认知能力； 2. 学习双人到多人合作抛接球，提升合作能力； 3. 学习下手拍击球过网，控制好击球时机和击球部位，能将球拍击过网； 4. 尝试运用抛接球和上手拍击球技术进行3对3的隔网对抗游戏
	下	1. 巩固抛球、接球，提高移动找球能力，提高接抛球稳定性； 2. 巩固上手拍击球过网，保持好击球点，全身用力，练习移动找球； 3. 学习3人之间的攻防转换游戏； 4. 能运用抛接球和上手拍击球技术进行3对3的隔网对抗游戏

班级	学期	学习内容
大班	上	1. 巩固3人抛接球和隔网攻防转换游戏，提高移动找球能力，提高接抛球和拍击球稳定性； 2. 学习双手正面垫球，控制好触球部位和垫球力度； 3. 学习抛—扣球串联； 4. 运用双手正面垫球、抛接球、上手击球过网进行3对3隔网对抗游戏
	下	1. 巩固核心技术，强调脚下移动取位，保持好击球点； 2. 学习抛—垫球串联，抛不同高度、不同位置的球； 3. 学习垫—接抛球串联，垫不同位置的球； 4. 进行比赛，提高比赛意识，养成团队协作、果敢敏捷、勇于担当的优秀品质

（四）运动器械准备案例

1. 幼儿排球

幼儿排球质量为75～80克，圆周长为60～65厘米。由于幼儿力量小，对物体的操控能力较弱，速度、灵敏性、反应能力不及青少年和成人，所以幼儿园采用空气阻力适中、飞行速度慢的幼儿排球，其直径与普通排球相近，如图6-23所示。

2. 幼儿排球球网与网柱

幼儿排球球网与网柱是根据幼儿体重、身高等数据设计的，其中球网的尺寸为450厘米×50厘米，网柱高度为1.3～1.5米（小班排球网柱高度为1.3米，中班排球网柱高度为1.4米，大班排球网柱高度为1.5米），如图6-24所示。

图6-23　幼儿排球

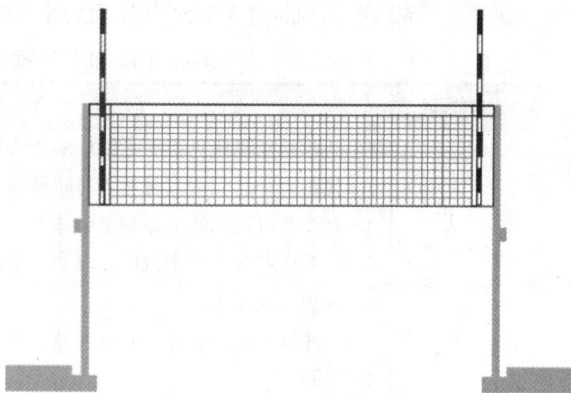

图6-24　幼儿排球球网与网柱

（五）幼儿排球活动的组织与实施

组织与实施幼儿排球活动的关键是让幼儿获得游戏性体验，让幼儿爱上排球活动，让幼儿在排球活动中实现身体、心理、社会性的综合发展。为此，教师需要做到以下几点。

1. 保证足够多的触球次数

在开展幼儿排球活动时，教师应确保幼儿在活动中有足够多的触球次数，这是保证幼儿学习效果的关键。教师应多采用分散站位一人一球的集体练习方式和隔网对抗同时游戏的方式（如幼儿分别站在体操垫两侧，将排球抛向对方场地）。在幼儿学习一些较难的动作时，如双手正面垫球动作，教师可以借助辅助器械（如绳子、球兜等）将排球固定在特定高度，以增加幼儿的触球机会。

2. 注重幼儿的练习兴趣和成就感

在幼儿学习排球动作的初期，教师应给幼儿足够多的时间和机会练习动作，不要急于纠正动作，允许幼儿通过探索、尝试、试错主动学习动作。教师多设置幼儿能够完成又稍有挑战的任务可以让幼儿获得完成任务的成就感。随着幼儿能力的不断提升教师应逐渐增加难度，以激发幼儿的挑战欲，促进幼儿自信心的建立。

3. 引导幼儿正确对待输赢，强调合作

对抗性的游戏是一把双刃剑，一方面可以极大调动幼儿的积极性，激发幼儿的好胜心；另一方面可以让幼儿产生心理、情绪上的波动，有的幼儿是因为"输不起"，有的幼儿是因为"只想赢"。这正是促进幼儿社会性、情感发展的契机，教师要善于抓住这一契机，引导幼儿正确看待输赢，调整心态和情绪，让幼儿发展出"想赢又不怕输"的体育精神。

视频	视频
中班排球活动	大班排球活动

本章小结

本章阐述了关于幼儿体育活动组织形式的基本理论知识。第一节主要讨论了晨间锻炼的重要意义，分析了晨间锻炼的特点与内容，着重分析了晨间锻炼的组织方法，通过案例来分析晨间锻炼活动方案如何设计；第二节主要讨论户外体育活动的意义，分析了户外体育活动的特点与内容，并进一步探讨了户外体育活动的组织方法；第三节介绍了幼儿体育教学活动对幼儿发展的主要意义，分析了幼儿体育教学活动的特点与内容，探讨了幼儿体育教学活动的组织方法；第四节至第七节则分别介绍了区域体育活动、室内体育活动、远足活动、幼儿园特色体育活动的意义、内容与特点，并重点探讨了其组织方法。

思考与实训

一、思考题

（一）名称解释

1. 晨间锻炼
2. 户外体育活动
3. 幼儿体育教学活动
4. 区域体育活动
5. 室内体育活动
6. 远足活动

（二）简答题

1. 简述晨间锻炼的意义。
2. 简述晨间锻炼的特点与内容。
3. 简述幼儿园有效组织晨间锻炼的方法。
4. 简述户外体育活动的意义。
5. 简述户外体育活动的特点与内容。
6. 简述幼儿体育教学活动的特点。

7. 简述室内体育活动的意义。

8. 简述室内体育活动的特点与内容。

9. 简述远足活动的特点与内容。

（三）论述题

1. 论述如何根据幼儿园的实际情况，有效组织幼儿园的户外体育活动。

2. 论述如何根据幼儿园的实际情况，有效组织幼儿园的室内体育活动。

3. 举例说明幼儿体育教学活动中常用的组织形式有哪些。

4. 论述如何组织幼儿园的区域体育活动。

二、案例分析

某幼儿园两位中班教师在组织幼儿学习新的体操时，使用了不同的方法，最后他们都让幼儿基本掌握了新学的体操。在中班教研活动中，两位教师分别向大家分享了自己的方法，却引起了不小的争议。

教师 A：

在体操动作学习的初始阶段，主要组织幼儿跟着自己进行模仿练习；只要大部分幼儿能基本掌握体操的动作就可以，对幼儿身体姿态没有要求；充分利用韵律操或早操等活动形式，让幼儿欣赏新的体操，鼓励幼儿积极做新学的体操，并及时纠正幼儿的动作，使幼儿的动作逐步变得准确，并与音乐节奏协调一致。

教师 B：

为保证动作质量，在幼儿练习的初始阶段就十分注重动作的准确性；示范到位、讲解清楚；通过不断重复练习，幼儿基本掌握了动作顺序、动作方向、动作幅度和动作路线。

你认为两位教师的方法怎样？如果是你，你该如何组织中班幼儿学习新的体操？

三、章节实训

1. 观察并分析幼儿参与户外体育活动的一个视频片段，根据幼儿在活动中的表现分析幼儿的基本动作、身体素质的发展水平，同时分析户外体育活动的组织存在什么样的问题，并提出相应的对策。

2. 根据幼儿园的室内场地及运动器械，设计一个中班的室内体育活动方案，并与同学分享自己的设计过程。

3. 观察和记录某一幼儿在区域体育活动中的表现并分析其特点。

4. 针对远足活动需制定哪些活动制度进行分组讨论，并尝试制定一份远足活动方案。

07

第七章

幼儿体育活动的计划与评价

学习目标

1. 理解幼儿体育活动的计划与评价的内容。
2. 理解幼儿体育活动的计划与评价的重要意义。
3. 掌握制订幼儿体育活动计划的原则并评价幼儿体育活动。

素质目标

1. 坚定不移地走中国特色社会主义教育发展道路，根植国情实际，把握幼儿生长发育和教育规律。
2. 坚持马克思主义历史唯物观和辩证唯物观，引导学生在对幼儿体育活动进行计划与评价的过程中辩证地看待"幼儿主体"与"教师指导"之间的关系。

案例导入

某幼儿园正进行"苹果"教师幼儿体育观摩课的教研活动。一位教师提出了疑问：活动内容是随意生成的，还是根据幼儿的兴趣结合周计划进行了设计？另一位教师则认为，只要幼儿感兴趣，是否依据计划进行设计并不重要。还有教师认为计划只是摆设，就是为了应付检查。

思考： 你认为这些教师的观点是否正确？为什么？要回答这些问题，我们就要进入本章的学习。

第一节　幼儿体育活动的计划

幼儿体育活动的计划是科学、合理地安排幼儿体育活动，顺利实现幼儿体育活动目标不可缺少的保障，同时是教师组织幼儿体育活动的重要依据。科学、合理的幼儿体育活动计划，能使幼儿园体育工作有条不紊地开展，是提高幼儿体育活动质量的一个重要环节。

一、幼儿体育活动计划的意义

幼儿体育活动计划是幼儿园教育工作计划的组成部分。制订切实可行的符合幼儿健康发展需求的幼儿体育活动计划，有助于教师全面主动地考虑和安排各项体育活动，客观地检查和总结幼儿园体育工作，及时发现问题、解决问题。

制订幼儿体育活动计划可使幼儿园系统地安排整个体育活动工作，处理好内容与课次的关系；制订幼儿体育活动计划能使教师有目的、有步骤地组织幼儿体育活动，对提高幼儿体育活动质量起着重要的作用；制订和执行幼儿体育活动计划，还能提高教师的业务水平，不断地促进教师提高组织能力。

二、幼儿体育活动计划的制订原则

（一）适宜性

教师应根据幼儿运动水平、场地和运动器械条件、教师能力等多方面因素，制订适合本园的幼儿体育活动计划。

（二）科学性

教师应以《幼儿园教育指导纲要（试行）》《指南》为依据，以幼儿身体健康发展需要为主线来安排各项体育活动，针对同一目标可选择不同的活动内容、手段、方法。幼儿体育活动计划要体现科学性，符合幼儿身心特点及幼儿的认知规律、生长发育规律；要目的明确，重点突出，简明扼要，方便使用；要有机动性、灵活性，如对极端天气有应急预案。

（三）整体性

幼儿体育活动计划要结合幼儿园整体工作进行设计，以合理安排幼儿园的趣味活动、亲子运动会、远足活动等幼儿体育活动。

三、各年龄段幼儿体育活动计划

在幼儿园幼儿体育活动计划的基础上，各年龄班的教师应以年龄段为划分依据，共同制订并确定本年龄段的幼儿体育活动计划。

（一）确定本年龄段幼儿体育活动的目标

教师要先对幼儿园幼儿体育活动计划中的本园幼儿体育活动的总目标有一个较全面、深入的认识和理解，再结合本年龄段幼儿的年龄特点、性别、动作发展水平、身体素质等实际情况，确定本年龄段幼儿体育活动的目标。

（二）确定本年龄段幼儿体育活动的组织方案

教师应结合幼儿园的实际情况，以及在幼儿体育活动组织上积累的经验，全方位地考虑可以通过哪些途径和方法来实现本年龄段幼儿体育活动的目标。例如，本年龄段幼儿的晨间锻炼如何组织，包括哪些活动内容；本年龄段幼儿的户外体育活动如何安排，提供哪些主要的运动器械；幼儿体育教学活动如何安排，班级间如何协调；是否安排本年龄段幼儿的区域体育活动，若安排，该怎样组织；是否安排远足活动，若安排，计划去哪里，怎样组织；等等。

在制订各年龄段幼儿体育活动计划的过程中，需要特别注意的是：3 个年龄段的幼儿体育活动计划之间要有一定的关联性和梯度性，尤其是各年龄段幼儿体育活动的目标要相互衔接、层层递进，使幼儿在幼儿园不断获得提高与发展，这样才能真正落实幼儿园体育活动的总目标。在各年龄段幼儿体育活动计划的基础上，各班教师制订本班的具体计划。

四、班级幼儿体育活动计划

各班教师根据本年龄段幼儿体育活动计划，结合本班实际，制订班级幼儿体育活动计划，主要包括学期计划、月计划、周计划和日计划。

（一）学期计划

各班教师依据本年龄段幼儿体育活动计划，结合本班幼儿实际发展水平、需要，以及本班教研工作的重点，确定上学期与下学期幼儿体育活动的目标，各项幼儿体育活动安排的总体思路，以及体育工作的重点内容。每学期内容的安排比例要合适，保证幼儿身体的全面锻炼和发展。教师要考虑学期内容之间的联系，同时要考虑季节、气候的特征，以及幼儿园场地、运动器械等客观条件。

（二）月计划

教师要在学期计划的基础上，制订出各月的幼儿体育活动计划。在月计划中，教师要明确各月幼儿体育活动的目标，并围绕目标确定幼儿体育活动的内容与活动方式，如户外体育活动、晨间锻炼、幼儿体育教学活动、区域体育活动、远足活动等的计划与安排。在制订月计划时，教师应考虑月计划与月计划之间的关联性和梯度性，以便完成学期计划中的目标与任务。

（三）周计划

周计划是指依据月计划，对本周中每天的各项幼儿体育活动做具体的计划与安排，包括晨间锻炼、户外体育活动、幼儿体育教学活动、区域体育活动等的目标、内容、要求和具体时间。

周计划与周计划之间要有一定的关联性和梯度性。在周计划中，教师应综合考虑每周5天中各种幼儿体育活动的合理搭配、衔接与补充；还应考虑幼儿体育教学活动的安排，每周应安排一次幼儿体育教学活动。

（四）日计划

日计划是对周计划的进一步具体化。在制订日计划的时候，教师应尽可能考虑上午、下午的幼儿体育活动在内容和运动器械上的区别，并将体育游戏、幼儿体育教学活动与分散、自由开展的幼儿体育活动结合起来，这样既能保证幼儿每天的体育锻炼具有一定的目的性，又能满足幼儿个体活动与发展的需要。

表7-1所示为某小班上学期幼儿足球活动计划。

表7-1　某小班上学期幼儿足球活动计划

月	周	内容	游戏活动	集体教学活动	区域活动
第1个月	第1周	双手滚球、赶球	"小球小球滚起来"		"小球小球滚起来""送小猪回家"
	第2周			"有趣的抛接球"	
	第3周		"送小猪回家"		
	第4周			"宝宝玩皮球"	
第2个月	第5周	双手滚球、赶球	"小火车"		"小火车""赶小猪"
	第6周			"大力神脚"	
	第7周		"赶小猪"		
	第8周			"你踢我接"	
第3个月	第9周	搓球、滚球、停球	"炒豆豆"		"炒豆豆""小马追球"
	第10周			"小乌龟钻山洞"	
	第11周		"小马追球"		
	第12周			"看谁击得准"	

第二节　幼儿体育活动的评价

对幼儿体育活动进行评价，是为了掌握幼儿体育活动的现状，了解幼儿、教师的发展状况，同时为促进幼儿体育活动的有效开展提供科学的依据。

幼儿体育活动的评价包含多方面的内容，评价的途径、方法、手段和类型也多种多样。因此评价要贯穿于幼儿体育活动的每一个环节，着眼于幼儿身心发展的每一个方面，注重幼儿动作发展状况、幼儿活动兴趣、幼儿动作学习过程和表现等。

一、幼儿体育活动的评价指标

常用的幼儿体育活动的评价指标包括：幼儿体育活动与幼儿的需要、兴趣、接受能力的匹配程度；幼儿体育活动的负荷；幼儿的认知发展情况；幼儿的动作发展及身体素质发展情况；幼儿体育活动的策略和实施措施；等等。幼儿体育活动的评价指标具体如表 7-2 所示。

表7-2 幼儿体育活动的评价指标

评价指标	具体内容
情感态度指标	1. 喜欢参加体育活动，爱好体育游戏，在活动中感到很愉快，会自发练习动作； 2. 喜欢当众表现自己的身体本领，并有克服困难的愿望和自信； 3. 喜欢听、看体育比赛及与体育明星相关的事，萌发爱祖国的情感，初步形成为国争光的意识； 4. 喜欢参加幼儿园组织的各类体育活动，具有合作意识，并能克服困难，有坚持锻炼的愿望和集体荣誉感
认知发展指标	1. 知道发展走步、跑步、跳跃、钻爬、攀登等基本动作能锻炼身体，知道基本动作的良好发展，是身体健康的一个重要标志； 2. 知道各种运动器械、设备的名称以及玩法，有初步的自我保护意识； 3. 了解一些常见的体育活动的测试内容及规则
动作技能指标	1. 能协调地做出走步、跑步、跳跃、钻爬等各种形式的基本动作，能完成不同类型的体育游戏、体育活动，并能遵守游戏规则； 2. 有一定的自我管理能力及相应的帮助他人的能力； 3. 积极参与运动器械整理工作，能在活动结束后将运动器械放回原处

二、幼儿体育活动中的评价方法

对幼儿体育活动中生理、心理负荷的常用评价方法主要有观察法和生理测定法。

（一）观察法

观察法是教师在幼儿体育活动评价中常用的方法。教师主要从幼儿的面色、出汗量、呼吸、动作、注意力和情绪等方面来判断运动量是否适宜。幼儿的疲劳程度表现可参考表 7-3。

表7-3 幼儿的疲劳程度表现

观察内容		轻度疲劳	中度疲劳	非常疲劳
运动中	面色	稍红	比较红	非常红或苍白
	出汗量	不多	较多	（躯干）大量出汗
	呼吸	稍快	明显加快	呼吸急促、节律紊乱
	动作	动作准确、步态稳	动作摇摆不定	动作失调，步态不稳
	注意力	注意力集中	能集中注意力，但不稳定	注意力分散，反应迟钝
	情绪	愉快	略有低落	十分低落
运动后	食欲	饮食良好、食欲较好	食欲一般，略有下降	食欲较差，进食量减少，甚至有呕吐现象
	睡眠	入睡较快，睡眠良好	入睡慢，睡眠一般	睡眠差，很难醒
	精神	愉悦	略有不振	恍惚

（二）生理测定法

生理测定法与观察法比较，是一种比较客观的方法，涉及对脉搏、呼吸频率、肺活量、体温变化、尿蛋白等方面的测定，由于比较复杂，需要测定人借助专业的设备及拥有专业操作能力。因此幼儿园常用的方法是脉搏测定法，有条件的幼儿园可以测定心率。

脉搏测定法是指在幼儿体育活动中，多次测定幼儿的脉搏，掌握幼儿在运动中脉搏的变化，以分析运动负荷安排得是否合理。

测定脉搏的主要内容如下。

1. 准备工作

提前了解幼儿体育活动的内容，确定测定方法、测定者之间的分工，准备好必要的用具（如秒表、记录表），选择要测定的幼儿（一般选择 1～2 名运动水平中等的幼儿），并提前与幼儿沟通，让幼儿了解测试的情况，打消其生疏感和恐惧感，使其配合。

2. 测定方法

测定脉搏需要选择好测定的方法和地点，测定方法往往是练习前、后测定，或者练习前、后测定与定时测定相结合。练习前、后测定主要指在主要的练习或能使脉搏有明显变化的练习前、后进行测定。练习后测定脉搏恢复情况，通常采用 3～5 分钟定时测定的方法。每次测定通常是测 10 秒的脉搏数，然后乘以 6，得到一分钟的脉搏数。测定时尽量不影响幼儿的练习。

有条件的幼儿园可以使用遥测峰仪进行心率测定，这样一来不影响幼儿的练习，二来可使测得的数据相对准确。

3. 图表分析

把测得的数据制成脉搏曲线图，可以使教师直观地了解运动中幼儿脉搏的变化情况，也有利于教师对运动量进行分析。

在运动中的平均心率大约为 190 次/分时，幼儿有一定的耐受力，可持续活动 7～10 分钟；平均心率为 150～170 次/分时，幼儿表现较好，动作协调，有耐受力，活动可持续 15 分钟以上。因此，一般认为，幼儿在体育活动中的平均心率为 140～170 次/分，最高不超过 180 次/分，最低不低于 130 次/分是比较适宜的。

三、幼儿体育活动评价的具体内容

幼儿体育活动评价具体包括以下几个方面的内容：对活动目标的评价、对活动准备工作的评价、对活动内容的评价、对活动实施过程的评价、对活动反思的评价等。表 7-4 所示为体育教学活动评价表。

表 7-4　体育教学活动评价表

项目	评价要点及描述	评价等级				评分
		A	B	C	D	
教学目标内容（20%）	能充分体现体育活动的教育价值，促进本年龄段幼儿的身体素质和运动能力的发展					
	目标准确、具体，符合本班幼儿实际情况，可操作性强					
	内容具有针对性，难度与运动量适宜					
教学过程方法（40%）	活动组织有序，层次清晰，重点突出，时间安排合理					
	场地、运动器械布局合理、安全					
	注意观察幼儿的活动情况，并根据实际情况做出恰当的反馈					
	手段、方法选择合理、恰当有效，能充分调动幼儿的主动性、参与性和创造性					
	保护帮助得当，纠正错误得当，辅导方法合理有效					

续表

项目	评价要点及描述	评价等级				评分
		A	B	C	D	
教师基本素质（20%）	教态亲切、自然，既尊重幼儿，又严格要求幼儿					
	语言简练规范、生动、富有感染力，易于幼儿理解					
	动作简练规范，站位适合；口令响亮清楚，讲解简明扼要、准确					
	着装轻便、宽松，利于活动					
教学效果（20%）	幼儿态度积极、情绪良好，注意力集中，能较好地完成活动任务					
	运动强度合适，练习密度达到一定要求					
	能按时完成教学任务，目标达成度高					
4项评价总分		—				
教学特色	在教学某方面有特色或在教材、教法、运动器械、组织等方面有改革创新，可酌情加分，一般为1～5分	特色加分				
综合评价		评价最终等级及总分				

注：等级 A 对应 85～100 分，等级 B 对应 75～84 分，等级 C 对应 60～74 分，等级 D 对应 60 分以下。

（一）对活动目标的评价

1. 对活动目标定位的全面性、适宜性进行评价

活动目标应根据不同年龄和发展水平的幼儿的需要、兴趣、接受能力，以及幼儿参与活动的程度等制定；活动目标应该全面，包括情感态度、知识、技能 3 个维度，同时做到重点突出，但要防止只重视知识和技能，忽略情感、社会性。只有能使幼儿积极参与活动、充分体验学习乐趣，并在愉快的学习中获得发展的幼儿体育活动，才是好的幼儿体育活动。

2. 对活动目标表述的评价

活动目标表述应该清晰、准确，具有可操作性，表述的行为主体应该一致；需要突出学前幼儿的主体性。

3. 对活动目标达成情况的评价

活动结束后，教师要分析活动目标是否达成，在评价活动目标达成情况时应该考虑活动的即时效应和发展的潜在性问题，还需要从长远角度和幼儿健康发展角度进行考虑。

（二）对活动准备工作的评价

1. 运动器械的选择、投放及利用

运动器械是幼儿参与活动时使用的工具。运动器械的投放，对幼儿的发展起着重要的作用。

（1）选择多样化的投放方式，注重运动器械投放的动态性

适宜的投放方式可以使运动器械发挥更大的作用。教师应根据本班幼儿的实际情况及活动区的特点，选择合适的投放方式：可以采用单一的投放方式，如投放画着张大嘴巴的动物的纸箱；也可以使多种投放方式相结合，如同时投放画着张大嘴巴的动物纸箱和悬挂着的呼啦圈等。

（2）注重运动器械投放的层次性

运动器械的深浅程度既要符合幼儿的原有层次水平，又要能促进幼儿在原有体能基础上的发展。

运动器械的投放不仅要考虑幼儿的普遍兴趣需要和结合生活经验，还要兼顾幼儿个体发展的要求和愿望。

（3）明确运动器械的作用，探索运动器械的多种玩法

教师每投放一种运动器械，都应分析其特点，明确运动器械的作用，探索运动器械的多种玩法，从而在观察幼儿对运动器械操作的基础上，及时指导幼儿游戏，让幼儿对自主性游戏器械持续感兴趣。比如圈类器械，它可以促进幼儿对圆形概念的认识，发展幼儿控制手腕的能力，发展幼儿的走步、跑步、跳跃等基本动作，发展幼儿的灵活性和协调性等，教师可以探索圈类器械的多种玩法，如做呼啦圈、把圈连在一起、把圈当靶环等。

2. 知识经验的准备

教师应把握幼儿的"最近发展区"，在进行活动前必须了解幼儿前期已经掌握了哪些与本活动相关的知识或技能，具备了哪些动作经验。如在进行"袋鼠跳"活动前，教师就应该了解幼儿是否已经掌握了双脚向前跳这个动作，是否具备了连续跳跃的能力。

（三）对活动内容的评价

对幼儿体育活动内容的评价包括开展的活动是否适合幼儿的现有水平，是否符合幼儿的多种现实需要，能否激发幼儿的兴趣，对幼儿是否具有发展性，能否调动幼儿学习的积极性，能否兼顾群体需要和个体差异，以及重点是否突出，活动安排是否具有层次性，运动量安排是否合适，活动能否促进每个幼儿的健康成长。一般来说，幼儿体育活动应是大练习密度（50%~70%）、低运动强度的，且持续时间不能太长。

（四）对活动实施过程的评价

1. 活动的设计质量

此指标主要评价幼儿体育活动设计是否考虑到幼儿的经验水平和学习特点、是否考虑到运动器械的可获得性、是否与整个幼儿园课程相匹配。

2. 活动组织的手段、方法

此指标主要评价幼儿体育活动组织的手段、方法是否符合内容需要和幼儿实际情况。例如多媒体的运用能够激发幼儿的学习兴趣，尤其是在呈现形象性、动态性教学内容时。

3. 活动实施过程中的组织、领导、分工和协调情况

幼儿体育活动的实施往往需要带班教师、陪伴教师协作完成。教师应利用家庭、社区和幼儿园资源进行立体式体育活动教育。幼儿体育活动实施过程中的组织、领导、分工和协调情况完好无误，成为幼儿体育活动目标实现的重要保障。

（五）对活动反思的评价

活动反思是促进教师成长的有效途径之一，也是教师成长的必经之路。

活动反思主要是教师对活动目标、教育策略进行反思，从而进行自我调控，以此促进教学能力的发展和专业水平的提高。

1. 对活动目标的反思

反思活动目标是否贴切、准确，要先看活动目标是否以幼儿的生活经验为基础，再根据幼儿的学习效果来确定活动目标是定得高了还是低了，还是刚好。活动目标必须是清晰的、可达成的，而且是具有可操作性、能即时衡量的。

2. 对教学策略的反思

对教学策略的反思是体现在整个教学过程中的，包括教学手段、方法的运用，活动方式的呈现，教师过程的指导等，具体体现在以下几个方面。

（1）反思教学环节的设计

反思教学环节的设计主要是指回想预设的步骤是否科学；哪一个环节出现的时间有问题；各环节之间是否紧密相连、层层递进；在教学过程中，条理是否清晰；教师能否根据幼儿的表现及时调整。

（2）反思教学细节的设计和处理

反思活动的引题是否吸引了幼儿的注意力，有没有为了引题而引题，引题是否具有针对性。

反思提问的艺术，反思哪些问题提得好，哪些问题提得不恰当。

反思教师的临场应变能力。例如准备好的运动器械突然坏了、幼儿的回答出乎意料时，教师能否有效应对。

（3）反思运动器械的准备和使用

反思运动器械的准备和使用，要审视所准备的运动器械是否都被用到，使用频率如何，运动器械对活动的开展是否有帮助，有没有哪个运动器械因制作的问题引起了幼儿的误解或给幼儿的操作带来了不便。

（4）反思师幼互动质量

教学过程是师幼对话、互动的过程。师幼互动质量直接影响教学效果，因此，活动结束后教师应及时反思，对师幼双方的表现与互动质量做辩证的分析，以帮助教师在日后备课、上课时能对师幼的情况做更全面的把握。

案例分析	拓展阅读
小班"我和小皮球做游戏"活动反思	《上海市学前教育纲要》中关于幼儿健康教育评价的内容

第三节　幼儿体质健康测试

目前，我国幼儿体质健康测试的权威工具是《国民体质测定标准手册》（幼儿部分）。它作为了解幼儿体质发展情况的工具，在一定时间里发挥着积极作用。

一、幼儿体质健康测试的指标

（一）分组和年龄范围

《国民体质测定标准手册》（幼儿部分）的适用对象为3—6周岁的中国幼儿。按年龄、性别分组，3—5岁每0.5岁为一组；6岁为一组。男女共计14个组别。

（二）年龄计算方法

1. 3—5岁幼儿

测试时已过当年生日，且超过6个月者：年龄=测试年－出生年+0.5。

测试时已过当年生日，且不满6个月者：年龄=测试年－出生年。

测试时未过当年生日，且距生日6个月以下者：年龄=测试年－出生年－0.5。

测试时未过当年生日，且距生日6个月以上者：年龄=测试年－出生年－1。

2. 6岁幼儿

测试时已过当年生日者：年龄=测试年－出生年。

测试时未过当年生日者：年龄=测试年－出生年－1。

（三）测试指标

测试指标包括身体形态和身体素质两类，其具体测试项目及对应的评价指标如表7-5所示。

表7-5　幼儿体质健康测试指标、测试项目及评价指标

测试指标	测试项目	评价指标
身体形态	身高	人体骨骼纵向生长水平
	体重	人体发育程度和营养状况
身体素质	10米折返跑	人体灵敏性
	立定跳远	人体爆发力
	网球掷远	人体上肢和腰腹肌肉力量
	双脚连续跳	人体协调性和下肢肌肉力量
	坐位体前屈	人体柔韧性
	走平衡木	人体平衡能力

（四）幼儿体质健康测试的主要器械和场地

1. 身体形态测试的主要器械

目前身高和体重测试通常使用一体化的电子身高体重测量仪，如图7-1所示。根据测量方式，电子身高体重测量仪又可以分为电子传感测量仪和超声波测量仪两种。电子身高体重测量仪的特点是即站即测，快速高效，不需要人工操作；内存大，可以储存数万条数据，并支持优盘导出；可以实现测试结果的实时显示、打印与智能传输，便于进行大样本的测量；测量精度较高，身高测量误差一般不超过 0.1%，体重测量误差一般不会超过 0.2%。在使用电子身高体重测量仪前，测试员应先进行仪器的校准，并检查设备连接和数据显示是否正常。

图7-1　电子身高体重测量仪

2. 身体素质测试的主要器械和场地

（1）10米折返跑

使用秒表测试。在平坦的地面上画长10米、宽1.22米的直线跑道若干条，在每条跑道折返线处设一手触物体（如木箱），在跑道起终点线外3米处画一条目标线，如图7-2所示。测试时注意检查跑道是否平整，是否存在安全隐患。

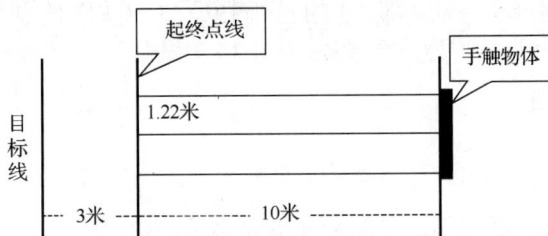

图7-2　10米折返跑测试场地

（2）立定跳远

使用沙坑（距沙坑边缘20厘米处设立起跳线）或软地面、卷尺和三角板测试。测试时，注意清理干净测试场地中的杂物，避免幼儿滑倒或磕伤。使用沙坑测试时，要检查沙坑平面与起跳点平面是否处于同一水平高度，并且土质要松软，没有石子；使用软地面或专用测试垫测试时，要检查场地是否平整并做好防滑处理。

（3）网球掷远

使用网球和卷尺测试。在平坦地面上画一个长20米、宽6米的长方形，在长方形内，每隔0.5米

画一条横线，以一侧端线为投掷线，如图7-3所示。测试时注意清空投掷区域，避免砸伤其他幼儿。

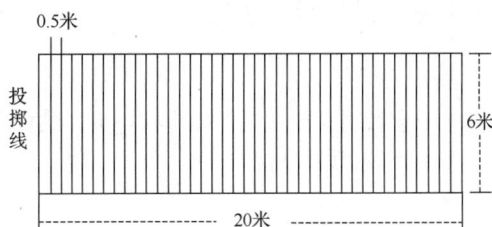

图7-3 网球掷远测试场地

（4）双脚连续跳

使用卷尺和秒表测试。在平坦地面上每隔0.5米画一条横线，共画10条，每条横线上横置一块软方包（长10厘米、宽5厘米、高5厘米），在距离第一块软方包0.2米处设立起跳线，如图7-4所示。测试时要清空测试区域内的石子和其他杂物，并随时观察软方包间距，如果发现间距不对应及时调整。

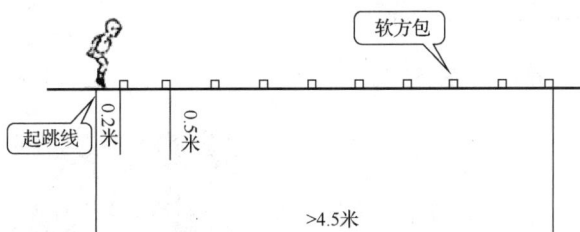

图7-4 双脚连续跳测试场地

（5）坐位体前屈

使用坐位体前屈测试仪测试，如图 7-5 所示。测试时要检查仪器刻度是否清晰准确，各部分连接是否牢固，游标滑动是否顺畅。

（6）走平衡木

使用平衡木（长3米、宽0.1米、高0.3米，平衡木的两端为起点线和终点线，两端外各加一块长0.2米、宽0.2米、高0.3米的平台）（图7-6所示）和秒表测试。

图7-5 坐位体前屈测试仪

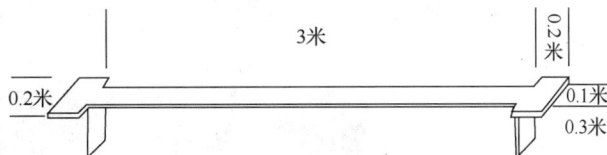

图7-6 平衡木测试器材

二、幼儿体质健康测试的实施

本部分内容将重点对幼儿体质健康测试的操作方法、注意事项与过程进行介绍。

（一）幼儿体质健康测试的操作方法

1. 身体形态测试

（1）身高

测试时，幼儿脱鞋、呈立正姿势站在身高计的底板上（躯干挺直，上肢自然下垂，脚跟并拢，双脚分开约 60°），女生应将头顶的辫子解开，脚跟、骶骨部及两肩胛间与身高计的立柱接触，头部正直，双眼平视前方，耳屏上缘与眼眶下缘最低点呈水平，如图 7-7 所示。以厘米为单位记录数据，保留小数点后 1 位。

（2）体重

测试时，幼儿脱鞋、尽可能少穿衣服，自然站在体重秤中央，站稳后，读取数据，如图 7-8 所示。以千克为单位记录数据，保留小数点后 1 位。

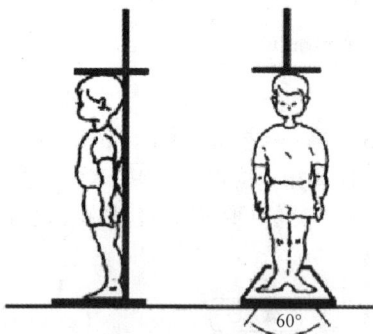

图 7-7　身高测试

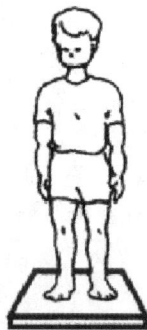

图 7-8　体重测试

2. 身体素质测试

（1）10 米折返跑

测试时，幼儿至少两人一组，以站立式起跑姿势站在起跑线前，当听到"跑"的口令后，全力跑向折返处，测试员视幼儿起动开表计时。幼儿跑到折返处，触摸手触物体（见图 7-9）后，迅速转身跑向起跑线，当胸部到达目标线的垂直面时，测试员停表。以秒为单位记录成绩，保留小数点后 1 位。小数点后第 2 位数按"非零进一"的原则进位，如将 10.11 秒记录为 10.2 秒。

图 7-9　10 米折返跑测试

（2）立定跳远

测试时，幼儿双脚自然分开，站立在起跳线后，然后摆动双臂，双脚蹬地尽力向前跳，测量起跳线距最近脚跟之间的直线距离，如图 7-10 所示。测试两次，取最大值，以厘米为单位记录成绩，不计小数。

图 7-10　立定跳远测试

（3）网球掷远

测试时，幼儿身体面向投掷方向，双脚前后分开，站在投掷线后约一步距离，单手持球举过头顶，尽力向前掷出，如图 7-11 所示。球掷出后时，后脚可以向前迈出一步，但不能踩在或越过投掷线，有效成绩为投掷线至球落地点之间的直线距离。如果球的落地点在横线上，则记录该线所标示的数值；如果球的落地点在两条横线之间，则记录靠近投掷线的横线所标示的数值；如果球的落地点在测试场地外，可用卷尺丈量；如果球的落地点超出场地的宽度，则重新投掷。测试两次，取最大值，以米为单位记录成绩。

图 7-11　网球掷远测试

（4）双脚连续跳

测试时，幼儿双脚并拢，站在起跳线后，当听到"开始"口令后，双脚同时起跳，双脚一次或两次跳过一块软方包，连续跳过 10 块软方包，如图 7-12 所示。测试员视幼儿起动开表计时，当幼儿跳过第 10 块软方包双脚落地时，测试员停表。测试两次，取最好成绩，以秒为单位记录成绩，保留小数点后 1 位，小数点后第 2 位数按"非零进一"的原则进位，如将 10.11 秒记录为 10.2 秒。

图 7-12　双脚连续跳测试

（5）坐位体前屈

测试时，幼儿坐在垫上，双脚伸直，脚跟并拢，脚尖自然分开，全脚掌蹬在测试仪平板上；然后掌心向下，双臂并拢平伸，上体前屈，用双手中指指尖推动游标平滑前移，直至不能移动为止，如图 7-13 所示。测试两次，取最大值，以厘米为单位记录成绩，保留小数点后 1 位。

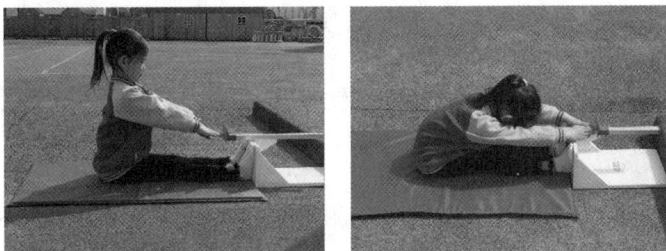

图 7-13　坐位体前屈测试

（6）走平衡木

测试时，幼儿站在平台上，面向平衡木，双臂侧平举，当听到"开始"口令后，前进，如图 7-14 所示。测试员视幼儿起动开表计时，当幼儿任意一个脚尖超过终点线时，测试员停表。测试两次，取最好成绩，以秒为单位记录成绩，保留小数点后 1 位，小数点后第 2 位数按"非零进一"的原则进位，如将 9.22 秒记录为 9.3 秒。

图7-14　走平衡木测试

（二）幼儿体质健康测试的注意事项

1. 各单项测试注意事项

（1）身高

进行身高测试时，幼儿要脱鞋、脱帽，并把头上影响测试的饰品摘掉；保持标准立正姿势，抬头挺胸、双眼平视前方，足跟、骶骨部和两肩胛间与立柱接触，不要乱动。

测试员要事先检查地面是否平整、仪器是否牢固、刻度是否准确；测试时要把幼儿蓬松的头发压实；读数时目光与压板水平；测试结束后及时将压板抬起。测试最好安排在清晨或上午。

（2）体重

进行体重测试时，幼儿要脱鞋，提前排尿、排便，尽量少穿衣服；以标准立正姿势站立于体重秤中央。上、下体重秤时，动作要轻缓。

测试员要事先检查地面是否平整，并进行仪器校准；测试时要等读数稳定后再记录成绩；测试最好安排在上午。

（3）10 米折返跑

进行 10 米折返跑测试前，幼儿要做好热身活动，避免受伤。测试时，幼儿要穿运动服和运动鞋，不能穿凉鞋和皮鞋；遵守规则，尽全力跑，途中不得串道，接近终点时不要减速。

测试员要事先检查场地是否存在安全隐患；耐心讲解规则，确保幼儿理解测试要求；做好测试场地的人员管理，起终点处、跑道上和目标线处不得站人，以免妨碍测试。

（4）立定跳远

进行立定跳远测试时，幼儿应穿运动服和运动鞋，不能穿凉鞋和皮鞋；提前做好热身活动；起跳时，不能有垫跳动作。

测试员要事先平整场地，将石子和其他杂物清理干净；测试时注意观察幼儿最近落地点的位置，提高测量准确度。

（5）网球掷远

进行网球掷远测试前，幼儿要熟悉技术动作，按照正确的技术动作完成测试；测试时前脚不能超过投掷线；测试前后要听从测试员组织，不要拿着网球与同伴打闹。

测试员要事先对幼儿进行必要的技术动作指导，提高测试的有效性；在测试过程中要组织好幼儿，严禁幼儿进入投掷区，以免出现伤害事故；记录成绩时要注意观察球的落点，提高测量准确度。

（6）双脚连续跳

进行双脚连续跳测试时，幼儿如果出现跨过软方包、脚踩在软方包上、将软方包踢乱或两次单脚起跳等情况，就要重新测试；如果一次跳不过 1 块软方包，可以分 2 次跳过，但不能出现跨步或迈步动作。

测试员要组织好测试秩序，上一名幼儿完成测试后，再让下一名幼儿开始测试；如果发现软方包位置发生变化，要及时复位。

（7）坐位体前屈

进行坐位体前屈测试前，幼儿要做好热身活动，防止肌肉拉伤；测试时，不得弯曲膝关节，不得有突然前伸的动作。

测试员要提前检查场地是否平整、测试仪器功能是否正常；测试时如果发现幼儿动作不规范，应令其重新测试；记录成绩时要注意正确填写正负号。

（8）走平衡木

进行走平衡木测试前，幼儿要熟悉测试器材，消除恐惧心理；按照测试方法练习几次，体会正确动作要领。测试时，幼儿脱鞋、赤脚或穿薄袜子走平衡木；保持安静、集中注意力，如果中途落地需重测。

测试员要提前检查平衡木是否牢固安全；测试过程中安排专人对幼儿进行保护，也可以在平衡木两侧放上海绵垫子进行保护。

2. 整体测试过程中的注意事项

幼儿的动作学习能力和测试时的心理状态，都是影响幼儿体质健康测试结果的重要因素。为了保证测试结果的真实可靠，测试员在测试过程中应注意以下事项。

（1）避免动作生疏导致测试结果不准确

让幼儿进行幼儿体质健康测试项目的针对性练习，提前熟悉并掌握正确的技术动作，是幼儿体质健康测试的重要准备工作。

幼儿在测试时如果掌握不好动作要领，就很容易因为动作不规范影响测试成绩。让在幼儿对测试项目不熟悉的情况下进行测试，还容易增加出现运动伤害事件的风险。进行10米折返跑测试时，幼儿串道或者不尽全力跑；进行双脚连续跳测试时，幼儿没有双脚起跳或双脚并拢；进行坐位体前屈测试时，幼儿双腿出现弯曲等：这些都是造成测试结果不准确的常见错误动作。

（2）避免因恐惧测试仪器而影响测试结果

很多幼儿在平时的体育活动中较少接触平衡木，在参加走平衡木测试时，面对以前没走过的平衡木，难免会产生恐惧心理。在恐惧心理的影响下，幼儿会出现技术动作失误，以致无法以最佳状态完成测试，造成并不是因为平衡能力差而得分低的情况。事实上，在实践过程中，在平衡木两侧增加保护垫后，幼儿的恐惧会明显缓解，测试成绩也会明显提高，这进一步证实了事先消除幼儿对测试仪器的恐惧对于保证测试结果的准确性十分重要。

（3）避免情绪波动导致测试结果不准确

幼儿的情绪很容易受到外部环境的影响。在熟悉的环境下面对熟悉的教师，幼儿往往能够更好地展示自己的运动能力。教师充满鼓励性和提示性的引导语能够帮助幼儿更好地完成测试。但是在实际测试过程中，幼儿在不同测试环节难免会遇到陌生的测试员，测试员也常常因为不了解幼儿的特点而无法恰到好处地鼓励、指导幼儿，这些因素都会影响幼儿在测试时的情绪，进而影响幼儿的测试成绩。例如，在安静心率测量过程中，幼儿面对陌生的测试员，会产生紧张或好奇心理，这会造成绝大多数幼儿安静心率偏高，出现较大的测量误差。

为了解决上述问题，测试员一方面可以让幼儿事先熟悉测试项目，将幼儿体质健康测试项目融入幼儿日常的体育锻炼，这既可以提高幼儿的动作完成质量，又可以提升幼儿的身体素质水平；另一方面，测试员可以对测试场地和器械进行一定的改造，如设置醒目标志、增加保护垫等，帮助幼儿消除恐惧，按照测试要求完成测试。此外，测试员还应加强对幼儿园教师的专项培训，使教师熟悉幼儿体质健康测试的操作流程和专业测试指导语，进而安抚幼儿情绪，帮助幼儿理解测试要求、配合测试工作、认真完成各项测试。

（三）幼儿体质健康测试的过程

幼儿体质健康测试的过程如下。

1. 幼儿体质健康测试的准备阶段

第一步，幼儿体质健康测试总负责人制定幼儿园的整体测试方案。

第二步，幼儿体质健康测试总负责人对测试场地进行划分，将身高、体重和坐位体前屈测试安排在舞蹈教室内进行；将10米折返跑测试安排在跑道上进行；将立定跳远测试安排在沙坑处进行；

将走平衡木测试安排在较为柔软的人工草坪上进行；将网球掷远和双脚连续跳测试安排在较为空旷、平整的场地进行。总体原则为各项目的测试场地相互独立、互不干扰，同时能保证测试的顺利进行与幼儿的安全。

第三步，分管场地器械的教师负责测试场地的安全性，检查所需测试器械的数量、质量和有效性，及时整修场地，以及维修与购置器械。

第四步，幼儿体质健康测试总负责人对所有参加测试的工作人员进行幼儿体质健康测试操作实施方法的培训，保证所有工作人员都熟悉测试流程和测试方法。

第五步，各个班级的班主任利用体育活动时间，带领幼儿进行幼儿体质健康测试项目的熟悉性练习，特别是 10 米折返跑、网球掷远、双脚连续跳、走平衡木这几个项目，保证幼儿能够按照要求、采用正确的技术动作完成测试。

第六步，各个班级的班主任提前一天将幼儿体质健康测试要求发给幼儿家长，要特别强调让幼儿穿运动服、运动鞋参加测试；对于因为生病或者受伤等情况而无法参加测试的幼儿要及时做好统计。

第七步，各个班级的班主任提前将幼儿的姓名信息和年龄组信息录入幼儿体质健康测试成绩登记表，如表 7-6 所示。年龄组的确定方式参考前文所述方法，录入完毕后打印备用。

表 7-6　某幼儿园幼儿体质健康测试成绩登记表

测试时间：　　　　　　　　　　　　　　　　　　　　　　　　　班主任：

班级	姓名	性别	年龄组	身高	得分	体重	得分	10 米折返跑	得分	立定跳远	得分	网球掷远	得分	双脚连续跳	得分	坐位体前屈	得分	走平衡木	得分	总分	等级

2. 幼儿体质健康测试的实施阶段

第一步，各个班级的班主任在开始测试前 30 分钟，检查幼儿的衣服、鞋子是否合格；再次观察并询问幼儿有没有不适宜参加测试的状况，如没吃早饭、身体不适等。确定幼儿服装和身体状态没有问题后，带领幼儿进行准备活动。

第二步，各个班级的班主任按照预先排好的测试顺序组织幼儿依次参加各个项目的测试。每测完一个项目就将幼儿的原始测试成绩填写到测试成绩登记表中。不同班级的测试顺序可以不同，原则上将身高、体重作为前两个测试项目，将 10 米折返跑和双脚连续跳作为最后两个测试项目，其余测试项目的顺序均匀分布，尽量保证每个测试场地同时只有一个班级参加测试，避免出现幼儿扎堆测试的情况。在测试过程中，班主任要协助测试员维持好测试秩序，避免出现安全事故。

第三步，测试完成后，班主任再次检查是否所有参加测试的幼儿都有了测试成绩，没有问题后将幼儿有序带回教室，注意不要遗落个人物品。

第四步，所有班级测试结束后，由分管场地器械的教师将测试器械放回器械室，注意检查是否有器械遗落和损坏的情况。

3. 幼儿体质健康测试的分析与反馈阶段

第一步，班主任参照幼儿体质健康测试评分标准，查找对应年龄组的评分表，将幼儿的原始测试成绩转换成标准得分，将各单项成绩相加后，对幼儿的体质健康状况进行等级评定。

例如，中一班的小明，按照标准被分到男生 5 岁年龄组，其身高为 110 厘米，得 3 分；体重为 20 千克，得 3 分；10 米折返跑成绩为 6.5 秒，得 4 分；立定跳远成绩为 105 厘米，得 4 分；网球掷远成绩为 7 米，得 3 分；双脚连续跳成绩为 7.5 秒，得 2 分；坐位体前屈成绩为 12 厘米，得 4 分；

走平衡木成绩为 6.5 秒，得 3 分；总分为 26 分，处于合格等级。

　　第二步，班主任根据幼儿的体质健康测试成绩，对幼儿的体质健康问题进行分析。仍以小明为例，可以看出，虽然小明的总成绩处于合格等级，但是在几项反映协调性与平衡能力的测试项目上，成绩处于中下水平，这提示小明应该加强发展协调性与平衡能力的练习。

　　第三步，班主任根据幼儿体质健康存在的问题，设计有针对性的锻炼方案，并将测试成绩、问题分析结果和锻炼方案反馈给幼儿家长。例如，对于小明来说，其可以通过跳绳、拍球、打乒乓球、跳幼儿舞蹈等方式增强协调性与平衡能力。

本章小结

　　幼儿体育活动的计划与评价，对于科学系统地安排幼儿园的体育活动及教育工作，提高幼儿体育活动开展的质量等有着重要的作用。因此教师需要了解幼儿体育活动计划与评价的重要意义，掌握幼儿体育活动评价的指标及内容，从而有效地制订幼儿体育活动计划，并能对幼儿体育活动、幼儿体质健康情况进行客观评价。

思考与实训

一、思考题

（一）简答题

1. 简述幼儿体育活动计划的意义。
2. 简述幼儿体育活动计划的制订原则。
3. 简述幼儿体育活动评价的指标。
4. 简述教师在幼儿体育活动中如何通过观察法来判断幼儿的运动量。
5. 简述如何用生理测定法来测定脉搏。

（二）论述题

1. 结合实际，说明如何制订中班幼儿体育活动的学期计划。
2. 结合实际，说明如何对幼儿体育活动进行评价。

二、案例分析

　　某幼儿园围绕如何上好一堂体育教学课进行了一次教研，教师们都说出了自己的看法。

　　教师 A："我认为首先要了解幼儿，然后认真写好教案，其他的都不重要。"

　　教师 B："我认为在了解幼儿的基础上，需要做好各种准备，如准备器械、熟悉教案、积极调动幼儿的兴趣。"

　　教师 C："我认为要深入了解幼儿的能力发展水平、动作经验、兴趣爱好等，然后根据幼儿的发展特征写好教案，制定合理的目标，选用适合的游戏内容，并熟悉教学组织方法，课中根据幼儿的实际情况，灵活调整活动内容、指导方法等。"

　　你认为 3 位教师的看法是否正确？如果是你，你觉得该如何上好一堂体育教学课？

三、章节实训

　　观摩一节幼儿园大班体育教学活动，分小组评价并分享。

08

第八章

幼儿运动安全保护

学习目标

1. 理解幼儿运动安全保护的意义。
2. 掌握幼儿运动安全保护的目标与内容。
3. 理解幼儿运动风险的影响因素。

素质目标

1. 热爱幼儿，高度重视幼儿的生命与健康，将保护幼儿生命安全放在首位。
2. 具有高尚的师德与专业素养，熟知幼儿园的安全应急预案，掌握意外事故和危险情况下幼儿安全防护与救助的基本方法；能有效保护幼儿，危险情况下优先救护幼儿。

案例导入

每到户外活动时间，某幼儿园教师不愿意组织幼儿进行户外运动，认为幼儿在运动时，判断危险和自我保护的能力都较弱，容易发生运动安全伤害事件。园长及家长也非常关注幼儿的安全，担心幼儿在运动中意外受伤时得不到专业处理，造成麻烦。因此该幼儿园上下都形成了能不出去就不出去，能少活动就少活动，多动多危险、少动少危险、不动不危险的错误观念。

思考：这种现象存在于不少幼儿园。幼儿运动安全保护有何意义？幼儿运动风险的影响因素有哪些？如何做好幼儿运动安全保护？要回答这些问题，我们就要进入本章的学习。

第一节 幼儿运动安全保护概述

安全是幼儿园运动的首要前提，失去了对安全的保障，幼儿的学习和成长便无从谈起。开展基于安全视角下的幼儿园运动既是对以人为本的教学理念的贯彻，也是幼儿园和幼儿教师的基本职责。本着"防患于未然"的原则，幼儿园和教师要查漏补缺，及时消除安全隐患。

幼教工作者必须在幼儿运动中注重对安全意识的培养，提高风险控制能力，让幼儿在安全的前提下进行运动，增强幼儿的运动素质和能力，为幼儿的强健体魄的形成打下坚实的基础。这不管是对幼儿的全面发展及健康成长，还是对教师组织运动的专业能力的提升，都有着非常重要的意义。

一、幼儿运动安全保护的意义

（一）能培养幼儿的安全意识及自我保护能力

《指南》在健康领域部分中的"生活习惯与生活能力"明确指出，幼儿应具备基本的安全知识和自我保护能力。幼儿年龄小，能力和体力十分有限，动作的灵敏性和协调性较差，又缺乏经验，在运动中常常不能预见自己行为的后果，对突发事件不能做出准确的判断，处于危险之中时会缺乏自我保护能力。强调幼儿运动安全保护，教育幼儿在运动时注意安全，防范不安全事故的发生，预防运动伤害，能培养幼儿的安全意识及自我保护能力。

（二）能及时有效预防运动安全伤害事件的出现

强调幼儿运动安全保护，有利于预防运动安全伤害事件的发生。幼儿园从人（幼儿、家长或教师）、事（游戏活动的设计）、物（教具、活动场地）等方面入手，发现幼儿在运动中容易出现安全问题的环节，根据幼儿的身心特点、参与活动的规律，合理设计运动内容，加强教师的保护意识，排查活动场地或教具存在的安全隐患，能及时有效预防运动安全伤害事件的发生。

（三）能从容应对运动安全伤害事件

教师要掌握运动安全伤害事件的正确应对流程：事件发生前，风险识别与预防是基础；事件发生时，安抚受伤幼儿情绪的同时正确判断问题的性质也是必要的，教师和相关管理人员及时处理最为关键；事件发生后，教师及时与家长进行有效沟通也很重要；事件处理后的慰问措施必不可少，教师应从容应对运动安全伤害事件，最大限度地降低因运动安全伤害事件造成的损失。

（四）能提升教师组织幼儿运动的专业能力

拓展阅读

幼儿参与科学、适宜的体育运动，能促进身体的正常生长发育，使身体更加协调和灵活，也能促进认知能力的发展。那么保证幼儿在幼儿园、家中、社区等场所参与体育运动时的人身安全就十分重要，这也非常考验每一位教师的专业能力。组织幼儿运动时选择适宜的运动内容、热身及放松活动、合理的站位、适宜的组织方法、科学有效的保护方法等要点，对幼儿的健康成长具有重大的意义。

儿童参与"成人化"
运动屡现伤残悲剧

二、幼儿运动安全保护的目标与内容

（一）幼儿运动安全保护的目标

1. 让幼儿具备基本的安全意识和自我保护能力

正所谓千般呵护不如自护，保护幼儿安全最好的方法就是在运动中培养幼儿的自我保护意识和能力，让幼儿在运动中逐渐养成自我保护的好习惯。同时教师应在运动中培养幼儿胆大、心细的品质，使幼儿能正确面对危险，化解危险，在运动中不做危险的事，能主动躲避危险，不给他人造成危险。《指南》中健康领域部分对不同年龄阶段幼儿应具备的安全知识和自我保护能力提出了具体要求，表 8-1 展示了其中的部分内容。

表 8-1　不同年龄阶段幼儿应具备的安全知识和自我保护能力要求（部分）

3—4 岁	4—5 岁	5—6 岁
在提醒下能注意安全，不做危险的事	运动时能主动躲避危险	运动时能注意安全，不给他人造成危险

2. 提升教师的运动安全保护能力

除了具备组织幼儿运动的能力，教师还应掌握丰富的幼儿运动相关知识和基本保护方法，对幼儿的身体和运动情况能做出准确判断，能根据不同幼儿的特点设计合理的幼儿运动方案，熟悉对幼儿园常见的跑、跳、投、钻爬、攀登、悬垂等运动的防护要点和基本防护方法，对各种运动危险进行预判并做好预案，从而消除安全隐患。

3. 提升教师进行风险管理、预防及处理运动伤害的能力

教师作为幼儿运动的组织者和参与者，其安全意识和运动安全保护能力是影响幼儿运动安全的重要要素，这就要求教师具有一定的风险管理能力。风险管理是指在一个具有潜在风险的环境中，把风险降到最低的管理过程。风险管理过程包括 4 个方面：预测风险、识别风险、采取措施、评估风险。教师应是幼儿园运动环境安全漏洞的第一发现人，能够预测并识别风险。当幼儿园运动环境出现可能干扰幼儿正常活动的因素的时候，教师要及时和幼儿园管理人员协调沟通，不能无视，更不能放任不管。当幼儿园运动环境出现运动风险时，教师需要提出相应的应对措施，同时对风险进行评估，还要掌握基本的运动安全急救知识和处理突发事件的常识，掌握正确的运动

伤害急救方法，最大限度地降低因运动安全伤害事件造成的损失。教师要以高度负责的态度，把自己当成幼儿学习和成长的领路人，在幼儿运动中，一定要仔细观察周围环境，排除影响幼儿运动安全的因素。

拓展阅读

运动风险可以预判[1]

幼儿运动中的风险，可以发生在运动过程中的各个环节，其中有些是属于可判断、可预防的，有些则是难以预料、防不胜防的。比如对幼儿来说，他在进行攀爬活动时，对当前的攀爬高度是否有把握是可以做出判断的，但是攀爬架的牢固性却是他不能判断和预料的，即使攀爬对他来说得心应手，他也有可能因攀爬架的突然扭曲、断裂而跌落。相反，教师对每个幼儿所能接受的攀爬高度未必十分清楚，但对攀爬架的牢固性和失足可能导致的跌伤风险是可以预判的。

（二）幼儿运动安全保护的内容

1. 幼儿运动安全意识及自我保护能力的培养

对幼儿运动安全意识及自我保护能力的培养主要从着装安全、运动中的安全、运动器械安全3个方面展开。

培养幼儿运动安全意识及自我保护能力的方法主要有环境渗透法、主题活动法、活动体验法、随机教育法、同伴互助法等方法。

培养幼儿运动安全意识及自我保护能力的途径主要有开展专门的运动安全教育课程、日常生活中的渗透与强化、构建家园共育互动机制等。

2. 科学的幼儿运动方法

科学地运动是确保安全、避免运动伤害的前提，教师应主要从选择适合不同年龄阶段幼儿的运动内容和护具、合理安排运动负荷等方面来探讨科学的幼儿运动方法。

3. 教师的作用及基本保护方法

教师在幼儿运动中的作用主要有：提前预测风险、识别风险，消除安全隐患，创设一个安全、卫生的运动环境；合理安排活动的结构；给予幼儿必要的安全提示和保护。

幼儿运动中的基本保护方法共有3种，即自我保护、他人保护和利用器械保护。

4. 运动器械的选择与使用

运动器械的选择与使用需要考虑以下几个原则：符合幼儿的年龄特点，注意幼儿能力水平的差异，注重运动器械的安全性，注重运动器械的合理搭配，注重运动器械的多样探索性。

拓展阅读

运动是一把双刃剑。科学合理的运动能够改善人的体态，提高人体的生理机能水平，提升免疫力，减少疾病的发生，但是不合理的运动常导致某些疾病的出现。尤其是在体育训练中，运动伤害的发生率较高。为了最大限度地发挥运动对人体的积极影响，减少运动的负面影响，人们需要系统地学习运动伤害的理论知识并加以实践，以延长运动寿命，提高生活质量。

[1] 华爱华. 幼儿户外游戏的挑战与安全[J]. 体育与科学，2009（4）：4.

三、幼儿运动风险的影响因素

（一）幼儿自身因素

1. 幼儿生理发育不成熟，自控能力较弱

0—6 岁幼儿的身体处于明显的未成熟阶段，各部分的器官比较娇嫩，骨骼发育不完全，神经系统比较脆弱，各种机能水平较低，动作的协调性差，所以幼儿在运动过程中摔倒是经常出现的情况，而且幼儿大脑对身体动作的变化不能及时做出相应的反应，比如在奔跑过程中遇到其他幼儿迎面而来时不能及时躲闪，导致相撞。

拓展阅读

幼儿骨骼的生理特点

2. 幼儿好奇心强，安全意识不强

0—6 岁的幼儿活泼好动，具有强烈的好奇心、探索欲望，喜欢模仿成人或同伴的行为，不能够进行抽象的思维运算。部分幼儿在运动中会因畏惧、恐慌或害羞而犹豫不决，从而导致错误动作；部分幼儿时常会因过于好奇而投入活动，在情绪异常时忽略了安全问题；部分幼儿乐于挑战而没有按照教师的标准要求完成动作；部分幼儿会因注意力不集中或注意力集中时间不长而不能很好地控制自己：这些都容易导致运动伤害的发生。

3. 幼儿认知水平低，自我保护意识弱

由于幼儿年龄小、认知水平低、自我保护意识弱、没有防范意识，意外事故时有发生。比如有的幼儿玩滑梯时，会因为他人挡路，故意推人；玩跷跷板时不顾另一端的小伙伴，突然起身走开；喜欢的器械被别人先拿到，与别人大打出手；等等。幼儿自我约束能力有限，幼儿对成人的提醒不会完全遵从，在面对危险时又能及时有效地处理，从而酿成大错。

4. 幼儿自身的不安全行为

教师在组织幼儿进行活动时，在活动前后都应组织幼儿有序集合，使幼儿按照预先设定的活动目标及要求来进行活动，但是有一部分幼儿经常违反教师的要求，做出一些不安全的行为。例如，在篮球活动中，有的幼儿拿着篮球从台阶上跳了下来，一不小心没有站稳，摔了一跤，扭伤了脚；滑滑梯时，排队等候的幼儿着急地走上楼梯，还没有等前一个幼儿起身，就滑了下去，结结实实地踹到了前一个幼儿，导致其没有站稳而摔伤。

5. 特殊体质幼儿

特殊体质幼儿包括特殊病史幼儿、过度肥胖幼儿、过度瘦弱（体弱）幼儿、患病带伤或者伤病初愈的幼儿等。这些幼儿在体育活动中会因肌肉力量较弱、反应迟钝、身体协调性差等而更容易发生运动伤害。

（二）教师因素

1. 教师安全防范意识不强，缺乏安全预案

幼儿活泼好动，但缺乏生活经验，身体发育不完善，无法把握活动的安全性，这时候就需要经验丰富的教师在旁正确指导。但有调查发现，部分教师对运动安全知识不重视，缺乏在实际游戏活动中对安全隐患的预判能力，组织幼儿进行户外活动时，把发生的意外事故，如推、抢、碰撞，当作偶然事件，不引起重视，活动前缺乏安全预案，活动后也不会梳理事故缘由并总结经验，导致意外事故时有发生。

💬 案例分析

某一天下午，幼儿园教师组织幼儿在户外区域进行攀爬人字梯、走平衡木的活动，觉得幼儿攀爬过很多次人字梯，都比较熟练，就重点关注幼儿走平衡木的情况。但部分幼儿在攀爬人字梯时因前面幼儿的攀爬时间过长而开始吵嚷，这让前面的幼儿变得十分紧张，在下人字梯时后背受伤。该案例反映出该教师安全防范意识不强，对安全重点把握不清晰。

2. 教师安全技能缺乏，责任心有待加强

只有热爱幼儿才会有责任心，有了责任心，教师才会计划周密的安全保护对策，幼儿的安全才有一定的保证。教师在日常组织幼儿运动时，要有"幼儿安全重于泰山"的意识。当然只有爱心和责任心是不够的，教师还要掌握丰富的安全知识和具备一定的安全保护能力，如对幼儿身体和运动情况做出准确判断的能力、对各种运动风险做出准确预测的能力、对紧急伤害事故进行正确初步处置的能力等。

3. 教师组织能力不足

教师组织幼儿体育活动的能力弱，也会导致幼儿出现运动安全事故。例如运动内容不适宜，运动负荷过大，组织队形不合理，会使幼儿运动时相互干扰和影响，出现伤害事件。教师在组织幼儿体育活动时要及时提醒幼儿注意相关的注意事项，带领幼儿进行充分热身，采取必要的保护措施，对技术动作的讲解及示范要到位。

（三）幼儿园因素

1. 幼儿园运动安全管理制度不完善

幼儿的安全重于泰山，幼儿园要想顺利、有效地做好安全工作，就需要一套完善、可行的组织制度。因此健全的运动安全管理制度是做好幼儿园运动安全工作的保证和前提。但是不少幼儿园对运动安全管理制度不够重视，安全责任人的落实制度、户外区域责任人的分工制度、户外场地器材的安全检查制度、运动安全伤害事件处理制度等一系列制度缺失，或者存在不完善的问题，导致出现问题时教师不知如何有效处理。

2. 幼儿园户外运动场地小，规划不合理

幼儿园的户外运动场地是幼儿参与户外运动的基础和前提，幼儿园的户外运动场地面积不足，容易导致幼儿在户外运动场地进行游戏活动时发生碰撞，存在一定的安全隐患。户外运动区域划分不合理，如平衡区与玩球区相邻，球经常滚到平衡区，导致两个区域的幼儿相互干扰，增加了安全隐患。

3. 幼儿园户外运动器械少而陈旧，维护不及时

教师灵活运用户外运动器械，科学、合理、有效并安全地组织幼儿进行户外运动，不但可以激起幼儿参与户外运动的兴趣，而且能提高幼儿的身体素质和幼儿在户外运动中的创造性与社会性等综合素质。幼儿园的户外运动器械一般是种类较多、数量较少，不能满足全园幼儿的需求。幼儿园最少拥有一组滑梯，沙水池、绳网、攀岩墙、荡桥等也是目前幼儿园中常见的户外运动器械。但这些户外运动器械经过长时间的风吹日晒，幼儿园缺乏妥善管理，而出现陈旧老化等现象，如螺丝松动、有破损、不牢固等。

：：：案例分析

幼儿园教师组织幼儿在草地上进行户外活动时，幼儿看见攀爬网都非常兴奋，你争我赶地往那儿跑，教师看着幼儿的兴奋劲儿就没过多阻止，但不一会儿便传来一阵哭声。教师意识到肯定有幼儿受伤了，就赶紧过去查看，发现心蕾趴在地上一直哭。当卷起心蕾的裤腿时，教师发现她的膝盖处有肿块，于是教师连忙将心蕾送到医务室。经检查，心蕾小腿骨折了，需要住院。后来教师在攀爬网区域检查时发现，一根钢管被折断了。

（四）家长因素

1. 家长"重智轻体"

家长作为幼儿的第一监护人，肩负着教育幼儿的重要使命。在我国，多数家长过多关注幼儿的学习而忽视了幼儿的运动。不少家长认为"玩"耽误了幼儿的学习。虽然有些家长意识到了运动的重要性，但当幼儿面临升学压力时，他们又加入了全力督促幼儿进行知识学习的队伍中。在家长的这种教育观念下，有些幼儿园为了迎合家长的要求，不得不缩减幼儿的户外运动时间，从而加强对幼儿的知识教育。

拓展阅读

幼儿意外伤害的主要原因

2. 家长自身缺乏运动安全保护能力而过度保护幼儿

家长的溺爱和过度呵护，导致幼儿参加实践和锻炼的机会较少，对成人的依赖性过强，甚至没有安全意识和自我保护意识。家长害怕幼儿在参与攀爬、悬垂、跳跃等具有一定挑战性的活动时会受伤，自身也缺乏运动安全保护能力，因此不敢让幼儿"越雷池半步"，从而遏制了幼儿的发展。家长的这些观念和做法也许保证了幼儿的安全，却阻碍了幼儿的成长。以"爱"的名义控制幼儿的一切，包办幼儿的一切，往往是一种过度保护的行为，这不仅会扼杀幼儿的创造能力，还会扼杀幼儿独立自主的勇气和能力。

（五）环境因素

体育运动与环境有着非常密切的联系，自然环境及精神环境的变化都会引起运动环境的改变。因此，教师要关注环境因素，选择合适的锻炼条件，营造良好的氛围，避免环境因素对幼儿身体健康产生的负面影响。

1. 自然环境

近些年，全球大气污染愈演愈烈，频繁出现重度雾霾、沙尘暴、高温、大风、暴雨等现象，这些现象也给幼儿园户外活动的正常开展造成了严重影响。在环境污染比较严重的区域，幼儿园经常因空气质量差而被迫取消户外活动，将原本的户外活动变成室内活动，有时候连续一周幼儿都没有外出活动的机会，而幼儿长时间缺乏身体锻炼必定会对其身体健康造成不利影响。

（1）气温对幼儿运动的影响

幼儿的正常体温为 36～37.5℃，体温在这个范围内的幼儿能够正常活动。参加体育活动时，人体会产生热量，这些热量蓄积在体内就会使体温升高，体温升高到一定程度就会引起一系列的身体失调，甚至休克，而高温环境是不利于体内热量向外散发的。因此在高温环境中进行体育活动时，教师必须采取相关措施，否则幼儿就会有患热射病的危险。在低温情况下运动时，教师要注意幼儿耳朵、双手、双脚的保暖情况，防止幼儿冻伤。在运动时，幼儿不要穿太厚的服装，以免在运动时出汗较多，运动后感冒。运动后，幼儿要及时穿衣保暖。

（2）太阳射线对幼儿运动的影响

不同时节的太阳射线强度不同。幼儿参加体育活动时，皮肤过多暴露在强烈的阳光下会对身体产生很大的伤害。紫外线可使局部皮肤毛细血管扩张充血，使表皮细胞受损，导致皮肤发红、出现水肿、出现红斑。过量的紫外线照射还会引起光照性皮炎、眼炎、头痛、精神异常等症状。当长时间受强烈阳光的照射时，体温会上升，进而引起全身机能失调。因此教师要尽量避免让幼儿在强烈的阳光下运动。

（3）雾霾对幼儿运动的影响

在雾霾天气下运动，幼儿吸进的有害气体比平常多，会出现咳嗽、胸闷、呼吸不畅等症状，甚至会患上支气管炎、肺炎、哮喘、过敏性鼻炎等呼吸道疾病。在雾霾天气下，能见度降低，幼儿在户外进行体育活动时很可能由于视线受阻，发生各种意外伤害事故。

在雾霾天气下，教师可带领幼儿在室内进行体育活动，注意不要开窗，以免有害气体流入，污染室内环境。在雾霾天气下进行体育活动时，教师要更加关注幼儿的状态和反应，如有不适，应及时让幼儿停止运动并接受治疗。

2. 精神环境

精神环境，在这里也称为教育心理环境，主要体现为活动中的氛围、师幼关系、同伴关系、保教人员之间的关系，以及保教人员和管理者、家长之间的关系等。部分教师因担心幼儿在运动中发生意外，想要避免由此可能造成的麻烦与纷争，在组织活动过程中会采取一些比较极端的做法。例如：当幼儿探索一些运动器械的新玩法时，教师一旦发现该行为对幼儿的身体机能有一定挑战，就会立即制止。教师的类似行为容易造成紧张、高压的活动氛围，不利于幼儿健康情绪的发展，不能让幼儿积极愉快地参与运动。

第二节　幼儿运动安全的预防

一、健全幼儿运动风险管理体系

为防范幼儿运动风险，保护幼儿、教师和幼儿园的合法权益，保障幼儿园体育工作健康、有序开展，幼儿园应把运动风险防控作为教育管理与督导的重要内容，纳入工作计划，根据《学校体育运动风险防控暂行办法》，建立多部门协调配合、员工共同参与的适合本幼儿园的风险防控制度和运动安全伤害事件处理预案，明确风险防控的具体内容和基本要求，健全幼儿园运动风险防控机制，落实防控责任和措施。

（一）建立运动风险管理制度，构建安全管理体系

1. 建立运动风险管理制度

（1）场地与运动器械分类管理，加强安全管理、随时巡查和定期维护

幼儿园应严格按照国家有关产品和质量标准选购运动器械；建立场地与运动器械安全台账制度，记录使用年限、安装验收、定期检查及维护等方面的情况。

运动器械应当严格按照安装要求，由供应商负责完成安装，安装完成后幼儿园应当进行签收，并将签收结果记录在场地与运动器械安全台账中。

对于具有安全风险的运动器械，幼儿园应当设立明显的警示标志和安全提示。需要在教师的指导和保护下才可使用的运动器械，使用结束后应当专门保管；不便于保存的，应当有安全提示。对于教师自制的运动器械，幼儿园应当进行安全风险评估，评估合格后方能使用。幼儿园应对场地及运动器械进行定期检查与维护，根据安全需要或相关规定及时更新和报废相应的运动器械，及时消除安全隐患。

（2）建立健康档案，了解幼儿健康状况

幼儿园应定期组织体检，同时要求幼儿家长如实提供幼儿健康状况的真实信息，为幼儿建立健康档案。对不适合参与体育运动的幼儿，应当减少或免除其参加体育活动的机会。同时做好幼儿在体育运动中的医务监督和观察。

（3）制定幼儿体育教学活动、幼儿体操、器械活动、体育游戏等体育运动的安全管理制度

教师在开展幼儿体育教学活动、幼儿体操、器械活动、体育游戏等活动前，应当认真检查场地及运动器械；在活动中，应当强化安全防范措施，对难度较大的动作应当按教学要求详细分解，确保幼儿充分热身，并采取正确的保护与帮助措施。

（4）制定运动会、远足活动等大型体育活动的安全管理预案

幼儿园组织开展运动会、远足活动等大型体育活动时，应当成立安全管理机构；制定安全应急预案；检查场地及运动器械，设置相应安全设施及标志；设置现场急救点，安排医务人员现场值守；

对幼儿和教师进行安全教育。大型体育活动需要第三方提供交通、食品、饮水、医疗等服务的，幼儿园应当选择有资质的服务机构，依法与其签订规范的服务合同。

2. 明确并切实落实管理职责

（1）明确各部门、各人员职责

幼儿园应明确教学、管理、后勤等各职能部门及相关人员的职责，组织和督促相关部门和人员（园长、副园长、主任、保健医、保育员、教师、保安等）履行职责。

（2）切实落实，问责到人

幼儿园切实做好各项制度的落实工作，避免制度虽健全，但只停留在纸面上的情况；了解幼儿运动器械的安全隐患，并采取相应的防范措施；做好场地、运动器械的日常全面排查，采取相应的防范措施；针对发现的问题要及时反馈并处理；造成重大事故的，要问责到人；定期汇总存在的运动安全隐患、发生的运动安全事故，反思不足，立即整改；邀请相关专家或者第三方机构对运动安全隐患进行排查或者评估，并针对问题进行整改。幼儿园事故应急处理流程如图 8-1 所示。

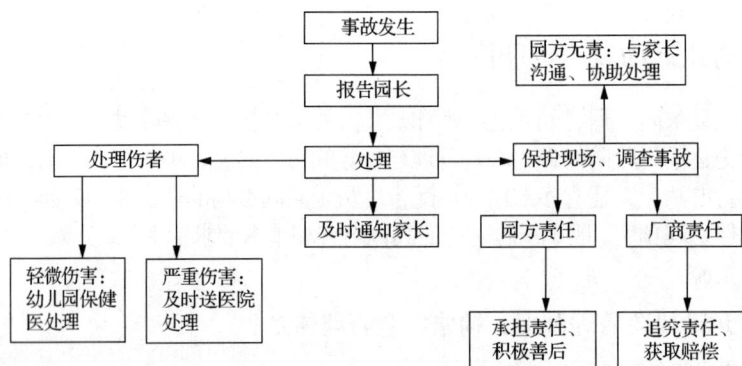

图 8-1　幼儿园事故应急处理流程

3. 完善应对突发运动安全事故的措施

（1）及时救助受伤幼儿，报告情况

对于突发的运动安全事故，教师要及时求助受伤幼儿，并第一时间通知园长、保健医。保健医快速判断幼儿的受伤程度，程度轻的，先做简单处理；程度重的，马上送医院处理。

（2）安抚幼儿情绪，消除恐惧

教师在救助幼儿的同时要安抚幼儿的情绪，帮助他们消除恐惧；不要指责、责怪受伤幼儿，避免其产生心理负担。

（3）通知家长，与家长共同做好后续处理工作

教师要及时通知家长，做好家长的安抚工作；诚恳、客观、坦诚、详细地说明事件过程，以获取家长的理解，同时换位思考，体谅家长的心情，及时调整与家长的沟通策略；对受伤幼儿及时给予关心和慰问。

（4）分析反思，做好事故后期处理工作

事故发生后，教师需要协同幼儿园认真、全面地分析事故的发生原因，分清责任，从中获取经验和教训，从而反思安全管理漏洞，加强安全管理，避免此类事故再次发生。

4. 加强对运动安全知识的宣传

幼儿园应借助定期、不定期的开学教育、校园网络安全教育、安全教育课等形式开展运动安全知识宣传，可以通过发放宣传手册、培训、开展体验式活动等来进行运动安全知识的普及，宣讲运动风险防控要求和措施，提高幼儿和教师的运动安全意识，引导幼儿和教师重视运动风险防控，积极提升应对能力。幼儿园主动公示运动风险防控管理制度、运动安全事故处理预案等，接受家长和

社会的监督。

（二）加强运动安全专题培训，提高安全管理能力

1. 提高教师的安全知识水平

教师要注重运动风险识别、预判，学习运动保护、常见安全急救与处理等方面的专业知识，及时掌握与安全有关的前沿教学理念、教学经验，提高安全知识水平。

2. 提高保健医的运动医务观察能力

保健医要参与幼儿运动的医务监督，了解幼儿的运动量、出汗量、喝水量、运动不良反应等情况，为幼儿科学运动保驾护航。因此保健医需要提高医务观察能力。保健医户外运动观察的要点如表8-2所示。

表8-2　保健医户外运动观察的要点

内容	观察要点
运动量	掌握运动时间和运动量，注意动静结合，有集体活动和分散活动，照顾体弱幼儿、肥胖幼儿
活动时间	活动时间充足，每天运动时间不少于两小时
穿脱衣服	活动中提醒教师关注各班幼儿的衣服增减、摘帽等情况
幼儿如厕	陪同有需要的幼儿到指定厕所，制止幼儿自行前去
准备纸巾	提前备好纸巾，为幼儿擦拭鼻涕和汗液
擦汗	提醒爱出汗的幼儿提前将自己的毛巾垫在脖子上

（三）形成家园合作的运动安全教育合力

幼儿园举办以"运动安全"为主题的半日开放活动，增强家长的运动安全意识，让家长主动参与对幼儿自我保护能力的培养过程；利用家长资源，邀请拥有保健医、运动员、教练等身份的家长来园为其他家长、幼儿开展运动安全知识讲座。

二、幼儿运动安全意识及自我保护能力的培养

（一）幼儿运动安全意识及自我保护能力培养的目标

培养幼儿的运动安全意识及自我保护能力，旨在帮助幼儿树立安全意识；引导幼儿掌握运动安全常识与自我保护方法；学会遵守有关运动安全的规则；丰富幼儿的运动经验，减少运动伤害。

1. 帮助幼儿树立安全意识

幼儿由于年龄小，对危险因素缺乏认识，不知道什么东西不能碰，意识不到自己的行为可能带来的后果，加之其活泼好动，好奇心强，对任何事情都想亲自尝试，因此比较容易发生各种意外伤害事故。教师应帮助幼儿树立安全意识和自我保护意识，这要求教师从幼儿自我保护能力较弱的特点出发，有意识地通过玩游戏、看图画、唱儿歌、讲故事、互相讨论、开展体验式活动等多种幼儿感兴趣的形式，多角度地对幼儿进行运动安全教育。例如，教师在教幼儿唱安全教育儿歌时，可以采用先为幼儿播放安全教育儿歌视频，再在组织幼儿上下楼梯时引导幼儿练唱儿歌："走廊过道慢慢行，一个一个排序走，上下楼梯靠右行，扶好扶手不推拉。"在组织户外集体大型运动器械活动时，教师可以和幼儿一起唱："滑滑梯，慢慢行，你先我后不争抢。"这样既帮助幼儿理解了安全常识，又提高了幼儿的自我保护能力，可谓一举多得。

2. 引导幼儿掌握运动安全常识与自我保护方法

掌握运动安全常识与自我保护方法是幼儿安全进行活动的前提和保障。教师应教会幼儿一些必要的运动安全常识，让幼儿知道运动前应检查自己的服装，系紧鞋带；口袋中不能夹带尖硬杂物，

做好准备活动；做完激烈的追捉跑、竞赛跑游戏后，要适当走一走或做一些放松动作，不能马上停下来；不做危险的动作；等等。同时在进行体育活动时，教师要引导幼儿掌握自我保护方法，如在不同场地引导幼儿进行自我保护训练。幼儿身体的灵活性、协调性还不够好，幼儿容易发生摔倒、碰撞等问题；大型运动器械的出口、通道比较多，幼儿在里面穿梭、攀爬、旋转时，容易发生安全隐患。因此，教师要引导幼儿熟悉各种场地、场景、出口、通道，提醒他们在活动的时候不要做危险的动作。

3. 教育幼儿遵守有关运动安全的规则

遵守有关运动安全的规则是保证体育活动顺利进行的重要因素。在体育活动中，规则的缺乏往往会导致幼儿意外受伤。体育活动对幼儿的吸引力比较大，活动场地也比较大，再加上一个班级的幼儿人数比较多，幼儿身心发展不够成熟，活动过程相对混乱。例如，在体育活动中，教师往往会提供许多运动器械，如球、轮胎、绳子，并需要将这些运动器械分给幼儿，但是幼儿往往会一拥而上，相互抢夺，不听教师的指令，场面变得非常混乱，这时就容易发生运动安全事故。因此，教育幼儿在体育活动中遵守有关运动安全的规则具有十分重要的作用。为了保证幼儿的安全，教师可以用手势、肢体语言、哨声等对幼儿的行为进行调节。

4. 丰富幼儿的运动经验，减少运动伤害

幼儿年龄小，身体肌肉的力量不足，弹性、张力缺乏，因此，幼儿动作的平衡能力、敏捷性、灵活性都达不到自我保护的要求。在日常生活中可以看到，一些平常比较调皮、活泼好动的幼儿，无论是奔跑、蹦跳，还是钻爬、攀登，动作都非常灵活、熟练，而且反应敏捷，相对来说受到的伤害就少一些；而那些平时很少运动的幼儿在运动时动作显得比较笨拙、迟钝，相对来说也就容易受伤。因此，教师应鼓励幼儿多参加体育活动，锻炼幼儿的体能，增强幼儿的体质，丰富幼儿的运动经验，以提高幼儿的自我保护能力，减少运动伤害。

（二）幼儿运动安全意识及自我保护能力培养的内容

1. 着装安全

教师应教育幼儿参加运动时要确保着装适宜：穿运动服装、运动鞋，不穿裙子、有绳带的衣服，不穿皮鞋、凉鞋；衣服上不能有纪念章、胸针等饰物，口袋内不能放钥匙、小刀等坚硬、尖锐的物品；衣服扣子要系好；秋衣最好塞进裤子里，避免在运动中露出肚皮；鞋带一定要系好系牢；头上不要戴发卡。幼儿如果戴眼镜参加运动，做动作时一定要小心谨慎；做垫上运动时，必须摘下眼镜。

2. 运动中的安全

教师应教育幼儿在运动前要做好准备活动，消除肌肉及关节的僵硬状态，预防受伤；向幼儿强调活动的规则与安全注意事项，让幼儿知道如何安全地玩，以免受到伤害，如听从教师的指令并在指定范围内活动。教师应教育幼儿在运动中感觉到累时要注意休息；出现身体不适或损伤时，要及时告诉教师；不擅自离开队伍；走或跑时要注意躲避障碍物，不与他人相撞；从较高处往下跳时要屈膝做好缓冲；跳跃或快速奔跑时不说笑、不伸舌头；遇到危险时，会用跑开、抱头、抱肩、蹲下等方法进行躲避；走平衡木时注意力要集中，不打闹；等等。

3. 运动器械安全

教师应教育幼儿玩运动器械时如果发现运动器械破损、松动或者变形，应立即停止玩耍，并及时告诉教师，以便教师排除安全隐患；教育幼儿掌握运动器械的正确使用方法，如掷沙包、骑小车、滚铁环、跳绳、抽陀螺等，注意躲闪，避免被运动器械砸伤、撞伤、碰伤、甩伤等，并能考虑他人的安全，避免运动器械伤及他人；教育幼儿遵守玩运动器械的规则和秩序，如玩滑梯、秋千、荡船、转椅、攀登架时扶好扶手，有秩序地玩或轮流玩，不拥挤或推拉，不做危险动作等。

（三）幼儿运动安全意识及自我保护能力培养的方法

1. 环境渗透法

环境是无声的老师，能让幼儿在潜移默化中受到教育，受到熏陶。幼儿年龄小，在运动中常常因过于兴奋而忘记规则的存在、忘记动作的要求、忘记玩法的规范等，这时，图文并茂的安全标志就能有效提醒幼儿遵守安全规范，如楼梯口的"不要拥挤"和"不要奔跑"标志，滑梯处的"禁止头朝下"和"不推搡"标志，荡桥和秋千铁环处的"禁止用手触摸"标志等。师幼还可以共同设计、制作安全标志，对运动器械的正确使用方法、注意事项、不可以出现的危险动作或可能出现的危险等进行标示，让幼儿在遇到突发情况时，能根据现场的情况与标志对照自己的行为并不断调整，从而有效排除危险、保护自己。

🔍 **拓展阅读**

科学利用安全标志[①]

安全标志在幼儿户外活动中能够起到提升幼儿安全意识的积极作用。教师也可以在体育运动中充分利用这些标志，使幼儿了解运动的路线和方向，了解活动范围，防止幼儿在运动的过程中出现碰撞或者超出范围活动，导致危险情况的发生。

---

2. 主题活动法

主题活动法是开展安全教育的有效方法。开展生动有趣的主题活动，可以让幼儿丰富生活经验，增强安全意识，提高自我保护能力。如小班主题活动"能干的我"，通过"安安全全玩滑梯""橡皮膏小熊""走路向前看"等系列内容，培养幼儿的安全自护意识；中班主题活动"安全标志大揭秘"，使幼儿通过观看多媒体课件、收集标志、组织讨论、制作标志等学会辨别各种安全标志，提高预见危险和保护自己的能力；大班主题活动"安全运动"，通过"穿戴什么去运动""游泳池里的故事""我是安全检查员"等内容，让幼儿查找日常生活中的安全隐患，增强自我保护意识。

3. 活动体验法

让幼儿通过活动亲身经历一些过程，增加体验，可以达到很好的安全教育效果。如为了让幼儿在活动中亲身体验遵守规则带来的便利和乐趣，同时明白不遵守规则带来的危险和隐患，在玩荡桥时，教师可模仿手不扶桥沿、在荡桥上乱晃、过桥速度太快等危险行为，并请几个勇敢的幼儿试一试，说一说感受，再示范用手扶住桥沿，平衡身体，一步一步地踩住木板往前走的正确过桥方式，最后指导全体幼儿正确过荡桥。幼儿经过亲身体验，更能明白遵守规则的重要性，进一步掌握安全运动的技能。对一些危险性不大的活动，教师可鼓励幼儿大胆体验，找出最佳的行为方式。如幼儿玩跷跷板时，教师可以把幼儿分成两组，对一组幼儿不提任何要求，使其自由地玩，让另一组幼儿按要求玩，之后，对比两组幼儿的行为结果，使幼儿懂得：只有遵守游戏规则，才能玩得好，玩得有趣，不会撞倒碰伤，不出事故。

4. 随机教育法

教师可利用幼儿生活中的所见所闻，以及经常发生的一些事件进行实例分析和随机教育，让幼儿知道什么事情可以做，什么事情不可以做，让他们知道一些危险出现的原因，学习一些简单的自我保护动作和方法。当幼儿参加户外活动时，教师如果发现幼儿的行为存在潜在危险，应及时进行干预或立即制止，并暂停活动进行指导，告知他们可能出现的危险和可能造成的危害，让幼儿及时

[①] 廖海红. 幼儿园户外活动中运动安全的管理途径[J]. 教师博览，2020（5）.

改正错误行为。此外，教师也可巧妙地运用已发生的典型案例，现场开展的安全知识教育，纠正幼儿出现的错误，增强他们判断危险、处理突发问题的能力。

5. 同伴互助法

在户外活动中，一些能力强的幼儿有一些好的自我保护方法，教师要不断地发挥这些幼儿的优势，使更多的幼儿了解哪些项目应特别注意安全。这样，一方面，幼儿会不断学习能力强的幼儿在玩的时候的正确姿势和安全玩法；另一方面，当看到同伴的经历时，幼儿便会从中吸取教训，探索保护自我的方法，增强自我保护能力。此外，教师还应通过"以大帮小""以强帮弱""争做小帮手""我是安全员"等活动教育幼儿主动帮助、谦让年龄小的、能力弱的幼儿，让幼儿意识到在活动中不但要做好自我保护，还要帮助和保护他人，使幼儿获得双重的喜悦感和成就感。

（四）幼儿运动安全意识及自我保护能力培养的途径

1. 开展专门的运动安全教育课程

《中小学幼儿园安全管理办法》中明确规定："学校应当按照国家课程标准和地方课程设置要求，将安全教育纳入教学内容，对学生开展安全教育，培养学生的安全意识，提高学生的自我防护能力。"《幼儿园教育指导纲要（试行）》中也指出，幼儿要"知道必要的安全保健常识，学习保护自己"。因此，教师要将安全教育有计划地列入教育教学计划，根据幼儿身心发展特点，针对幼儿可能遇到的运动安全问题，选择贴近幼儿生活的内容对幼儿进行安全教育，落实安全教育规划和课时计划，让幼儿在学习和体验中获得安全方面的教育。

案例分析

安全玩滑梯

2. 加强日常生活中的渗透与强化

培养幼儿运动安全意识及自我保护能力的另一个途径是加强日常生活中的渗透与强化。幼儿参与体操活动、体育游戏、运动器械活动等时都是进行安全教育的好时机，教师要抓住机会对幼儿进行安全教育，要让幼儿清楚一日生活中各个环节和各项活动的具体要求和安全规则，知道怎样做才安全，怎样做不安全。教师除了提出要求和教给幼儿方法外，还应注意督促和检查，经常提醒幼儿，使幼儿良好的行为表现不断得到强化，使幼儿逐步形成良好的行为习惯。

3. 构建家园共育互动机制

家中是幼儿活动的主要场所，父母是幼儿的第一任老师。因此，幼儿园在对幼儿进行安全教育的同时，还应要求家长配合，与家长共同负担起保护幼儿生命安全和促进幼儿健康成长的责任。双方要加强联系，相互理解、相互支持、彼此尊重，通过双向沟通，实现教育同步，形成家园教育合力，共同强化幼儿的自我保护意识，培养幼儿良好的生活习惯，深化安全教育。例如，家长和幼儿园都要充分意识到不良习惯和不当动作等对幼儿的伤害，双方要相互配合，长期坚持，反复强调，共同促进幼儿良好生活习惯的养成，让幼儿逐步认识到什么是安全的、什么是不安全的，以及不安全的后果，不断丰富其生活经验，使之主动避开危险。

另外，幼儿园应定期召开家长会、举办观摩活动和亲子运动会，吸引家长主动参与幼儿园的体育活动，促使家长认同幼儿园的培养要求和教育策略。当家长看到自己的孩子勇敢快乐地过梅花桩、攀登爬网、绕过障碍物追逐跑等时，就会逐渐明白，幼儿的运动安全意识和自我保护能力不是在等待和被过度保护中获得的，而是在积极主动的参与中获得的。家园合作，形成合力，共同解开束缚在幼儿身上的"绳"，能使幼儿的运动安全意识和自我保护能力真正得到提升。

三、幼儿运动的基本保护方法

体育活动中的保护与帮助是非常必要的。正确的保护方法，不仅能使幼儿减轻身体及精神负担，消除顾虑，增强信心，迎难而上，而且能使幼儿正确地体会动作要领，掌握技术动作和提高动作质量，还能防止运动伤害，尽量减少运动安全事故的发生，防患于未然。

体育活动中的基本保护方法有 3 种，分别为自我保护、他人保护和利用器械保护。

（一）自我保护

体育活动中减少和防止运动伤害的主要方法是自我保护。自我保护是指幼儿在意外发生时随机应变，运用特定的技巧，采取有效的保护措施摆脱危险，避免受到伤害。幼儿进行自我保护要遵循"首保大脑、次保胸腰、三保双臂、四保腿脚"的原则，一般有以下几种方法。

（1）利用运动惯性进行自我保护。幼儿可以利用惯性做下蹲、滚动、团身、曲臂等动作，以避免头部直接着地，减缓冲击地面的力量。这种方法经常用于疾跑中失去重心将要摔倒、跳起落地等情况。

（2）改变身体姿势。如果出现动作失误，幼儿可以及时改变身体的姿势，以免头部着地而受伤。例如在走平衡木的过程中出现踩空后，幼儿应及时下蹲以改变身体姿势。

（3）跳下器械或者停止练习。如果在练习过程中发现有动作失去节奏、器械故障、身体不适等问题，幼儿可以立即跳下器械或者停止练习。例如在悬垂练习中，感觉手抓握不紧时，幼儿可以落下后重新进行练习。

（4）握住器械。如果在练习的过程中发现松手会有危险，幼儿就要紧紧地握住器械，以免摔伤。例如，幼儿在攀爬绳网的过程中需要用手牢牢抓住绳索。

（5）及时躲避。在投掷过程中，如果出现投掷失误，幼儿就要及时躲避，避免误伤自己或他人。例如，幼儿在网球投掷的过程中需要集中注意力，及时躲避投来的球。

（二）他人保护

他人保护指的是教师在合适的位置上对幼儿的动作进行观察和指导，以便能够及时帮助幼儿纠正动作、摆脱危险。教师应根据项目的特点和动作的结构，站于合适的位置，自始至终仔细观察幼儿完成动作的情况，做好保护的准备，一旦幼儿在练习中发生危险，就立即运用接、抱、拦、挡等手法，使其停止或减缓运动速度，避免撞击器械、摔倒。他人保护有以下几个方面的具体要求。

1. 熟练掌握各种保护与帮助方法

每一个运动项目和器械练习都有其技术重点、难点与关键点，保护与帮助方法也各有不同。教师要熟悉并掌握各种运动项目的保护与帮助方法，这样才能有备无患，满足各种体育活动所需。

2. 合理选择保护与帮助站位与部位

在不同的运动项目和器械练习中，幼儿身体移动的线路不同，教师的站位应有所不同，教师保护与帮助的手法、力度、部位等也应有所不同。教师所站的位置不对，保护与帮助的部位不对，不仅起不到保护与帮助的作用，还会影响幼儿的练习。一般来说，根据幼儿的位置变化，教师提供的保护可以分为定点保护、移动保护。在固定位置进行的保护称为定点保护，如幼儿固定悬垂时教师提供的保护。教师随着幼儿移动而移动并进行的保护称为移动保护，如幼儿移动悬垂时教师提供的保护。同时教师应根据不同的运动项目的特点选择正确的站位。例如幼儿立定跳跃时，教师应该站在幼儿跳跃落地的一侧，随时做好保护准备，避免幼儿落地后向前扑或向后坐。

3. 合理选择保护与帮助时机

教师在实施保护与帮助过程中，把握时机特别重要，早了没有效果，迟了起不到作用，只有恰到好处，才能产生很好的效果。[①]例如在幼儿悬垂、走平衡木的过程中，教师需要把握好保护时机。

（三）利用器械保护

利用器械保护指的是使用海绵垫、护具等器械来缓解外力对自身的冲击，避免伤害事故的发生。

---

① 金翀，邵伟德. 谈体育教师保护与帮助技能的几个问题[J]. 体育教学，2012（10）.

常用的保护器械包括海绵垫、头盔、护膝等。教师要正确地使用这些保护器械，以免使用不当造成运动伤害。例如海绵垫主要用来缓冲幼儿落地时的冲击力，教师要将其摆放在正确的位置上，避免海绵垫造成幼儿崴脚，确保其能够发挥保护作用；同时需要根据运动项目的特点选择厚度和弹性适宜的海绵垫，海绵垫过硬或者过软都起不到良好的保护作用。

第三节　幼儿园常见体育运动的安全保护

一、幼儿园常见的运动类型及运动安全与保护注意事项

（一）幼儿园常见的运动类型

幼儿园常见的运动类型包括走跑类、跳跃类、投掷类、钻爬类、攀爬类、翻滚类、悬垂类、平衡类、体育器械类等。上述具体类型将在本节的第二部分以案例的形式介绍。

拓展阅读

幼儿运动的重要性

（二）运动安全与保护注意事项

1. 活动前

（1）了解幼儿身体健康状况

幼儿身体健康是其参与运动的前提。教师需要提前了解幼儿的基本动作发展水平、体能水平、身体健康状况，判断其是否适宜参与运动。例如先天性心脏病患者、感冒初愈者、骨折者等，不适宜参与剧烈活动。

（2）检查活动场地、设施与幼儿着装

安全的活动场地和设施是幼儿参与运动的基础。教师应根据活动情况选择适宜的活动场地和设施，例如爬行适合在垫子上进行，跑步适合在草地、黏土地、塑胶地等弹性地面上进行。最关键的部分是，检查活动场地和设施的安全性。活动场地不平或太窄，会给幼儿带来危险。教师尤其要仔细地排查那些不易察觉的细小尖锐异物。例如，在幼儿活动前，教师一定要到活动场地上认真细致地检查地面上是否有石头和钉子等危险物品，以确保幼儿在活动中的安全。幼儿参与运动的着装要轻便、舒适，避免过多、过厚的衣服限制幼儿活动。幼儿也不宜穿过硬、过厚的皮鞋或者拖鞋参与运动，以免扭伤、摔伤。

（3）选择适宜的天气，把握适宜的时间

雾霾天不宜让幼儿进行户外运动，因为雾霾天不仅空气中带有大量煤烟、粉尘、病菌等有害物质，而且雾霾可以阻止废气向空中扩散。雾霾天空气湿度大，相对缺氧，幼儿会感到胸闷、心慌、气促、无力。雾霾天视物不清，也易造成幼儿碰伤、跌伤。而烈日当空时，幼儿在户外运动容易中暑；饭前、饭后半小时内运动则易吸入冷空气，造成胃痉挛，对幼儿身心健康造成不利影响。研究表明，上午 10 点和下午 3 点是全天中空气较清洁的时间。所以这两个时间段为幼儿最佳活动时间。

🔍 拓展阅读

在幼儿参与运动前要进行必要的健康检查

幼儿在入园前后都应该接受必要的健康检查，教师若发现有心脏等方面的疾病，或有其他不适合参与运动情况的幼儿，一定要格外注意他们，不能让这些幼儿随意参与运动，否则会对他们的身体健康和生命安全造成严重的危害。

2. 活动中

（1）热身充分并有针对性

热身运动，是某些全身活动的组合。在开展主要身体活动之前，以较小的运动量，先行活动肢体，为随后运动量更大的身体活动做准备，可以提高随后激烈运动的效率和安全性，同时满足人体在生理和心理上的需要。人体的机能和工作效率不可能在一开始运动时就达到最高水平，因而教师需要通过热身运动调整状态。热身运动能提高体温，从而保障运动安全性。而且热身运动能提高神经系统的兴奋性，调节心理状态，同时可以减少运动伤害，使幼儿快速投入运动，提高幼儿参与运动的兴趣。

有针对性的热身运动，主要练习基本部分需要掌握的动作。比如跳跃需要下肢用力，膝盖起着重要的作用，教师可放一些适宜的音乐，让幼儿进行下蹲，使膝盖活动起来，并且此动作也可以作为跳跃动作的一个分解动作。如果是投掷运动，则可以增加上肢的运动，如弯曲手臂。

（2）运动量要适中

运动量的确定必须从幼儿的生理特点出发，特别要考虑幼儿的循环系统和呼吸系统的特点。教师一方面需要确保运动量合适，能达到锻炼的目的；另一方面要避免运动量过大，对幼儿的身心健康造成负面影响。在幼儿运动的过程中，教师需要把握劳逸结合、动静结合、运动强度大的动作与运动强度小的动作相结合等原则。例如注意把握每次运动的休息间隔，将运动强度小的平衡动作与运动强度大的跑跳动作等结合起来进行。

（3）选择适宜不同年龄阶段幼儿的运动游戏

教师应根据基本动作的特点，结合不同年龄阶段幼儿的特征，选择适宜的运动游戏，让不同能力水平的幼儿都能得到发展，而要避免选择不适宜幼儿的运动游戏。例如小班幼儿不宜进行追逐跑游戏或单腿连续跳游戏等。

（4）教法得当，强调规则

遵守活动规则是幼儿安全参与运动的保障。在幼儿运动的过程中，幼儿对活动内容和活动规则的理解是活动有序开展的必要条件，也是提升幼儿在活动中的安全性的有效保障。教师组织活动时，要给幼儿说清楚规则，并要求幼儿遵守规则，逐渐提高其规则意识。教师在说明活动的规则以及活动的基本要素时，需要简单明了，说得太多或太复杂，会让幼儿难以掌握，更难以理解，会造成不必要的困惑。教师向幼儿做示范动作时，动作必须标准。对于犯规的幼儿要进行适当的惩罚，让其慢慢形成良好的习惯，逐渐树立规则意识，并带动其他幼儿遵章守纪，从而形成良性循环。

（5）眼观六路，及时发现安全隐患

在活动过程中，教师需要随时观察幼儿的动作、表情、注意力、运动负荷等情况，观察场地、运动器械的利用情况，对危险做出预判，及时发现并消除安全隐患。

（6）告知注意事项，掌握保护方法，保护得当

教师应告知幼儿注意事项、不能做的动作，教幼儿正确的基本动作，提高幼儿在活动中的安全系数，让幼儿掌握自我保护的方法。出现安全隐患后，教师要与幼儿一起分析其中的潜在危险，告诉幼儿如何做才是正确的，让幼儿逐步积累运动经验，增强自我保护的意识。教师需要掌握不同运动的保护方法，确保幼儿安全。

3. 活动后

（1）充分放松

放松活动是运动结束后的必要内容，是指使人体由紧张的运动状态逐步转入相对安静状态的各种缓和运动。运动后做好放松活动，对消除疲劳、调整内脏器官状态和实现心理放松有很好的功效。

（2）活动后不可让幼儿马上大量饮水或食用冷饮

幼儿在活动后，身体的血液循环会变得比较快，大量饮水会给心脏增加很大的负担，长此以往会影响心脏的功能。此外，千万不可让幼儿在活动后食用冷饮，如喝冰冻汽水等。因为幼儿活动后新陈代谢旺盛，全身的毛细血管均处于扩张状态，血液循环又较快，若此时马上食用大量的

冷饮会刺激各处的毛细血管，尤其是胃肠道的毛细血管。胃肠道的毛细血管立刻收缩，会影响胃肠道的血液供应和消化液的分泌，时间一长必定会引起胃肠道的功能紊乱，出现腹泻、腹痛、食欲不振、消化不良等症状。

二、幼儿园常见运动类型的安全保护案例

（一）幼儿走跑类运动安全保护案例

1. 小班案例

圆圈为什么会越来越小？

【案例】

在某幼儿园小班教师组织的一次圆圈跑游戏活动中，幼儿一个跟着一个跑，但很多幼儿的手臂不摆动或摆动得不协调。尽管教师提醒幼儿要前后摆动小手，但有些幼儿肢体动作不协调，越跑越慢而且很快就跑累了；一些幼儿注意力分散，与前方幼儿的间距越来越小，以致将前方的幼儿扑倒在地，紧随其后的幼儿也都相继摔倒。

【案例分析】

上述案例的主要问题是教师没有关注到幼儿的身体素质发展情况和实际运动情况导致的。小班幼儿主要依靠视觉表象来控制和调节动作，容易因肌肉过分紧张而出现不协调、不准确、多余的动作，控制能力不强，进而导致动作失控，出现了幼儿相继摔倒的现象。

【安全措施】

1. 教师指导幼儿充分做好热身运动，掌握基本动作要领，如图 8-2 所示。

2. 教师念口诀并示范标准动作，如图 8-3 所示，帮助幼儿尽快熟悉并掌握动作要领。

幼儿跑步时应逐步做到上身挺直，稍向前倾；积极向前抬腿、用力后蹬，落地轻而稳；双手半握拳，两臂屈肘前后自然摆动；眼看前方，用鼻子呼吸，呼吸自然而有节奏。集体跑步时，学会保持适宜的间距。

口诀：

身体站直向前倾，小腿抬起用力蹬；

眼睛向前看好路，小拳握紧要端平；

双臂先后摆动忙，小嘴闭紧向前冲。

图 8-2　热身运动

图 8-3　教师示范标准动作

3. 教师配以游戏情境和生动的形象，通过故事、儿歌开展活动，让幼儿随情节有节奏地跑，正确调整身体姿态和速度，如图 8-4 所示。

图8-4　幼儿在游戏情境中参与活动

4. 教师通过形象的转换或音乐节奏的变化，调整幼儿跑步的速度和动作，达到让幼儿相互观察及模仿的目的，如图8-5所示。

图8-5　同伴间模仿

5. 利用面具、彩色布条等道具对幼儿进行分组，让幼儿保持适宜的距离，如图8-6所示。

图8-6　幼儿戴面具进行游戏

（案例来源：北京市石景山区实验幼儿园　梁瑶）

2. 中班案例

跑完步为什么会腹部疼痛?

【案例】

某幼儿园中班教师组织幼儿进行追逐跑游戏时，要求幼儿听到自己喊出"跑"的口令后，就冲出起跑线。尽管教师一直在强调调整呼吸，用鼻子呼吸，别边笑边跑，但有些幼儿还是比较兴奋，一直边笑边跑，活动后开始腹部疼痛。

【案例分析】

上述案例的主要问题是教师不够了解中班幼儿的年龄特点导致的。中班幼儿动作发展较快，其肌肉力量、耐力、心肌收缩能力、肺活量较小班幼儿都有一定提高，但教师未重视幼儿活动习惯的培养，忽视了幼儿的自控能力，以及肌肉群还不够稳定的特点，以致幼儿横膈膜附近的内脏相互拉扯、碰撞，出现腹部疼痛现象。

【安全措施】

1. 教师在活动前需要指导幼儿充分热身，使身体各个关节充分活动开，把内脏调整到最适合跑步的状态，如图 8-7 所示。

图 8-7　充分热身

2. 教师和幼儿一起制定游戏规则，提示幼儿按照自己制定的规则去行动和表现，帮助幼儿克服自制力差的问题，激发幼儿遵守规则的意识，如图 8-8 所示。

图 8-8　幼儿自己制定规则

3. 教师要鼓励、称赞姿势标准、遵守规则的幼儿，并让其他幼儿模仿这些幼儿。同伴间的模仿能满足幼儿好模仿、喜称赞、喜成功的心理需求，有利于幼儿养成良好的体育习惯，如图 8-9 所示。

4. 教师通过音乐、鼓声等形式，帮助幼儿调整呼吸，如图 8-10 所示。

图 8-9　让幼儿模仿同伴

图 8-10　教师击鼓

5. 教师及时进行有效的口令提示，如提醒幼儿还可以再跑 5 分钟、3 分钟、1 分钟，帮助幼儿做好停止逐渐运动的准备，如图 8-11 所示。

图 8-11　教师喊口令

6. 运动心率过大时，身体容易疲劳并且不易恢复体力，运动受伤的概率也会大大增加。因此，教师要关注幼儿的心率变化。

7. 教师根据幼儿的年龄特点和实际发展水平，规定跑步距离。跑步距离较短的好处是节奏紧凑、刺激好玩，可以吸引幼儿参与，让他们获得成就感。

（案例来源：北京市石景山区实验幼儿园　梁瑶）

3. 大班案例

积极参加活动为什么还会受到批评?

【案例】

在某幼儿园大班教师组织的一次 8 字形接力跑比赛中，有一名幼儿积极参加活动，好胜心强，想拿到第一名，便在接到棒时跑得很快，又在交棒时推了一下接棒的幼儿，导致接棒的幼儿摔倒。该幼儿受到了老师的批评，但他不明白自己这么积极参加活动，为什么还会受到批评？

【案例分析】

教师通过比赛的形式，刺激了大班幼儿的参赛积极性，但忽视了大班幼儿参与游戏很活跃、爆发力强、争强好胜的问题。教师对安全问题和规则意识的强调工作不到位，导致部分幼儿兴奋过度，出现推倒他人的现象。

【安全措施】

1. 教师和幼儿共同制定游戏规则，幼儿要遵守自己制定的规则，为游戏顺利进行做好保障。

2. 开展对抗类比赛活动时，教师要充分考虑安全问题，在各环节游戏开始前反复强调安全事宜，如交棒时要右手握棒等。

3. 教师设置趣味运动场地，可将规则海报、简单提示图放到明显位置，提示幼儿按照规则开展游戏，如图8-12所示。

图8-12　规则海报

4. 教师可利用清脆短促的哨声提示幼儿集中注意力。

（案例来源：北京市石景山区实验幼儿园　梁瑶）

（二）幼儿跳跃类运动安全案例

1. 小班案例

为什么简单地跳一跳也会受伤？

【案例】

某小班教师在组织幼儿进行跳跃类游戏时，发现幼儿都玩得很开心，兴致很高，但是有的幼儿是膝盖直直地跳，有的幼儿是脚一前一后地跳，还有的幼儿是边跑边跳，等等。幼儿的跳跃动作不规范，跳跃控制能力差，导致他们经常出现摔倒的现象，有的还出现了膝盖损伤。

【案例分析】

从案例中可以看出，小班幼儿因为跳跃姿势不正确，不能很好地控制身体，所以容易摔倒。小班幼儿存在运动能力、空间知觉能力及身体协调性较差，跳跃动作比较僵硬，不会缓冲，跳跃的稳定性较差等特点，这导致小班幼儿在跳跃的过程中，无法很好地控制身体平衡，常出现摔倒甚至膝盖损伤的现象。

【安全措施】

1. 教师可以赋予幼儿小动物的角色，让其做好跳跃前的准备活动，如活动脚踝和膝盖、原地向上跳一跳等，如图8-13所示。

图8-13 准备活动

2. 教师可以利用彩色呼啦圈或彩带进行路线和方位提示，避免幼儿发生碰撞，如图 8-14所示。

3. 对于不会双脚跳的幼儿来说，其可以将辅助材料（如软方包）夹在双脚之间练习双脚并齐向前跳，如图8-15所示。

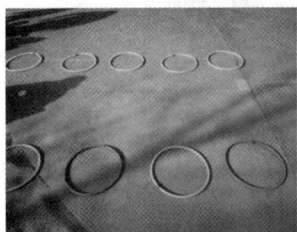

图8-14 呼啦圈路线

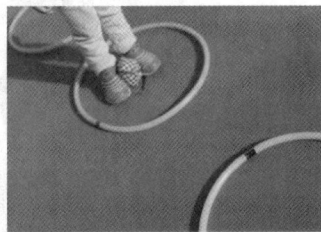

图8-15 利用辅助材料

4. 结合小班幼儿爱模仿的特点，教师应作为游戏伙伴参与活动，带领幼儿用正确的方式跳跃，避免幼儿因动作不正确而出现膝关节、踝关节损伤，并提高幼儿的弹跳能力，如图8-16所示。

5. 对于部分幼儿，教师可以给予适当的帮助，如拉着幼儿的手或站在其旁边给予保护，让幼儿有安全感，如图8-17所示。

图8-16 带领幼儿正确跳跃

图8-17 教师给予保护

6. 教师应根据幼儿园活动场地的大小，调整活动人数。例如，在同一时间、同一游戏中，3名教师将3个班级的幼儿分成能力不同的3组，各自带领一组幼儿活动，避免能力不同的幼儿同时参与活动带来的隐患。

（案例来源：北京市石景山区实验幼儿园　王艳婷）

2. 中班案例

为什么会摔倒?

【案例】

　　某中班教师组织幼儿玩跳袋接力赛时，将幼儿分成了4组，并告诉了幼儿以下比赛要求：站在跳袋里，双手提着跳袋努力地向前跳。为了赢得比赛，有的幼儿刚站进跳袋就急于出发，以致摔倒受伤。

【案例分析】

　　跳袋接力赛是锻炼幼儿上肢肌肉力量、下肢肌肉力量、上下肢协调配合能力和平衡能力等方面的游戏。下肢肌肉力量和平衡能力还不够强大，对跳袋的玩法不熟悉，在比赛中存在急于取胜的心理，共同导致了幼儿摔倒受伤的现象。

【安全措施】

　　1. 教师带领学生运用正确的跳跃方法进行游戏。教师在日常游戏中采用不同游戏方式帮助幼儿掌握、巩固正确的跳跃方法：屈膝准备，双脚并拢同时起跳，落地时膝关节微屈缓冲，如图8-18所示。

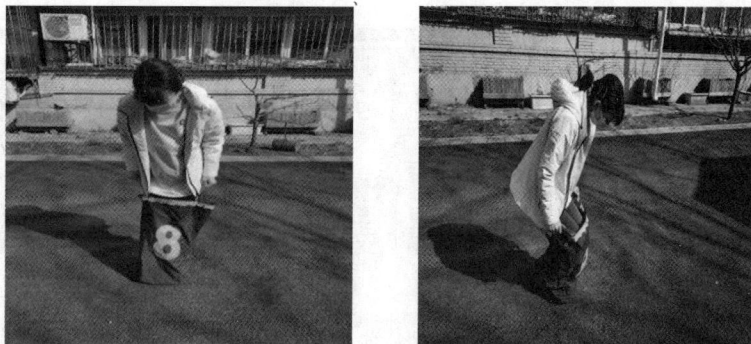

图8-18　教师做示范

　　2. 教师带领学生掌握跳袋的用法。中班幼儿在运动中的灵活性和协调性较小班幼儿有了一定程度的提高，但对于跳袋的玩法还是不太熟悉，上下肢的协调配合能力不高，因此教师应先鼓励幼儿学习跳袋的玩法，如图8-19所示。

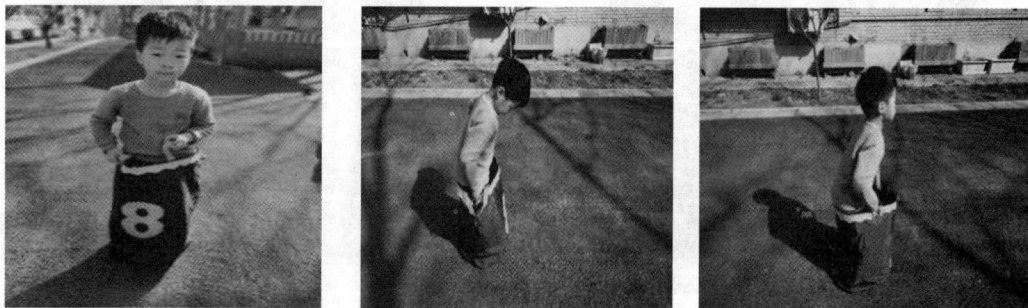

图8-19　跳袋练习

　　跳袋练习要求：站立在跳袋内，双手用力拉住提袋，屈膝向前跳，起跳的同时双手保持向上拉的状态和力度，落地时屈膝缓冲，重复规定次数。

3. 教师应事先提示幼儿跳袋游戏的注意事项，使幼儿有基本的自我保护意识，如摔倒时用手撑地进行缓冲，从而增强幼儿的安全意识。

4. 教师可以利用障碍物减缓幼儿跳跃的速度以保障幼儿的安全，如可以将锥形桶间隔一米摆放，鼓励幼儿绕着锥形桶跳，如图 8-20 所示。

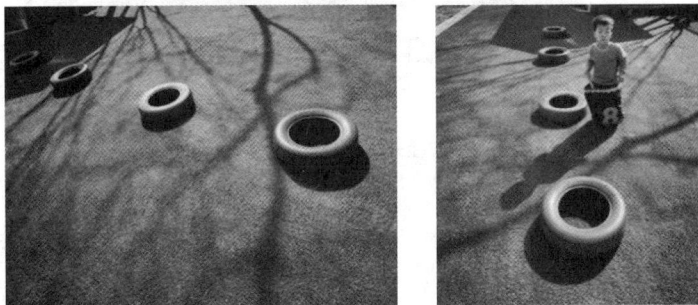

图 8-20　利用障碍物

3. 大班案例

为什么被跳绳抽伤?

【案例】

某幼儿园大班进行户外活动时，教师让幼儿自取跳绳在操场上自由练习。在活动过程中，教师提醒幼儿注意保持安全距离，不要被彼此的跳绳抽到，但仍不时出现幼儿被跳绳抽伤的情况。

【案例分析】

上述案例中的主要问题是教师对于幼儿活动的场地需求不够明确导致的。大班幼儿已经有了一定的自我保护意识，能与同伴主动交流和沟通问题，但他们对怎样的距离才是安全适宜的距离仍没有明确的概念。所以，教师应根据幼儿的实际水平合理利用现有场地，避免出现幼儿因活动空间过小而扎堆活动的现象。

【安全措施】

1. 教师可以根据幼儿的能力进行分组，将不同能力的幼儿安排在不同的场地游戏。例如，进行前进式跳绳游戏的幼儿可以选择一小块长方形的场地，从一边跳向另一边；原地跳跃的幼儿可以在宽阔的场地进行游戏；不太会跳的幼儿为一组，在固定位置进行游戏，如图 8-21 所示。

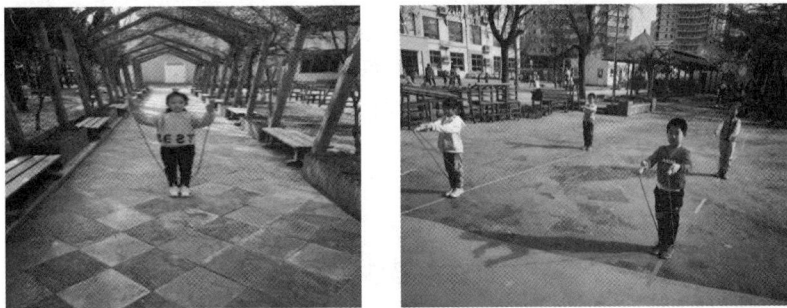

图 8-21　适宜的场地

2. 教师可以利用场地上做操用的固定地贴，使每名幼儿保持 3～4 个地贴的距离。这种用标志物合理划分空间的方法，可以帮助幼儿保持适宜的距离，如图 8-22 所示。

图 8-22　适宜的距离

3. 教师引导幼儿根据自己的需求调整跳绳的长度。适宜的跳绳长度能够有效地保障幼儿在跳绳游戏中的安全，避免因跳绳过长或过短而被绊倒和抽伤，如图 8-23 所示。

图 8-23　调整跳绳长度

4. 进行集体游戏时，教师可以鼓励幼儿一起合作跳长绳，如图 8-24 所示。

图 8-24　跳长绳

5. 教师要在日常活动中渗透游戏安全意识，组织幼儿讨论安全游戏的规则和方法，引导幼儿知道既要保护自己不受伤害，也要注意同伴的游戏安全。

（案例来源：北京市石景山区实验幼儿园　王艳婷）

（三）幼儿投掷类运动安全案例

1. 小班案例

为什么老被沙包打？

【案例】

某幼儿园小班教师组织幼儿进行"打怪兽"的投掷游戏时，所选的材料有沙包、用纸箱制作的"怪兽"若干个。在投掷的过程中，多名幼儿根本打不到教师设置的"怪兽"，每次都将沙包投到离自己很近的地面上。很多幼儿为了打到"怪兽"，身体就会不由自主地往前移动，甚至跑到了"怪兽"面前，这也导致他们被后面幼儿投掷的沙包打到身体。

【案例分析】

上述案例的主要问题是教师忽视了小班幼儿的实际投掷水平导致的。小班幼儿的投掷水平处于前控制水平阶段，上肢肌肉力量较弱，而且小班幼儿掌握的投掷方法往往不正确，这都会影响投掷动作和投掷距离。同时，教师在设计"怪兽"的距离和大小上缺乏考虑，"怪兽"距离过远、个头过小导致部分幼儿打不到"怪兽"而跑到前面去，增加了被沙包打到的风险。

【安全措施】

1. 教师可以为小班幼儿提供较多、较大、易于观察的投掷靶标物，如图8-25所示。

2. 单手投掷材料的大小以幼儿能抓握为宜，如网球、沙包、布包、羽毛球、纸棒、小篮球等，避免使用成人篮球、棒球等过沉过重的材料。

3. 小班幼儿的单手投掷距离是 2 米左右，教师应提供宽阔平坦的场地，合理摆放投掷靶标物，让幼儿有足够的投掷空间，如图8-26所示。

图8-25 投掷靶标物

图8-26 适宜的投掷空间

4. 教师可以在各个方向张贴、悬挂标志物，也可以利用户外的大型运动器械或建筑物作为标志物，如图8-27所示。

图8-27 标志物

5. 教师可以把投掷动作要领融入儿歌，以便幼儿记忆、掌握投掷动作要领。

6. 教师应通过游戏让幼儿逐步建立规则意识，可以在投掷线前放置障碍物作为阻隔，用圆点、小脚丫等标志物规定投掷站位，如图8-28所示。

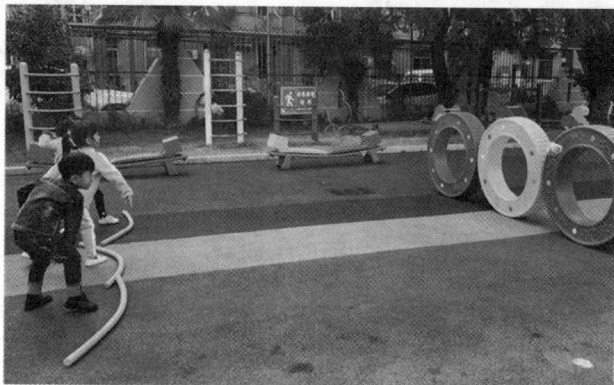

图 8-28　投掷游戏

（案例来源：北京市石景山区实验幼儿园　张未君）

2. 中班案例

为什么头部总是中"弹"？

【案例】

　　某幼儿园中班教师组织幼儿进行投掷游戏时，要求幼儿分为红蓝两队相互投掷，以动态的人物作为投掷目标。但由于不断有幼儿被同伴打到头部，游戏不得不停止。

【案例分析】

　　上述案例的主要问题是虽然中班幼儿的投掷水平处于控制水平阶段，而且中班幼儿已逐步形成动作概念，建立了动作定型，但动作、出手角度、方向都不太稳定。并且，教师选择的游戏内容不太合适，对抗类投掷游戏对中班幼儿来说难度较大，更适合大班幼儿。教师对材料的准备也不充分，没有采取有效的头部保护措施，这也是多名幼儿被打到头，游戏停止的原因。

【安全措施】

　　1. 教师应基于活动目标选择合适的游戏内容。幼儿单手肩上投掷的内容设置应该从掷远到掷准固定物体，再到掷准移动物体发展。因此教师应多开展掷远活动，在幼儿投掷动作模式比较成熟后再开展掷准活动；掷准的目标物由大到小、由固定到移动，逐渐提高难度。

　　2. 教师明确游戏规则及要求，禁止幼儿做危险动作，如击打他人的脸、鼻、眼睛等。幼儿可以借助头盔保护头部，如图 8-29 所示，或做双手护头的动作等。

图 8-29　头盔

3. 教师通过教学活动及过渡环节给幼儿渗透运动安全知识，使幼儿掌握基本的自我保护方法。

4. 教师应少组织对抗类投掷游戏，多组织定点投掷的游戏，避免因幼儿控制能力不足造成运动伤害，如图8-30所示。

图8-30　定点投掷

（案例来源：北京市石景山区实验幼儿园　张未君）

3. 大班案例

怎样避免碰撞？

【案例】

某幼儿园大班教师组织幼儿进行"打鸭子"的投掷游戏，一部分幼儿围成圈做猎人，另一部分幼儿扮演鸭子在圈中躲闪。在投掷的过程中，扮演猎人的幼儿围成的圈越来越小，导致扮演鸭子的幼儿在狭小的空间中躲闪，出现了幼儿碰撞摔倒的现象。

【案例分析】

上述案例中，教师忽视了幼儿的年龄特点，幼儿的空间知觉能力、身体控制能力差，上肢肌肉力量比较弱，因此在投掷的过程中，容易出现幼儿不断向前、近距离投掷的现象。此外，教师没有充分利用场地，导致集体和个人的活动空间过小。

【安全措施】

1. 《指南》指出，3—4岁幼儿要能单手将沙包向前投掷2米左右；4—5岁幼儿要能单手将沙包向前投掷4米左右；5—6岁幼儿要能单手将沙包向前投掷5米左右。

2. 教师应结合大班幼儿个体差异设置场地，对参与游戏的幼儿进行合理分组，如图8-31所示。

3. 教师应适度参与游戏，作为同伴与幼儿共同进行"打鸭子"游戏，适时负责投掷沙包并及时调整幼儿的躲闪空间，避免幼儿的躲闪空间越来越小。

4. 教师在场地中贴标志物作为标识，带领幼儿在标志物划定的范围内进行躲闪。

5. 教师观察幼儿的投掷动作，并针对幼儿的投掷动作进行适当指导。如发生碰撞现象，教师及时调整躲闪人数，降低密集度。

图 8-31 场地分区域

6. 教师应建立游戏规则。幼儿要在规定的位置进行投掷，捡回沙包后要回到固定的地点进行投掷。

（案例来源：北京市石景山区实验幼儿园 张未君）

（四）幼儿钻爬类运动安全案例

1. 小班案例

拥挤的洞口

【案例】

教师带小班幼儿来到幼儿园的探索岛，说完游戏规则和安全提示后，就让幼儿到小山坡和山洞处玩。一会儿，小美跑到教师面前说："老师，乐乐钻山洞时老是跟我撞到一起。"教师走到山洞前观察，发现一共有 4 个洞口，幼儿钻爬的路线都是不一样的，4 个洞口都有幼儿在进出，所以幼儿会发生碰撞。

【案例分析】

在上述案例中，教师在游戏前没有明确钻山洞的规则，小班幼儿处于喜欢钻钻爬爬、好动的时期，规则意识较弱。所以两名幼儿在钻山洞时由于活动空间较小，会发生迎面碰撞的情况。

【安全措施】

1. 教师带领幼儿制定钻爬路线，在洞口处贴上箭头标志，帮助幼儿了解规则，如图 8-32 所示。

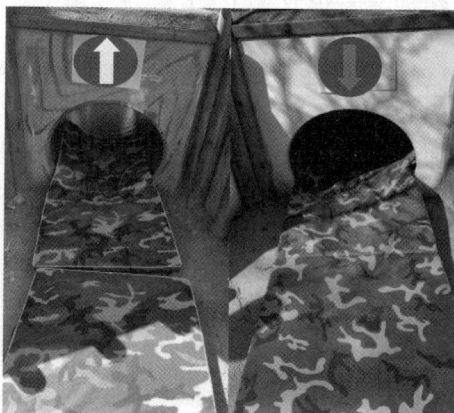

图 8-32 制定钻爬路线

2. 教师按照指定路线带领幼儿分组钻爬，帮助幼儿熟悉钻爬路线，减少碰撞现象，如图 8-33 所示。

3. 教师进行随机教育，及时对没有按指定路线钻爬的幼儿进行指导，帮助幼儿树立规则意识，如图 8-34 所示。

图 8-33 分组钻爬

图 8-34 教师指导

（案例来源：北京市石景山区实验幼儿园　郑光月）

2. 中班案例

有陷阱的彩虹伞

【案例】

在室内体育活动"鲨鱼来了"的游戏中，听到教师喊"大海浪，小海浪"时，幼儿要在彩虹伞下手膝着地爬；听到教师喊"鲨鱼来了"时，所有幼儿都要爬到彩虹伞下躲避"鲨鱼"。尽管教师多次提醒幼儿注意安全，既要躲避"鲨鱼"，也要躲避同伴，不发生碰撞，但是在钻爬过程中还是有一部分幼儿发生了碰撞。

【案例分析】

在上述案例中，教师对场地、运动器械的运用和考虑不充分，参与的人数过多，幼儿安全间距过小，组织不合理。在游戏中，教师忽视了幼儿的年龄特点。中班幼儿可以较好地完成爬行的动作，但是协调能力和灵敏性还有待提高，不能很好地调整自己的身体姿势和位置，躲避能力还不足。因此在人数较多的爬行游戏活动中，容易出现因场地小、幼儿躲避不及时而导致的碰撞现象。

【安全措施】

1. 教师在游戏前应提醒幼儿在钻爬时要用眼睛观察四周，不能一直低头，避免碰到一起，从而增强幼儿的安全意识。同时教师可以利用音乐或者鼓声等调整幼儿的爬行速度，避免幼儿爬行过快。

2. 教师可以分多组、多个彩虹伞进行游戏，如每组爬行人数控制在 10 人以下，以保证幼儿有较大的爬行空间，如图 8-35 所示。

3. 教师设定游戏玩法，减少幼儿间的碰撞。教师喊"大海浪"时，男性幼儿快速爬行，女性幼儿原地不动；

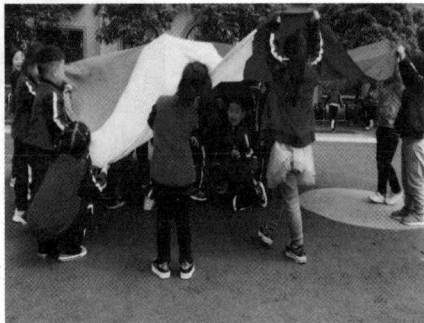

图 8-35 分组玩彩虹伞

教师喊"小海浪"时，女性幼儿爬行，男性幼儿不动；教师喊"鲨鱼来了"时，所有幼儿迅速爬到彩虹伞下。

4. 教师参与游戏，当"海上巡查员"，提醒幼儿躲避同伴和"鲨鱼"，与他人发生碰撞的幼儿暂停游戏一次。

（案例来源：北京市石景山区实验幼儿园　郑光月）

3. 大班案例

"地道战"

【案例】

教师组织幼儿进行"地道战"游戏，引导幼儿匍匐通过"地道"，到达安全地点拯救"伤员"。幼儿自主选择材料铺设"地道"，使用轮胎和梯子搭建了充满挑战性的爬梯"地道"，上面还添加了障碍筒。"地道"搭建好后，幼儿都争先恐后地进行尝试，因此出现了拥挤现象，导致"地道"坍塌。

【案例分析】

大班幼儿对新鲜、充满挑战的事物感兴趣，有自我挑战的精神，能够与同伴进行合作。在自主搭建"地道"环节，幼儿用各种材料混合搭建"地道"容易导致"地道"不稳，上面的梯子和垫子不能牢固地搭在轮胎上，幼儿在上面爬行容易导致梯子和垫子移动，存在安全隐患。由于教师在游戏前没有检查摆放材料的安全性，也没有明确游戏规则，所以搭建好"地道"后，幼儿没有注意与他人保持安全距离，一拥而上，导致梯子和垫子不稳，"地道"最终坍塌。

【安全措施】

1. 教师和幼儿共同选择材料搭建"地道"，发现"地道"不稳时，及时帮助幼儿调整"地道"，并在梯子上铺好爬行垫，如图8-36所示。

图8-36　检查稳定性

2. 教师提出明确的游戏规则。例如，第一名幼儿钻爬过第一个"地道"后下一名幼儿才能出发，中途不能超越其他幼儿，爬梯上只能有一名幼儿，如图8-37所示。

图8-37　保持一定距离爬行

3. 教师利用音乐帮助幼儿调整爬行节奏。

4. 在"地道"上贴出安全距离（半个人的距离）线，让幼儿在钻爬时能够注意和前面的幼儿保持一定距离，不出现踢碰现象，如图8-38所示。

图8-38　安全距离线

（案例来源：北京市石景山区实验幼儿园　郑光月）

（五）幼儿攀爬类运动安全案例

1. 小班案例

小心！硌人的爬网架

【案例】

教师组织幼儿攀爬桥型爬网架。在整个攀爬过程中，多名幼儿踩到了网格里，拔不出脚，还有的幼儿被爬网架硌得很疼。

【案例分析】

在上述案例中，一方面，教师忽视了幼儿的年龄特点，小班幼儿的平衡能力、上下肢协调能力较差，上下肢肌肉力量都比较弱，攀爬动作不熟练；另一方面，教师选择的爬网架过高，网格间距过大，幼儿容易产生畏惧心理，也容易踩空，从而容易造成幼儿心理上的胆怯及肢体硌伤等情况。

【安全措施】

1. 教师应选择适合小班幼儿攀爬的小格子爬网架和高度适宜的爬网架，防止幼儿产生畏惧心理及肢体硌伤的情况，如图8-39所示。

2. 在攀爬活动开始前，教师可以在爬网架的下方铺好软垫子，如图8-40所示，做好防护措施，并告知幼儿攀爬是安全的，教会幼儿基本的自我防护措施，如不慎跌落时需要抱头防护。在攀爬活动过程中，教师可以与幼儿一同攀爬，及时给予幼儿腿踩绳子的支撑保护，帮助幼儿掌握攀爬的动作要领。

图8-39 适宜的爬网架　　　　　　　　　　　　　　图8-40 用垫子保护

3. 在攀爬活动开始前，教师可以先进行示范，引导幼儿在向下攀爬时需要注意先转身动腿找到支撑点，手再向下，不可头朝下攀爬，以免发生危险，如图8-41所示。

图8-41 教师示范攀爬

4. 教师提醒幼儿在攀爬过程中尽量避免用膝盖碰触网的结扣处，应脚踩网绳的中段发力，防止硌伤。

（案例来源：北京市石景山区实验幼儿园　张梦雅）

2. 中班案例

翻越"轮胎山"

【案例】

在一次户外活动中，教师组织中班幼儿进行翻越"轮胎山"的游戏。幼儿先要通过10个跳圈，然后通过长约20米的小跑道，最后进入攀爬环节。但是在幼儿的攀爬过程中，出现了幼儿脚踏空和轮胎倾斜的情况，导致幼儿跌落。

【案例分析】

在上述案例中，教师在活动中注重了游戏的多样性，但是忽略了材料的安全性，如轮胎的叠摆牢固性不够。幼儿攀爬时，发力不均衡，容易造成轮胎位置移动，同时由于幼儿的紧急应变能力不强，容易出现攀爬时脚踏空跌落的现象。

【安全措施】

1. "轮胎山"的高度需有层次性、渐进性，可以依次是 1 个轮胎、2 个轮胎叠摆、3 个轮胎叠摆、6 个轮胎叠摆，如图 8-42 所示。

2. 教师应在"轮胎山"两边都做好防护，尤其应该在有一定高度的"轮胎山"两侧铺上 2 层软垫，如图 8-43 所示，同时扩大保护的范围。"轮胎山"两侧 2 米内都应该配以软垫进行防护，教师在"轮胎山"一侧进行保护。

图 8-42　有层次的"轮胎山"

图 8-43　软垫防护

3. 在活动开始前，教师应当为幼儿演示如何攀爬，如图 8-44 所示，如若意外跌落，应立即抱住头部，以免摔伤。

4. 教师应尽量选择大小一致的轮胎进行叠摆，如果轮胎大小各异就需要进行固定，避免出现轮胎叠摆不牢固的现象，如图 8-45 所示。

图 8-44　教师示范攀爬

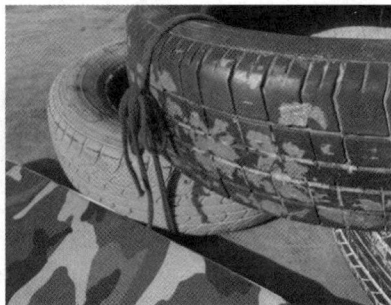

图 8-45　固定轮胎

（案例来源：北京市石景山区实验幼儿园　张梦雅）

3. 大班案例

狭窄的网架出口

【案例】

某幼儿园教师组织大班幼儿攀爬大型卷龙网架，该网架全高 8 米，攀爬难度高，但是非常受幼儿喜欢，该班幼儿曾尝试多次。在这次攀爬中，有多名幼儿爬得很快，原来他们是在比谁爬得快。但是由于卷龙网架的出口处较窄，很多幼儿都挤在一起，导致出现碰撞推搡的现象。

【案例分析】

大班幼儿在游戏活动中有竞争的意识，因此会在攀爬过程中不断撞到其他正在攀爬的幼儿，造成拥挤、踏空跌落的现象。在活动中，教师忽视了活动规则的设定和场地安全问题的提示，导致在网架的出口处聚集过多幼儿，造成安全隐患。

【安全措施】

1. 在活动开始前，教师应提醒幼儿切记不能因为追求速度而过快地攀爬，而应在攀爬过程中既保证自身的安全，也保证同伴的安全，不踩到同伴的脚或手，注意与同伴保持一定距离，如图8-46所示。

2. 教师应建立良好的活动规则，在活动区张贴安全提示。教师可在网架的多个出口处设立幼儿自制的进出口提示标志，防止幼儿分不清进出口，造成事故，如图8-47所示。

图8-46　保持距离攀爬

图8-47　安全提示

3. 教师可以在幼儿攀爬过程中用相机捕捉幼儿的攀爬动作，在活动结束后，让幼儿来看看谁的攀爬动作最标准、最安全，从而让幼儿在攀爬过程中更加注重抓稳、扶稳、蹬稳，而不只追求速度，如图8-48所示。

图8-48　榜样示范

（案例来源：北京市石景山区实验幼儿园　张梦雅）

本章小结

　　本章阐述了幼儿运动安全保护的目标、内容和运动风险的影响因素，帮助幼教工作者形成正确的幼儿运动防护意识，有效指导幼儿运动的科学开展。培养幼儿的运动安全意识和自我保护能力对幼儿运动安全预防工作有着极其重要的意义。

思考与实训

一、简答题

　　1. 幼儿运动安全保护的意义是什么？

　　2. 幼儿运动安全保护的目标是什么？

　　3. 幼儿运动风险的影响因素有哪些？

　　4. 幼儿自身的哪些特点容易造成运动安全隐患？

　　5. 哪些环境因素会对幼儿运动安全造成威胁？

　　6. 培养幼儿运动安全意识及自我保护能力的目标是什么？方法有哪些？

二、设计题

　　1. 为各年龄段幼儿设计适宜的幼儿体育活动。

　　2. 列举幼儿园常用的 3 个运动器械，说说其发展价值及安全要求，并设计多种玩法。

　　3. 尝试设计一个幼儿园远足活动的安全预案。

三、分析题

　　请分析幼儿体育游戏"捉尾巴"活动中容易出现哪些安全隐患，并思考安全措施。

参考文献

[1] 冯志坚等. 学前儿童体育[M]. 长春：东北师范大学出版社，2003.

[2] 吴升扣，张首文，邢新菊. 动作发展视角下幼儿体育与健康领域学习目标的国际比较研究[J]. 成都体育学院学报，2014，40（5）：75-80.

[3] 张首文，文岩. 学前儿童健康教育[M]. 北京：清华大学出版社，2015.

[4] 张首文. 幼儿创意足球游戏[M]. 北京：化学工业出版社，2019.

[5] 张首文. 幼儿创意篮球游戏[M]. 北京：化学工业出版社，2019.

[6] 张首文. 强壮宝贝计划：儿童体能游戏 3—6 岁[M]. 北京：清华大学出版社，2022.

[7] 朱清，侯金萍. 幼儿园优秀体育活动设计 99 例[M]. 北京：中国轻工业出版社，2015.

[8] 李明强，敖运忠，张昌来. 中外体育游戏精粹[M]. 北京：人民体育出版社，1999.

[9] 赵晓卫，李丽英，袁爱玲. 民间体育游戏课程[M]. 福州：福建教育出版社，2015.

[10] 陈建林，刘小坤. 少年儿童民间传统体育游戏[M]. 北京：学苑出版社，2015.

[11] 丁亚红. 民间游戏走进幼儿园[M]. 保定：河北大学出版社，2014.

[12] 徐俊君. 幼儿园乡土体育游戏[M]. 北京：教育科学出版社，2016.

[13] 柳倩，周念丽，张晖. 学前儿童健康学习与发展核心经验[M]. 南京：南京师范大学出版社，2016.

[14] 教育部师范教育司. 幼儿卫生保育教程[M]. 北京：北京师范大学出版社，1999.

[15] 庞建萍，柳倩. 学前儿童健康教育与活动指导[M]. 上海：华东师范大学出版社，2014.

[16] 王占春. 幼儿园体育活动的理论与方法[M]. 北京：人民教育出版社，2006.

[17] 任绮，高立. 学前儿童体育与健康[M]. 北京：清华大学出版社，2012.

[18] 人民教育出版社体育室. 幼儿园体育活动的理论与方法[M]. 北京：人民教育出版社，2002.